丁君涛◎著

马鸣

——丝路蹄声远

唐五代马匹贸易研究

九州出版社
JIUZHOUPRESS

图书在版编目（CIP）数据

马鸣丝路蹄声远：唐五代马匹贸易研究 ／ 丁君涛著
. -- 北京：九州出版社，2020.8
ISBN 978-7-5108-9427-5

Ⅰ．①马… Ⅱ．①丁… Ⅲ．①马—农产品贸易—研究
—中国—五代（907-960）Ⅳ．①F729.431

中国版本图书馆CIP数据核字（2020）第157536号

马鸣丝路蹄声远：唐五代马匹贸易研究

作　　者	丁君涛 著
出版发行	九州出版社
地　　址	北京市西城区阜外大街甲 35 号（100037）
发行电话	（010）68992190/3/5/6
网　　址	www.jiuzhoupress.com
电子信箱	jiuzhou@jiuzhoupress.com
印　　刷	三河市国新印刷有限公司
开　　本	787 毫米 ×1092 毫米　16 开
印　　张	13.5
字　　数	330 千字
版　　次	2020 年 8 月第 1 版
印　　次	2020 年 8 月第 1 次印刷
书　　号	ISBN 978-7-5108-9427-5
定　　价	58.00 元

前　言

　　在我国统一多民族国家的历史上，各民族、各地区间不仅有着非常悠久、牢固的政治联系，而且进行了非常频繁的经济交往。这种交往在不同时期、不同地区、不同民族间以丰富多彩的形式进行过，其中唐五代时期的马匹贸易以其买马范围之广、买马种类和数量之多成为中国古代马匹贸易史上的一个高峰，这一时期的马匹贸易成为最具影响力、最具代表性的一种经济交流，无论是官方还是民间，马匹贸易都极为活跃。政府也高度重视马匹贸易的发展，不仅视马匹贸易为重要的政治工具，也通过向少数民族购马改善自身马种质量、提高马匹的保有量等。

　　唐五代时期是我国政治、经济、外交的一个高峰阶段，备受古今中外学者的称颂。在唐的统治区域内外，存在着众多的民族，这些民族虽然由于历史、环境等方面的原因，经济发展水平有比较大的差别，但是，这些民族大多工农业发展水平有限，畜牧业是经济的主要支柱，在经济上对农耕地区的汉族有比较强的依赖性，大量的生活必需品，无法自行满足，只能够通过贸易或者战争来获得，因此开展互市成为中原王朝的一个重要政治经济手段，或开市以示笼络，或闭市以示惩戒，用以制约周边民族政权。唐政府通过与周边少数民族开展各类形式的马匹贸易，互通有无。到五代时期，战争日益频繁，对马匹的需求也越来越多，各政权也积极地向周边少数民族大量购马，马匹贸易不仅促进了少数民族的文明进步，而且为民族团结和经济发展奠定了良好的基础。

　　为了更好地维护马匹贸易的开展，唐五代政府从中央到地方保留或设置了一整套的管理机构，中央有太仆寺、户部等，地方有互市监等，这些机构共同构成了唐代马匹贸易的管理体系。为保障马匹贸易顺利有序开展，政府也制定了非常细致的管理规定，在一些地区也设立了相应的监督机构，严格限制部分物品的出境等，但仍然无法阻挡商品贸易发展的客观需要，各种形式的马匹贸易仍然非常多。五代时期，基本延续了唐代的管理措施和制度，维护了马匹贸易的正常进行。

唐五代政府为了解决马匹的供应问题，都非常重视养马业的发展，政府的监牧、尚书驾部、尚乘部等机构促进了官方养马业的发展，也着力保护民间养马的积极性。特别是中唐以前，官营养马业非常兴盛，政府的监牧系统取得了空前的发展，正是养马业的兴盛才使得唐前期在马匹贸易中占据了主动地位。中唐以后，养马业受到严重的冲击，中原战争频繁，对于马匹的需求程度不断提高，官方马匹贸易规模不断扩大。特别是当养马业得到快速发展，也为民间马匹贸易注入了活力，许多商队积极进行马匹等牲畜贸易活动，尤其是西北地区，成为当时马匹的交易中心。

唐五代时期的官方马匹贸易对象非常之多，范围也极为广阔，马匹贸易的形式也多种多样，特别是与实力强大的北方少数民族，官方马匹贸易与民间马匹贸易之间互相补充、互相渗透，共同促进了这一时期马匹贸易的发展。随着社会经济环境的改变，这一时期的马匹贸易也发生了深刻的变化，产生了由绢马贸易向茶马贸易的转变。这一转变不仅仅源于少数民族的生活习惯，更源于中原王朝政府财政的困难与马匹贸易规模扩大的失衡，急需寻找替代的物品作为支付手段。同时，这一转变也给中原地区和少数民族地区带来了深远的影响，中原地区的经济结构发生了明显的变化。此后的数百年间，茶马贸易的内涵不断丰富，交易范围不断扩展，对各民族间的商贸往来产生了非常积极的影响，随着马匹贸易在政治、经济中地位的不断提升，政府对于马匹贸易的管理更加细致，控制也更严密。

这一时期也是我国马匹贸易重要的演变时期。唐前期马匹供应充分，开展马匹贸易时享有相当大的主动权；后期战争频发，马匹紧缺，在马匹贸易中处于被动的地位。中唐以前马匹贸易还具有非常强烈的政治色彩，马匹贸易的开展很大程度上基于政治的考量。而到了晚唐五代时期，马匹贸易中的政治色彩日渐淡化，经济色彩则日渐浓厚。唐五代的马匹价格前期较为低廉，后期不断上涨，马匹价格的上涨也刺激了周边民族往中原贩卖马匹。

总之，唐五代时期的马匹贸易在我国古代贸易史上占有特别重要的地位，为当时政治、军事、经济生活等方面都提供了非常重要的物质基础，满足了中原人民对于马匹等牲畜的需要，将中原地区的先进文明传进了周边各少数民族，也促进了各民族间的交融，促进了中原地区农业、手工业、商业等行业的发展，共同促进了唐五代经济的发展，为当代"一带一路"倡议的实施提供了历史借鉴。

目 录

第一章 导论

第一节 选题背景

我国的马匹贸易起源很早，《逸周书·王会解》记载，商朝伊尹奉汤之命为《四方献令》，云："正北崆峒、大夏、莎车、姑他、旦略、貌胡、戎狄、匈奴、楼烦、月氏、截犁、其龙、东胡，诸令以橐驼、白玉、野马、驹騟、駃騠、良弓为献。"① 这里的驹騟、駃騠都是良马的名称，以朝贡的形式进入中原地区。到春秋战国时期，由于各个地区的自然和社会经济的发展情况不同，经济发展差异越来越明显，中原地区的农耕、桑蚕经济不断发展繁荣，而北方草原地带游牧经济则日渐兴盛，两地之间的贸易更加频繁、规范。《史记·货殖列传》载："若水之趋下，日夜无休时，不召而自来，不求而民出之，岂非道之所符，而自然之验邪？"② 两地民众常常自发地进行各取所需的贸易，特别是以丝织品购买马匹等，荀子就说："北海则有走马吠犬焉，然而中国得而畜使之。南海则有羽翮、齿革、曾青、丹干焉，然而中国得而财之。东海则有紫紶、鱼盐焉，然而中国得而衣食之。西海则有皮革、文旄焉，然而中国得而用之。"③ 可见这一时期的商贸关系已经非常繁荣，中原诸国能够以贸易的形式向周边少数民族购买各类物品，其中就包含马匹。到秦汉时期，马匹贸易的

---

① 黄怀信. 逸周书校集注（第7卷）[M]. 上海：上海古籍出版社，1995：980—982.
② ［汉］司马迁. 史记（第129卷）[M]. 北京：中华书局，2009：1987.
③ ［战国］荀子. 荀子 [M]. 北京：中华书局，2007：87.

规模更加庞大，范围也更广。《史记·货殖列传》记载："乌氏倮，畜牧，及众，斥卖，求奇缯物，间献遗戎王。戎王什倍其偿，与之畜，畜至用谷量马牛。秦始皇令倮比封君，以时与列臣朝请。"① 这里的"缯"是秦代丝织品的总称。《汉书·灌婴传》载："灌婴，睢阳贩缯者也。"这里的"戎王什倍其偿，与之畜"表明开展此类贸易的利润非常丰厚，转手就可获得九倍的利润，可见，在秦朝时就有边陲牧民以牛马易丝物，并且获利可观。到汉朝时，这种马匹贸易的规模更加庞大，汉代建立了官方的互市，并且得到长期的延续，《后汉书》列传七十九《南匈奴列传》记载："元和元年，武威太守孟云上言北单于复愿与吏人合市，诏书听云遣驿吏迎呼慰纳之。北单于乃遣大且渠伊莫訾王等，驱牛马万余头来与汉贾客交易。诸王大人或前至，所在郡县为设官邸，赏赐待遇之。"② 丝绸之路的开拓也极大地拓展了马匹贸易的发展空间。西域诸国也利用丝绸之路大量地开展转口贸易。斯坦因在敦煌考古时发现了八封粟特文信件，据研究，这些信件写于312—313年间，此时粟特商人大量活动于丝绸之路沿线，"粟特人已走遍丝绸之路沿线主要绿洲，信中证明当时存在着由粟特王室贵族出资，由专业商人组成的几百人规模的大商队"，③ 这种贸易也一直延续了下来，唐五代马匹贸易的形式和内容就是在继承前代的基础上发展起来的。

到唐代时，随着唐国力的强盛，特别是打败突厥后，声威大振，在周边少数民族中有非常大的影响力，各种形式的商贸活动也日益活跃起来，到晚唐五代时期，马匹的需求量更加庞大，马匹贸易也更加活跃。

第二节　选题意义

在唐五代的商业贸易活动中，特别是与周边少数民族的贸易中，马匹贸易是其中一个重要的组成部分，当时的政治、军事、中西方经济文化交流等都对

---

① ［汉］司马迁．史记（第129卷）［M］．北京：中华书局，2009：1991.
② ［宋］范晔．后汉书（第89卷）［M］．北京：中华书局，1965：2950.
③ 刘波．敦煌所出粟特语古信札与两晋之际敦煌姑臧的粟特人［J］．敦煌研究，1995（3）.

马匹贸易产生了深远的影响。

一、影响唐五代马匹贸易发展的因素

1. 经济上的相互依赖对马匹贸易的需要

游牧民族与农耕民族之间的马匹贸易，除了满足政治、军事上的需要，其存在还有经济上的客观需要，这是双方经济结构所决定的，而且马匹贸易的大量开展也极大地促进了商品经济的发展。中原王朝所管辖的区域大多属于农耕地区，经济结构以农业、手工业等为主，而北方的草原地带以畜牧业经济为主，"马匹是构成草原经济的关键"，① 农业、手工业水平较低。"游牧生产方式毕竟是一种不完全生产方式或片面生产方式，草原民族社会要求得自身的发展，必须要和不同生产方式的社会交流以满足最低的社会需求"，② 这两种不同的经济结构具有天然的互补性，也正是两者的天然互补性，才使得马匹贸易具有非常旺盛的生命力，延续了相当长的时间。

此外，中原的丝绸受到西方各国的青睐，开展丝绸贸易有着非常大的利润，周边民族销售牲畜等产品以换取丝绸的冲动非常强烈。东罗马的丝绸价格就远高于中原地区，"毫不掩饰地公开把每盎司普通颜色的丝绸的价格提高到不少于六个金宝石（这样折算起来，每磅丝绸的售价，不再是统制价格的 8 个金苏了，而是高达 72 个金苏），而使用皇家染料（又称为"全息色"）所染的丝绸每盎司暴涨至 24 个金苏以上"。③ 据学者段晴分析，普通丝绸的价格与黄金相等，而 1 磅染色丝绸相当于 3.5 磅黄金，④ 这样的价格远高于中原地区，巨额的差价也为商人提供了充足的利润，刺激了西北少数民族大量向中原卖马以换取绢帛。长安与西北的绢价就有很大差异，"当时长安绢价为 200 文/匹，此绢远到西北地区后增为 460 文/匹，这里的地区差价中除去部分运输费用及损耗率等，还有极大的利润"。⑤ 同样，西北地区和内地的马匹价格也有着明

---

① ［美］彼得·弗兰科潘. 丝绸之路：一部全新的世界史 ［M］. 杭州：浙江大学出版社，2016：91.
② 李明伟. 隋唐丝绸之路 ［M］. 兰州：甘肃人民出版社，1994：165.
③ ［法］布尔努瓦，耿昇译. 丝绸之路 ［M］. 乌鲁木齐：新疆人民出版社，1982：161—162.
④ 段晴. 唐代西域的丝路贸易与西州商品经济的繁盛 ［J］. 新疆社会科学，2003（3）.
⑤ 赵丰. 唐代丝绸与丝绸之路 ［M］. 西安：三秦出版社，1992：212.

显的差别，这些差价为商人创造了利润空间，正是地域差价为丝绸之路沿线的马匹贸易创造了经济上的条件。

唐代是一个兼容并蓄的时代，其商品经济高度发达，商品贸易范围广阔、种类繁多，马匹贸易的大量开展促进了唐境内的手工业、交通运输业、商业的快速发展。唐五代许多手工业也需要马匹的毛、皮、筋等作为原料，大量的马匹通过贸易的形式流入内地，为部分手工业提供了充足的原料。在少府监的作场中，右尚署令就"掌造甲胄、具装、刀、斧、钺及皮毛杂作、胶墨、纸笔、荐席等事"①，皮毛杂作为右尚署令的一项重要工作。在吐鲁番出土的《唐永徽元年（公元650年）后报领皮账》，是唐军中各种皮料装备的账目，其中就有用马皮制作吉莫靴、皮鞋等的情况②，可见当时以动物的皮毛等制作物品非常常见。这类手工业不仅限于政府机构在制作，在民间的手工业中，对于马匹各个部分的利用更充分，规模也更大，通过马匹贸易输入中原的马匹为手工业的发展提供了强大的后盾。

马匹贸易所供应的马匹更直接推动了交通运输业的发展。唐代是中西方政治、经济、文化交流繁荣昌盛的一个时期，大量的商队往来于各条交通要道上，有些商路动辄千里，大量人员、货物的运送，需要马匹等大牲畜。虽然唐五代政府对于平民使用马匹常有限制，但不可否认，大量马匹仍然广泛运用于交通运输中。其中以唐代的驿传系统最为显著，每三十里设一驿，全国有一千余驿，使用大量的马匹，将人员、行李等进行长途的运送。交通运输业的快速发展也促进了马匹的需求，唐代驿站等机构就常在市场上采购马匹，以补充自身马匹消耗。

唐五代时期的马匹贸易也在客观上促进了商业贸易的开展。少数民族政权通过出售马匹获得了大量的绢帛、钱等，这使得少数民族拥有足够的购买力在中原的市场上购买各类农产品、手工业产品等，以满足自己民族的生活需要，如铁锅、瓷器、漆器、袍服、冠带、首饰、金银器皿等日常用品，以贸易的形式输入少数民族，明显地改善了少数民族的生活水平，正是由于马匹贸易的大

---

① （唐）李林甫. 大唐六典（第22卷）[M]. 北京：中华书局，1992：574.
② 唐长孺. 吐鲁番出土文书（录文本）第4册 [M]. 北京：文物出版社，1988：88—293.

规模开展才为中原地区开拓了广大的商品销售市场。

总之，马匹贸易的产生和发展是基于双方的经济结构，有其存在的客观性。中原地区因自然地理条件，降水较多，为农业区或以农业为主的半农半牧区，人多地少，成片草地不多，一旦一些重要的牧场失去，就只能够向少数民族购马。"游牧民族不仅仅是农业的天敌，畜牧业和农业作为生存的两种主要形式，并没有完全分离和固定，存在频繁的互换与互动"，[①] 这决定了马匹贸易存在的经济基础，也是虽然中原王朝对于与外族通商限制颇多，马匹贸易仍然长期存在的原因。马匹贸易的蓬勃发展也促进了经济水平的提高，更强化了这样的分工。

2. 马匹贡市常常成为政治交往的手段

在历代中原王朝与少数民族的交往中，商业贸易被赋予了相当大的政治意义。自从秦汉以来，中原王朝就将互市等商贸活动作为一种政治工具，马匹贸易作为中原地区与北方少数民族商贸的一部分，受到了政府高度的重视，政府也在马匹贸易中特别优待少数民族，高价购马，以图安抚和羁縻周边少数民族。"从中国乃至世界各国游牧民族发展的历史来看，几乎没有哪个游牧民族能单纯地依赖畜牧业生产而能长期发展"，[②] 正是由于游牧民族对于中原地区的依赖，其丝绸等手工业产品都从中原获取，中原政府才能将贸易作为政治手段以羁縻周边少数民族。

唐五代是中原王朝与少数民族交往频密的一个时期，马匹贸易成为双方关系的一个重要组成部分，当双方关系密切时，马匹贸易就非常活跃，当双方关系紧张时，马匹贸易就会受到阻碍。唐代由于国力强盛，作为一个强大的王朝，对周边政权有着非常大的吸引力，少数民族政权也通过马匹的朝贡贸易等方式向唐表示忠诚，可以说马匹贸易成为政治交往中的一个桥梁。

唐通过带有政治色彩的马匹贸易，除了解决需求以外，还可以促进边境的安宁，维护政权的稳定。唐代初期就有许多此类例子。由于唐在对外交往中实

① Liu X. "Migration and Settlement of the Yuezhi-Kushan: Interaction and Interdependence of Nomadic and Sedentary Societies" [J]. *Journal of World History*，2001，12（12）：261—292.

② 贺卫光. 青藏高原游牧文化的特征及其与丝绸之路的关系 [J]. 西藏大学学报（社会科学版），2016（3）.

行了非常积极的政策，派文成公主前往吐蕃与松赞干布进行和亲，此后唐与吐蕃之间的关系就非常密切，经常进行马匹互市，吐蕃也多次进贡马匹等。当吐蕃上层贵族发动掠夺战争后，双方的贸易中断了，很快吐蕃内部的畜牧业经济就受到了冲击，民众的生活受到了影响。吐蕃迫于压力，在后期不得不请求恢复互市。通过马匹贸易而影响少数民族政权的内部政策，这种情况在唐代非常多，其中与回鹘的马匹贸易规模最大，在唐与回鹘的政治关系中起到的作用更明显。最显著的例子是突董事件。顿莫贺达干发动政变自立为汗后，派使臣前往唐朝请求册封，就在唐派往回鹘册封的官员还未抵达之时，发生了张光晟杀死准备回国的突董等九百人，这一事件严重威胁了唐与回鹘的关系。但是突董事件最终并没有影响到唐与回鹘的关系，原因正在于唐在马匹贸易中，欠下回鹘百万绢帛，顿莫贺可汗说："国人皆欲杀汝以偿怨，我意则不然，唐负我马直百八十万匹，当速归之。"① 鉴于经济上的利益，回鹘并没有改变与唐的关系，最后唐支付回鹘大量的绢帛、金银得以平息危机。回鹘在收复西域的问题上也是如此。当吐蕃逐渐强大，并切断了唐与西域的交通联系时，北庭也失陷。北庭的失陷对于唐与回鹘的意义并不一样。对于唐而言，失去北庭并不影响中原地区的统治，而对于回鹘则是失去了与西方进行贸易的重要通道。因此回鹘非常急于收回西域，也为唐对吐蕃进行了一定的牵制。贸易的蓬勃开展在一定程度上也促进了唐帝国的稳定，大量商贸的往来，为边境基础设施和机构的稳固提供了条件，"帝国刺激商品交换，以提高散装和大量货物的供求，建设道路和相关基础设施，鼓励贸易，并为广大地区带来稳定"，② 因此通过马匹贸易从经济的角度维护了国家的完整。

因此，马匹贸易成为唐五代政治生活中的一个重要组成部分，中原王朝和少数民族政权都通过各类形式的马匹贸易实现了自己的目的，加强了多民族之间的政治交流，维护了多民族国家的团结统一。

3. 军事上对于马匹贸易的需求

在中国古代相当长的历史中，马匹在军事行动中都具有非常重要的意义。

---

① ［宋］司马光. 资治通鉴（第227卷）［M］. 北京：中华书局，2007：2813.

② Malkov A. S. "The Silk Roads: A Mathematical Model" ［J］. *Cliodynamics: the Journal of Quantitative History & Cultural Evolution*, 2014, 5 (1).

冷兵器时代，马匹强大的突击能力和机动性，受到历朝历代政府的高度重视。"（马匹）这种武器6000年来直到20世纪初一直是举足轻重的，并最终在所有大陆得到运用"，① 拥有一支强大的骑兵成为国家强盛和安宁的重要保障。马的介入使游牧民族在军事上面对农耕民族时获得了不可战胜的优越性，因为游牧民族可以把战争模式与生产模式结合起来，两者之间可以随意切换，"出则为兵，入则为民"。这使得游牧民族在面对农耕民族时，即使经济水平、文明水平远不如农耕民族，但是在军事作战能力上，却常常占据上风。这成为冷兵器时代的一种典型现象。

培根的《随笔》中记载："在古代时期，战争往往来自东方。波斯人、亚述人、阿拉伯人、鞑靼人，这些侵略者都是东方人。……此外，我们在历史上经常看到北方民族侵略南方，由此可见，北方也是好战之地。"② 文中所述的"北方也是好战之地"，与北方适合养马有很大关系。在中国的北方有着广袤的草原，草原上生活着各类游牧民族，这些游牧民族长期以来一直给中原地区造成严重的军事威胁，中国古代多数是北方征服南方，很少有南方北伐成功的，其中一个重要原因就是北方拥有充足的马匹。

马匹在军事上的作用被各个中原王朝所重视。明代的章潢在《马政叙》中所说："阵马之勇，势比风樯，甚言马之有益于国也。"汉代的晁错在其《言兵事疏》中说："平原广野，宜于战车、骑兵作战，步兵十不当一。"③ 学者贺卫光认为中国同西方游牧民族开始并扩大交往是因为中国想得到西方各国的好马。没有好马，汉王朝就不可能与善于骑射的游牧民族匈奴作战。④ 发展到唐代时，马匹在军事上的作用更加重要，唐代北方或西北方生存着如突厥、吐蕃、回鹘、吐谷浑等游牧民族，他们都拥有大量的马匹，这些少数民族政权的骑兵运动迅速，作战能力很高，长期侵扰唐的边界，前期以突厥等民族为主，后期以吐蕃等民族为主，成为唐政权的重大威胁。

---

① [美]贾雷德·戴蒙德. 枪炮、病菌与钢铁——人类社会的命运 [M]. 上海：上海译文出版社，2005：50.

② [英]培根. 培根随笔集 [M]. 北京：燕山出版社，2000：228.

③ [汉]班固. 汉书（第49卷）[M]. 北京：中华书局，1999：1749.

④ 贺卫光. 中国古代游牧民族经济社会文化研究 [M]. 兰州：甘肃人民出版社，2001：197—198.

在唐建立不久，北方的突厥就多次入寇，由于骑兵数量不足，唐在军事斗争中处于下风，武德九年（626 年），突厥可汗领兵，号称百万，南侵至长安渭水桥一带，唐不得不支付大量金帛以换取太平，"故卷甲韬戈，啖以金帛，彼既得所欲，理当自退"①。正是由于军事力量不强，特别是骑兵力量有限，唐才无法应对规模庞大的突厥骑兵。直到贞观四年（630 年）初，唐乘"突厥诸部离叛"之机，"以靖为代州行军总管，率骁骑三千，自马邑出其不意，直趋恶阳岭以逼之"，与并州都督李勣会合后，又"选精骑一万"突袭突厥颉利可汗牙账。这次突袭非常成功，获得大量战利品，其中"获杂畜数十万"。这一次战役中，骑兵发挥了非常重要的作用。正是因为有了强大可靠的骑兵队伍，唐才能够以武力面对突厥的入侵。经过这一打击以后，突厥再不敢南侵，北方边境也保持了较长时间的安宁，唐也因为此，采取了积极进取的政策，在前期马匹数量充足的情况下，取得了骄人的军事胜利，多次打败周边少数民族。

当后期唐马匹数量不足时，在军事上就处于非常被动的局面。会昌年间，周边少数民族骚扰边境地区，"沙陁、退浑皆以其家保山险；云州张献节婴城自固。虏大纵掠，卒无拒者。上忧之，与宰臣计事"。面对这样的情况，宰相李德裕认为必须使用骑兵才能够解决这一问题，"德裕曰：杷头峰北，便是沙碛，彼中野战，须用骑兵。若以步卒敌之，理难必胜"。②晚唐五代时期，缺马情况严重，使得中原王朝在面对内部叛乱和外部少数民族入寇时，常常要面对骑兵不足的问题，以至于政府后期经常强行掠夺民间马匹。

唐五代时期，马匹不仅在军事作战中扮演着不可替代的角色，在长距离通讯、运输等领域也有着重要作用。特别是唐代地域广阔，每逢作战，军事物资都需要马匹等牲畜进行运送，为此唐代建立了六驮马、十驮马等制度，由府兵自行进行购买，以唐代军队的数量计算，此类马匹的数量也是极为庞大。在作战中的军事情报、指挥调度等，都离不开马匹的辅助，因此唐五代军事力量的建立和维持都离不开马匹。

---

① [宋] 司马光. 资治通鉴（第 191 卷）[M]. 北京：中华书局，2007：2318.
② [宋] 王钦若. 册府元龟（第 994 卷）[M]. 北京：中华书局，1960：11669.

但是中原地区以农耕为主，畜牧业发展相对有限。一般缺乏大量优良的马匹。虽然唐代前期拥有足够的马匹，但是监牧管理的马匹数量常有变化，而且府兵也需要自行采购马匹，军队有时也根据需要在市场上购马。更严重的是，后期战争频繁而监牧被严重破坏，政府拥有的马匹数量明显减少，晚唐五代政府也不得不大规模地购买马匹，以满足军事上的需求。中原政权"唯一感兴趣的是大量地获得游牧民族的马匹，目的却是对付游牧民族的侵扰"①，正是军事上的需要推动了马匹贸易的开展。

4. 其他因素

唐五代时期的马匹贸易虽然非常活跃，但是波动也非常明显，马匹贸易的对象、交易数量、交易的频次等都受到政治、经济、军事、交通等因素的影响。唐五代的马匹贸易有前后期之分，前期唐代监牧中拥有大量的马匹，自身的政治环境比较安定，对于外族的依赖性并不强，境内外都可以获取充足的马匹，同时也没有大规模且持久的战争，马匹的保有量很大，这些都使得唐在马匹贸易中有很大的回旋余地，对于马匹的购买并不十分迫切。到晚唐五代时期时，中原王朝的实力大不如前，由于周边各族的不断侵扰，境内各藩镇的争斗，朝廷原有的监牧系统遭到严重的破坏，政府虽然曾将其往东南方向迁移，但终因农牧矛盾过于尖锐而发展缓慢，此后政府的监牧系统一直没有得到恢复。晚唐时期，唐内部藩镇等林立，各地藩镇在失去朝廷的制约后，自身的官营养马业不断发展，藩镇的作战能力逐步增强，使得朝廷要面临长期的战争，不得不购买大量马匹以增强自身军事力量。元和十一年正月，宪宗为了讨伐吴元济，就曾经在河曲买马，"命中使以绢万匹市马于河曲"。正是由于军事上对于马匹需求量不断增加，晚唐五代时期的马匹贸易才如此活跃。政治上，由于中唐以后的中原政府对北方强大的少数民族政权处于相对弱势，因此中原王朝也需要将马匹贸易作为一种政治工具，以此来联合回鹘，五代时期则是联合契丹，通过与强大的少数民族政权结盟等，换取战略上的安全，这也使得这一时期马匹贸易日渐活跃。

总体而言，许多因素都对马匹贸易的开展时间、规模、频次等产生影响，

① 贺卫光. 中国古代游牧文化的几种类型及其特征［J］. 内蒙古社会科学（汉文版），2001（5）.

但是影响最为直接的还是自身的马匹供应能力，这也是唐五代马匹贸易呈现前后期区别的最重要原因。

二、问题的提出

唐五代是我国马匹贸易非常活跃的一个时期，特别是西北地区，沿着西北商道，大量的马匹输入内地，内地的丝织品、茶叶等各类产品也以马匹贸易的形式输入边境地区，唐五代的马匹贸易正是以这样的形式将内地与西北地区紧密地连为一体，促进了境内各民族的团结。在我国推行"一带一路"大战略的背景下，学术界对于唐五代的商业贸易研究非常多，涉及西北地区的著作也不少，但是这些研究多是从历史学的角度分析当时的贸易状况及影响，并没有从经济学的角度探索马匹贸易的特征等。通过从经济学和历史学双重角度分析唐五代马匹贸易，不仅可以梳理马匹贸易所具有的特征和形式，分析贸易在维护边境稳定、保证民族团结、促进国家统一上所具有的独特作用，还可以从更多维的角度分析马匹贸易对其他行业的影响。涉及马匹贸易的行业不仅有当时的养马业，还有丝织业、运输业等各个行业。马匹贸易的发展变化对于这些行业构成了深远的影响，养马业、丝织业等行业的发展变化也对马匹贸易的开展起到了促进作用，这些行业间的联系非常紧密，可以从唐五代的马匹贸易入手，管中窥豹，对此时的经济社会发展变化有一个更加深刻的理解。

此外，唐五代马匹贸易的价格波动明显，特别是唐与回鹘的官方马匹贸易举世瞩目，学术界对于官方马匹贸易价格研究较多，但唐五代时期的马匹贸易不仅官方贸易规模庞大，民间马匹贸易也非常活跃，民间的马匹贸易最切实地展现了唐五代时期的经济状况，是社会经济发展状况最真实的反映，也反映了当时丝路沿线商贸往来的发展变化，因此，研究唐五代民间马匹价格的变化对于梳理这一时期马匹贸易发展状况，以及分析中原王朝和少数民族在马匹贸易中起到的作用和获得的利益都非常重要。

第三节 文献综述与研究架构

一、文献综述

自古以来，中原王朝都与周边各民族政权建立了非常紧密的政治、经济联系，特别是历史悠久的互市贸易，这些互市贸易交易频繁，互通有无，增加了封建王朝的财政收入，促进了社会经济发展，为民族团结和经济发展奠定了良好的基础。唐代的马匹贸易极为活跃，在唐的统治区域内外，存在着众多的少数民族，这些少数民族由于历史、环境等方面的原因，经济发展水平有比较大的差别，但是，普遍存在工农业发展水平有限，畜牧业成为经济的主要支柱等情况，在经济上对农耕地区的汉族有非常强的依赖性，大量的生活必需品无法自行满足，只能够通过贸易或者战争来获得，因此开展马匹互市成为满足双方需求的重要途径。这一时期的马匹贸易品种繁多，方式多样，数量庞大，成为唐五代时期政治、经济生活的重要组成部分，也因其深远的影响受到学界的广泛关注。国外学者松田寿男[①]、斋藤胜[②]等，香港学者陈美亚[③]，国内的李明伟[④]、杜娟[⑤]、樊保良[⑥]、吕岩[⑦]、商兆奎[⑧]、李健[⑨]等学者也对于唐代的马匹贸易进行了一些研究，产生了非常多的成果。

---

① 刘俊文主编，辛德勇等译. 日本学者研究中国史论著选译（第9卷）[M]. 北京：中华书局，1993：414.

② Saito M. "A Reconsideration of the Silk and Horse Trades between the Tang Dynasty and Uighur Empire" [J]. *Shigaku Zasshi*, 1999, 108 (10)：1749—1774, 1890—1888.

③ Tan M. A. "Exonerating the Horse Trade for the Shortage of Silk：Yuan Zhen's ' Yin Mountain Route' " [J]. *Journal of Chinese Studies*, 2013.

④ 李明伟. 丝绸之路与历史上的西北贸易 [J]. 传统文化与现代化，1996 (6).

⑤ 杜娟. 从突董事件看唐朝与回纥的关系 [D]. 新疆大学2005年硕士学位论文.

⑥ 樊保良. 回鹘与丝绸之路 [J]. 兰州大学学报社会科学版，1985 (4).

⑦ 吕岩. 唐朝政府物资购买研究 [D]. 山东大学2014年博士学位论文.

⑧ 商兆奎. 唐代农产品价格问题研究 [D]. 西北农林科技大学2008年硕士学位论文.

⑨ 李健. 渤海国商业贸易研究 [D]. 黑龙江省社会科学院2014年硕士学位论文.

1. 民族间的马匹贸易

唐代国力强盛，统治区域极为庞大，周边的少数民族政权也相当多，唐王朝也积极地与周边少数民族政权建立了非常密切的关系。这为马匹贸易广泛、顺利地开展创造了良好的条件，唐的马匹贸易对象非常广泛，东起渤海，西至西域，遍布唐的马匹贸易对象，这一时期的贸易规模也非常庞大，为民族间的团结和互惠互利奠定了良好的基础。张泽咸先生所写的《唐代工商业》① 一书对唐与周边少数民族政权的贸易进行了非常详细的论述，从民族政策、交通线路、贸易对象等方面分析了唐代的互市活动，认为唐代继承了前代重视民族友好的传统，制定了相对开明的民族政策，这一政策为唐与边境少数民族的马匹贸易创造了良好的条件。唐与突厥、回鹘、吐蕃、南诏、渤海、奚及契丹等进行了非常紧密的马匹贸易，其中与回鹘的马匹贸易极为庞大，后期买马的数量每年过万匹，成为唐政府一个非常重要的马匹来源。唐与各民族间的马匹贸易各有其特色，买马的数量也并不一致，但两地之间的马匹贸易具有非常强的延续性。这一时期民间的马匹贸易也极为活跃，受到利益的诱惑，脱离于官方互市之外，还有大量的民间贸易，即便在战争状态，在军事战场的前沿，民间的马匹贸易也正常进行。唐五代时期的马匹贸易，从安史之乱后逐步达到高峰，到五代时期，受限于国力，马匹贸易的规模则明显下降。唐代的马匹贸易中官方贸易占据了非常重要的地位，特别是唐代前期的马匹贸易有着非常浓厚的政治色彩，马匹贸易本身在唐代经济生活中的比重也不算高，仅仅被统治阶级作为调整民族关系的一个重要工具，满足其政治、军事上的需要，并不完全是各民族人民间的自由贸易。

管彦波所写的《论唐代内地与边疆的"互市"和"朝贡"贸易》② 认为，唐代与周边少数民族的马匹贸易除了以互市的形式进行以外，还有一个重要的方式就是贡赐，唐代马匹贸易的主要对象有回鹘、突厥、吐蕃、吐谷浑、党项、羌人，其中回鹘与突厥是两个非常重要的马匹来源，向唐政权供应了大量的马匹。彭丽所写的《隋唐时期中原王朝与北疆突厥、契丹民族关系研究》③ 一文认为，

---

① 张泽咸. 唐代工商业 [M]. 北京：中国社会科学出版社，1995.

② 管彦波. 论唐代内地与边疆的"互市"和"朝贡"贸易 [J]. 黑龙江民族丛刊，2007 (04).

③ 彭丽. 隋唐时期中原王朝与北疆突厥、契丹民族关系研究 [D]. 陕西师范大学 2012 年硕士学位论文.

唐代与突厥、契丹都举行过非常密切的马匹贸易；卞亚男所写的《唐代龟兹商业贸易状况研究》① 和张安福所写的《唐代丝绸之路中段西州与龟兹的商贸研究》② 都认为唐代在西域地区进行了大量的马匹贸易，龟兹、突厥等都是非常重要的马匹贸易对象；王尚达所写的《唐代中原与西域之间的贡赐贸易管窥》③ 认为西域诸国以朝贡的形式与唐进行了大量马匹贸易；康雨晴所写的《唐代青海畜牧业发展研究》④ 和才让加的《吐蕃时期贸易经济概论》⑤ 认为唐在青海地区与吐蕃、吐谷浑、党项都进行过很密切的马匹交易；李锦绣所写的《史诃耽与唐初马政——固原出土史诃耽墓志研究之二》⑥、冯敏所写的《丝路贸易与唐前期陇右养马业浅析》⑦ 认为，向周边民族互市买马是唐代监牧取得发展的一个重要途径。

周聿丹所写的《唐五代时期的通贡贸易研究》⑧ 一文认为随着唐朝的国力日益强盛，原有的以中原王朝为中心的朝贡体系也日益扩大，周边的政权通过朝贡的形式向唐朝提供了大量的马匹，也为双方的马匹贸易提供了良好的政治条件，到五代时期，朝贡活动逐渐缩小，远不如唐朝，马匹贸易的数量也明显减少。孙彩红所写的《唐、五代时期中原与契丹、奚的互市贸易》⑨ 一文认为，唐五代时期，中原王朝与契丹、奚建立了非常紧密的互市关系，契丹、奚也以互市的形式向中原王朝提供了大量的马匹，河北藩镇更利用其地理优势大量向契丹、奚购买马匹，以增强同中央抗拒的实力。在五代以前，由于回鹘、突厥是唐的主要马匹供应方，契丹实力还比较弱小，供应的马匹数量有限。到唐末五代时期，由于回鹘西迁，前往中原路途遥远，贸易不便，而中原地区又战争频发，对马匹的需求量不断增加，契丹成为马匹的重要供给方。倪立保所

---

① 卞亚男. 唐代龟兹商业贸易状况研究 [D]. 石河子大学 2015 年硕士学位论文.

② 张安福. 唐代丝绸之路中段西州与龟兹的商贸研究 [J]. 中国农史, 2016 (3).

③ 王尚达. 唐代中原与西域之间的贡赐贸易管窥 [J]. 社科纵横, 1994 (2).

④ 康雨晴. 唐代青海畜牧业发展研究 [D]. 西北农林科技大学 2011 年硕士学位论文.

⑤ 才让加. 吐蕃时期贸易经济概论 [J]. 西藏研究, 1989 (2).

⑥ 李锦绣. 史诃耽与唐初马政——固原出土史诃耽墓志研究之二 [J]. 欧亚学刊, 2008.

⑦ 冯敏. 丝路贸易与唐前期陇右养马业浅析 [J]. 乾陵文化研究, 2014 (1).

⑧ 周聿丹. 唐五代时期的通贡贸易研究 [D]. 厦门大学 2008 年硕士学位论文.

⑨ 孙彩红. 唐、五代时期中原与契丹、奚的互市贸易 [J]. 河北师范大学学报（哲学社会科学版）, 1998 (4).

写的《"马绢"贸易与"丝绸之路"的繁荣》①、张程所写的《浅析绢马贸易与回鹘灭亡的关系》②、徐伯夫所写的《唐朝与回纥汗国的关系》③和殷红梅所写的《回鹘西迁后对丝路贸易的贡献》④都认为回鹘长期向中原卖马并逐渐形成了依赖，到后周时期，高昌回鹘都在向中原卖马以获取利益。陆庆夫所写的《论甘州回鹘与中原王朝的贡使关系》⑤一文认为，甘州回鹘以朝贡的形式大量向中原王朝卖马。

王东所写的《五代宋初党项马贸易与西北政治格局关系探析》⑥一文认为，党项由于其特殊的经济结构而对中原经济有非常强的依赖性，这是五代时期党项与中原马匹贸易活跃的重要原因，党项也视其马匹为重要的战略资源，通过大量开展马匹贸易促进自身实力的提升。反过来，也正是由于马匹贸易有利可图，党项乘五代时期中原各国实力有限的机会，大量扩展其牧场，把持了重要的商业贸易路线。由于贩卖马匹利益可观，党项在与五代政权进行马匹贸易时更愿意以朝贡贸易的形式进行，甚至以各种手段打击其他贸易竞争者，以保证其马匹供应的垄断地位，获取更大的利益。

2. 互市的制度

唐代为了更好地进行互市，保证政府对于贸易的控制力，制定了完善的互市制度和法令，这些政策和法令反映了唐政府对待互市的态度，以及当时互市的发展状况。学界对于唐五代互市的法律制度建设也进行了认真的分析和研究，如薛平拴⑦、蔡汝栋⑧、程喜霖⑨、张艳云⑩、刘信业⑪等学者都对唐代的互市制度做过一定的研究。

① 倪立保."马绢贸易"与"丝绸之路"的繁荣 [J]. 新疆社科论坛，2013（6）.
② 张程. 浅析绢马贸易与回鹘灭亡的关系 [J]. 学理论，2014（33）.
③ 徐伯夫. 唐朝与回纥汗国的关系 [J]. 喀什师范学院学报，1991（4）.
④ 殷红梅. 回鹘西迁后对丝路贸易的贡献 [J]. 新疆地方志，1999（3）.
⑤ 陆庆夫. 论甘州回鹘与中原王朝的贡使关系 [J]. 民族研究，1999（3）.
⑥ 王东. 五代宋初党项马贸易与西北政治格局关系探析 [J]. 丝绸之路，2012（20）.
⑦ 薛平拴. 论唐代的胡商 [J]. 唐都学刊，1994（3）.
⑧ 蔡汝栋. 论唐代的民族政策 [J]. 广东技术师范学院学报，1993（3）.
⑨ 程喜霖. 唐代过所与胡汉商人贸易 [J]. 西域研究，1995（1）.
⑩ 张艳云. 唐代过所制度略述 [J]. 史学月刊，1996（4）.
⑪ 刘信业. 唐朝对外贸易的法律调整 [J]. 郑州航空工业管理学院学报（社会科学版），2006（3）.

李叶宏、惠建利所写的《唐代互市法律制度探析》① 一文认为，唐政府为了促进互市的进行，把互市作为对外贸易法律体系的一个重要部分，对于互市组织、互市场所、互市形式、互市程序、禁止互市等方面进行了详细的规定。唐代的互市贸易制度具有明显的政府干预色彩，自由程度明显不足，法律以成文法为主，部分是贸易惯例。唐五代互市中欺诈等情况时有存在，为了规范互市的活动，强化政府的控制，唐政府制定了翔实的法律，通过在法律上的限制，保证了唐代国家安全，规范了互市贸易行为，极大地促进了民族间的商业交流。刘玉峰所写的《试论唐代民族贸易的管理》② 一文认为唐代主要是用政治的手段在进行民族贸易的管理，承继了前代的管理习惯，在边缘州府设立了互市监，专门负责与相邻的少数民族开展贸易。中央对互市有严格规定，交易的物品、时间等都严格控制。唐前期，国力强盛，官方互市主要由少数民族政权提出申请，唐朝廷予以同意，贸易的规模事先也有所约定。唐后期，互市的主动权已逐渐丧失。政府对于汉族与少数民族之间的民间贸易主要持限制或禁止的态度，在总体上严格禁止民族间的自由贸易。大量物品列为禁物，禁止出境，但是允许在政府控制的前提下，进行民族贸易。主要是在设定于边境上的固定场所进行贸易，由政府机构进行交易秩序、交易时间、交易物价等方面的具体管理；也有不设互市机构，仅派官吏予以监莅的互市类型，民间贸易总体处于政府的严格管控下，并不利于民族间的自由交往。刘晶芳所写的《唐朝丝绸之路贸易管理法律制度析论》③ 一文认为唐代的贸易管理制度根据贸易的发展状况不断进行调整，推动了丝绸之路的繁荣；李叶宏所写的《唐朝丝绸之路贸易管理法律制度探析——以过所为例》④ 一文认为唐通过过所对商人进行严格管理：一方面维护了统治者的利益，另一方面也保护了行商的人身和财产安全。

---

① 李叶宏，惠建利. 唐代互市法律制度探析 [J]. 海南大学学报（人文社会科学版），2010（1）.
② 刘玉峰. 试论唐代民族贸易的管理 [J]. 山东大学学报（社会科学版），1999（2）.
③ 刘晶芳. 唐朝丝绸之路贸易管理法律制度析论 [J]. 兰台世界，2014（12）.
④ 李叶宏. 唐朝丝绸之路贸易管理法律制度探析——以过所为例 [J]. 武汉理工大学学报（社会科学版），2009（5）.

3. 唐与回鹘互市的性质

关于唐与周边少数民族互市的性质，特别是唐与回鹘马匹贸易的性质，学界的争论非常激烈。有很多学者认为唐与回鹘的马匹贸易，是一种不平等的贸易关系，唐受到了回鹘严重的勒索，给唐造成了严重的负面影响，政府的财政实际已无力承担这样的马匹贸易。李德龙先生所写的《敦煌遗书 S. 8444 号研究——兼论唐末回鹘与唐的朝贡贸易》① 一文从出土的敦煌遗书入手，分析这一文书的时间及马匹的价格，认为从文书来看，唐与回鹘确实建立了非常紧密的经济关系，而且双方的绢马贸易一直延续到了晚唐时期，绢马贸易在双方的政治生活中都占有非常重要的地位。从文书所反映的情况来看，一匹马可以易绢大约 23.75 匹，以往每马四十绢的价格是唐为了报答回鹘助唐作战之功，这样的交易明显带有一种"赠予"的性质，四十绢的高价给回鹘带来了巨大的经济利益，也给唐政府以重大的财政负担。从这一文书也可以发现唐代末期河西回鹘"得帛无厌"的迫切性，由于回鹘地处丝绸之路要冲，具备开展中转贸易的条件，回鹘正是通过马匹贸易获得了大量的丝绸，再贩卖往更西的地区，获取更多的经济利益，因此唐与回鹘的绢马贸易虽然为唐提供了大量的马匹，但并不是一种公平的经济贸易关系。刘正江所写的《回鹘与唐的马绢贸易及其实质》② 一文认为，在唐与回鹘的交往中，绢马贸易是双方经济、政治往来的一项重要内容，贸易的长期维持符合双方的根本利益，也是唐执行羁縻政策的一个重要体现。中唐以后，唐与回鹘间的马匹贸易规模不断扩大，回鹘成为主要的马匹供应方，虽然马匹的价格明显高于市场价格，严重背离了商品的价值规律。但是唐主要是从政治的角度考虑与回鹘的马匹贸易，试图通过在绢马贸易中付出经济代价，以换取政治上的回报，实现羁縻统治的政治目的，保证边防的安宁和内部的稳定，因此唐与回鹘的绢马贸易总体还是各取所需的贸易。黄畅所写的《回鹘汗国与中原商业贸易探微》③ 和向红伟所写的《论唐代陇右

① 李德龙. 敦煌遗书 S. 8444 号研究——兼论唐末回鹘与唐的朝贡贸易 [J]. 中央民族大学学报（哲学社会科学版），1994（3）.

② 刘正江. 回鹘与唐的马绢贸易及其实质 [J]. 黑龙江民族丛刊，2011（02）.

③ 黄畅. 回鹘汗国与中原商业贸易探微 [J]. 丝绸之路，2010（18）.

马政衰败与西北地区吐蕃化》① 一文认为，回鹘畜牧业经济发达，拥有大量的马匹供应中原，其与唐的贸易主要以官方的形式进行，有一定勒索的成分，并不是平等的商业贸易关系，回鹘从马匹贸易中获利极大，促进了自身的经济发展和文明水平的提高。

马俊民所写的《唐与回纥的绢马贸易——唐代马价绢新探》② 一文认为，唐与回鹘的绢马贸易是带有政治色彩的公平贸易，唐代大量向回鹘买马主要是基于军事需要和预防、打破河朔方镇与回鹘结盟等方面的需要，有其特定的目标。中唐以后，唐自身面临各方的军事威胁，急需购买大量的马匹以满足需要。买回鹘马不仅满足军事需要，还可以达到包围吐蕃、孤立割据方镇的目标，这就是唐尽管财政支出压力非常大，仍然要长期坚持绢马互市的原因。从马匹的价格来看，唐与回鹘的绢马贸易价格并不算高。一方面，其卖马的价格与突厥的价格相差并不大，没有特意提高马价；另一方面，回鹘远居于乌特勒山北，运送马匹路途遥远，成本高昂，其马匹价格自然会较高。此外，唐代无论是在中唐以前，还是在中唐以后，在购买实力强盛的北方游牧民族的马匹时，价格并无差别，回鹘并没有乘势讹诈而导致马价昂贵。唐代始终以较高的价格购买北方游牧民族的马匹，不仅可以保证马匹的供给，同时也可以达到羁縻的政治目的，双方都是各取所需。因此唐与回鹘的绢马贸易仍然是一种相互有利的贸易，以互市的形式实现了民族团结。舒苑所写的《市以微物通以友情——唐代汉回纥贸易》③ 和景兆玺所写的《唐代的回纥与中外文化交流》④认为唐与回鹘的绢马贸易是双方关系密切的象征，两族人民在贸易中取长补短，互通有无，这样的贸易有利于民族团结和经济繁荣。虽然双方在马匹的贸易中有一些争端，但是这并没有影响唐与回鹘的贸易，双方的贸易持续了相当长的时间。

王有道所写的《论唐与回纥的关系》⑤ 一文在论及绢马贸易时，认为唐与

---

① 向红伟. 论唐代陇右马政衰败与西北地区吐蕃化 [J]. 甘肃农业，2006 (6).
② 马俊民. 唐与回纥的绢马贸易——唐代马价绢新探 [J]. 中国史研究动态，1984 (1).
③ 舒苑. 市以微物通以友情——唐代汉回纥贸易 [J]. 中国民族，1981 (6).
④ 景兆玺. 唐代的回纥与中外文化交流 [J]. 北方民族大学学报，2003 (1).
⑤ 王有道. 论唐与回纥的关系 [J]. 新疆师范大学学报（哲学社会科学版），1991 (4).

回鹘的绢马贸易是公平的，并不存在讹诈的问题。中唐以前，唐自身并不缺乏马匹，因此双方的马匹贸易规模极为有限，但是双方建立了相当密切的政治关系，与回鹘的政治关系和联姻为后来的绢马贸易创造了基础。中唐以后，唐需要大量的马匹，而自身无力提供，回鹘由于自身的经济结构，拥有足够的马匹，能够用马匹换取绢帛，经济上的互补为绢马贸易的历久不衰提供了条件。回鹘的马只能够卖给有大量马匹需求的唐，所需要的绢帛也只能够从唐获取，如果没有绢马贸易，也不符合唐的利益，因此唐与回鹘的绢马贸易实际是唐内政外交总战略的一部分。谷训涛所写的《论贡赐体系中的漠北回纥与唐朝关系》[①] 一文认为，唐与回鹘的绢马贸易虽然给唐带来了巨大的经济负担，但是开展绢马贸易有其必然性，政治上满足唐的战略诉求，经济上双方具有高度的互补性，因此，回鹘亡国后，西迁的回鹘人仍然大量往中原贩卖马匹，这表明，游牧民族与农耕民族间的这种各取所需的贸易，有其存在的必然性。同时，唐与回鹘绢马贸易规模的扩大不仅与唐急需马匹有关，还与吐蕃侵占陇右有关，吐蕃占领陇右后，丝绸之路北移，回鹘居于东西方贸易的中点，对于绢帛的需求量剧增，使得回鹘更急于向唐卖马以换取绢帛。日本学者斋藤胜所写的《唐、回鹘绢马交易再考》也认为绢马贸易的扩大是由于吐蕃入侵导致唐朝马业政策改变而引起的，并不能完全责怪回鹘人过于贪婪。[②]

4. 马匹贸易的演变

唐代是我国马匹贸易的一个重要的转轨时期，逐渐从原有的绢马贸易开始向茶马贸易演变，这一转变的原因、过程和影响受到了广大学者的密切关注。魏明孔先生所写的《西北民族贸易述论——以茶马互市为中心》[③] 一文以时间为脉络，从茶马贸易入手，梳理了茶马贸易的发展历程，分析了茶马贸易的产生和衰亡的内在原因，认为茶马贸易的产生是由于中原王朝以绢帛易马并不合算，经济上无力承受，而以茶叶交换马匹则比较有利，同时西北少数民族也愿意接受，因此茶马互市逐渐成为唐以后各朝代与西北少数民族贸易的主要形

---

① 谷训涛. 论贡赐体系中的漠北回纥与唐朝关系 [D]. 云南民族大学 2011 年硕士学位论文.

② Saito M. "A Reconsideration of the Silk and Horse Trades between the Tang Dynasty and Uighur Empire" [J]. *Shigaku Zasshi*, 1999, 108（10）: 1749—1774, 1890—1888.

③ 魏明孔. 西北民族贸易述论——以茶马互市为中心 [J]. 中国经济史研究, 2001（4）.

式。认为茶马互市起源于唐，鼎盛于明代，衰落于清代，在这个过程中，官方主导的互市逐渐衰落，而民间的自由贸易则日渐兴盛，政府的管控越来越松弛，民间贸易最终成为西北民族贸易的主体。王晓燕所写的《关于唐代茶马贸易的两个问题》[①] 一文认为，唐代由于无法承受绢马贸易的重担，开始了茶马贸易的试探，但是由于少数民族饮茶之风并未盛行，茶马贸易的规模仍然非常有限，茶马贸易不仅限于官方，民间贸易也开始出现；唐代汉藏之间的茶马贸易规模一直不大，主要受限于唐政府推行的民族政策、自身的马匹供应、藏区饮茶尚未成风，这些因素使得唐与吐蕃的茶马贸易规模还非常有限，唐代在进行马匹贸易时，主要还不是以支付茶叶的形式购马。李睿所写的《唐宋时期的茶马互市》[②] 一文认为，唐代商业经济的繁荣，创造了一个幅员辽阔的市场，为绢马贸易向茶马贸易的转变创造了良好的条件。唐代前期，政府多以铜钱或绢帛易马，随着贸易规模的不断扩大，绢帛不足以支持马匹贸易的扩大，而且以钱、绢作为支付手段，带给政府很大的财政负担，因此逐渐转为以茶叶支付，而以茶叶支付，又给中原经济结构带来了很大的影响，茶叶经济日渐繁荣，成为政府的重要税收来源。聂静洁所写的《略论历史上的茶马贸易》[③] 一文认为茶马贸易始于唐代，方健并不认同，其所写的《茶马贸易之始考》[④] 一文认为唐代的马匹贸易仍然主要以绢帛、钱等物品支付，茶叶还只是少数，真正开始茶马贸易的年代还是在宋代。唐代前期茶叶还属于奢侈品，到晚唐五代时期，虽然茶叶的规模有所扩大，逐渐普及到民间，五代时期，高昌回鹘卖马，所收的也主要是钱和绢帛，因此说茶叶贸易始于唐代乾元以后是不准确的，真正形成规模的是宋代的茶马贸易。

尚平所写的《中唐至北宋前期西北市马贸易的变化及动因》一文认为，中唐到五代时期，随着安史之乱的爆发，唐由不缺乏马匹转而马匹严重缺乏，不得不与回鹘大量开展马匹贸易，但随着回鹘与吐蕃陷入衰弱以后，中原王朝也陷入分裂，像唐与回鹘那么大规模的马匹贸易难以重现，中西方的商路在这

---

① 王晓燕. 关于唐代茶马贸易的两个问题 [J]. 中央民族大学学报，2002（02）.
② 李睿. 唐宋时期的茶马互市 [J]. 思想战线，2011（6）.
③ 聂静洁. 略论历史上的茶马贸易 [J]. 黑龙江民族丛刊，1999（1）.
④ 方健. 茶马贸易之始考 [J]. 农业考古，1997（4）.

一时期也中断，马匹贸易中的政治色彩明显降低。张家琪所写的《唐宋时期农牧关系与茶马贸易的兴起及发展》① 一文认为，唐代的茶马贸易主要发生在唐与回鹘、吐蕃之间，到五代时期，茶马贸易总体上发生了多元化的趋势；白振声所写的《茶马互市及其在民族经济发展史上的地位和作用》② 一文认为，唐代茶马贸易对于其境内的茶叶经济有很大的促进作用；马金的《略论历史上汉藏民族间的茶马互市》③、陈白的《茶马蕴深情 佳话传千里——唐宋时期汉藏贸易交流》④、刘俊才的《历史上甘孜地区的边茶贸易》⑤ 和高玉蓓的《吐蕃经济研究》⑥ 都认为唐代汉藏之间的茶马互市就已经很活跃。

5. 马匹贸易的地点及路线

随着唐代马匹贸易的日渐活跃，特别是西北政治格局的变化，马匹贸易的地点和路线也发生了巨大的变化，贸易的地点和线路反映了当时的社会经济状况，学界对于这方面的研究并不算多，形成的成果也比较有限。谷中原、鲁慧所写的《西南地区茶马古道论略》⑦ 一文认为，唐代以来四川、云南、西藏等地区形成了独特的茶马古道，藏区产马匹而缺茶叶，而川、滇地区多茶叶而缺马匹，在地缘上形成了资源上的互补。唐代时，吐蕃王朝为了便利贸易，打通了一条重要的滇藏交往通道，开始了区域内的马匹贸易，滇藏马匹贸易以大理、丽江、中甸、德钦、昆明等地为关键的枢纽和主要市场。随着区域马匹贸易的不断发展，这些线路不断扩展，并形成了完整的贸易网络。线路的扩展也促进了周边地区的经济发展和民族间的交流，极大地推动偏远山区的经济发展。张泽咸所写的《唐代工商业》⑧ 一书认为唐与边境民族在进行商业贸易时主要有八条路线，与不同的民族进行贸易所走的商路大多不尽相同，与突厥、

---

① 张家琪. 唐宋时期农牧关系与茶马贸易的兴起及发展 [D]. 西北农林科技大学 2016 年硕士学位论文.

② 白振声. 茶马互市及其在民族经济发展史上的地位和作用 [J]. 中央民族大学学报哲学社会科学版，1982 (3).

③ 马金. 略论历史上汉藏民族间的茶马互市 [J]. 中国民族，1963 (12).

④ 陈白. 茶马蕴深情 佳话传千里——唐宋时期汉藏贸易交流 [J]. 中国民族，1982 (9).

⑤ 刘俊才. 历史上甘孜地区的边茶贸易 [J]. 西南民族大学学报人文社科版，1985 (3).

⑥ 高玉蓓. 吐蕃经济研究 [J]. 中央民族大学 2012 年硕士学位论文.

⑦ 谷中原，鲁慧. 西南地区茶马古道论略 [J]. 贵州茶叶，2007 (2).

⑧ 张泽咸. 唐代工商业 [M]. 中国社会科学出版社，1995.

回鹘等主要马匹供应方有关的线路主要是夏州塞外通大同云中道,设置有三受降城,这一线路成为西北的一条重要商路。闫智钰所写的《唐宋时期鄂尔多斯及其边缘地区茶马贸易研究》[①] 一文认为,唐代鄂尔多斯及边缘地区的畜牧业发展水平比较高,而农业和手工业水平有限,因此需要用马匹与汉族交换生活必需品,这一地区大量进行马匹的贸易以交换唐的绢帛。鄂尔多斯及边缘地区的马匹贸易主要以绢马贸易为主,茶马贸易还不居于主导地位,在南缘地区和黄河北岸地区形成了两个比较重要的市场区域,这种贸易主要以过境外向型贸易为主,区域性贸易为辅。唐代这一地区的马匹贸易主要以灵州、西受降城、六胡州、定襄、云中等府为中心,这些贸易中心主要是政府确定的贸易地点及州府所在地。唐前期的路线主要以灵州至庆州线为主,到唐后期,随着吐蕃的侵犯,灵州线路时断时续,鄂尔多斯的交通中心便转移到了夏州,以这两个地区为中心的交通四通八达,形成了分段的马匹贸易路线,市场的中心主要在鄂尔多斯南缘地区的灵州、夏州等,及黄河北岸的丰州地区。何双全、谢晓燕写的《唐、宋时期甘肃茶马互市与茶马古道》[②] 一文认为唐五代时期,甘肃地区有多条承继前代的商路,这些商路四通八达,成为茶马贸易中的关键一环。甘肃地区也因为汉唐以来丝绸之路的贯通和茶马贸易的活跃而具有非常明显的多元化特征,多元化也极大地促进了甘肃地区的民族融合、文化交流以及区域经济的发展等。马俊民所写的《关于唐代胡马引进及其历史作用》一文认为,中唐以前官方的市马主要有营州、幽州、西受降城、云中府、朔方、安西、赤岭,这些交易地点相对活跃,交易规模也较大,也存在一些相对临时使用的交易地点,如北楼关、临渝关等。国内学者张云[③]、皮坚[④]、王蓬[⑤]、赵

① 闫智钰 . 唐宋时期鄂尔多斯及边缘地区茶马贸易研究 [D]. 陕西师范大学 2014 年硕士学位论文 .
② 何双全,谢晓燕 . 唐、宋时期甘肃茶马互市与茶马古道 [J]. 丝绸之路,2010 (18).
③ 张云 . 茶马古道长 藏汉情义深——西藏和内地之间茶马古道探幽 [J]. 中国西藏:中文版,2005 (4).
④ 皮坚 . 丝绸之路对外贸易走向衰落研究 [D]. 海南大学 2010 年硕士学位论文 .
⑤ 王蓬 . 河西回纥通商道 [J]. 丝绸之路,2012 (13).

贞①、周得京②、薛正昌③等都对唐代五代的商贸路线进行了研究，取得了很多研究成果。

通过回顾可以发现学术界对于唐五代马匹贸易的研究已经非常深入，取得了丰硕的成果，特别是在探讨马匹贸易的性质、贸易的对象等方面，都进行了深入的研究和分析，充分利用了传世文献的资料对马匹贸易进行解析，视角独特，观点新颖，不落窠臼。但是，也应该看到前人对于马匹贸易的研究仍然存在一定的局限性，多数学者单就马匹贸易而论述马匹贸易，没有打开视野，只有少数学者将马匹贸易放在一个更大的框架下进行分析。唐五代马匹贸易的繁荣是在这一时期商业经济日渐发展的大背景下发展起来的，并不能够脱离唐五代时期其他行业的发展而单论马匹贸易；同时，马匹贸易有着悠久的历史，学界对于各个朝代间马匹贸易的形式、对象、交易方式等都没有进行比较分析，没有从一个更长的时间维度上分析唐五代马匹贸易；唐五代时期，出现了由绢马贸易向茶马贸易转变的过程，这一过程是如何产生的，其影响如何，特别是这一转变对于中原地区的经济结构产生了什么影响，学术界没有深入分析；在进行分析时使用的资料多为传世文献，对于出土文献的使用也并不充分。总之，唐五代马匹贸易的研究取得了很大的成绩，但仍然有值得继续挖掘的潜力，这与史料的缺乏及分散有很大的关系。在今后进行唐五代马匹贸易研究的过程中，不仅要注重传世文献的使用，还要注意发掘出土文献的资料，特别是敦煌、吐鲁番出土的各类少数民族资料，进行对比、印证，以求研究的客观、全面。

二、本研究对唐五代马匹贸易史论述的架构

本研究在借助唐五代关于马匹贸易等方面的传世文献、出土文献、考古资料的基础上，对前人所做出的相关学术研究和分析进行认真的梳理，分析了自李渊（618年）长安称帝到公元960年赵匡胤陈桥兵变为止340余年间的马匹贸易变化，在对其内容进行梳理和归类后，将本文分为四个独立而又相互联系

---

① 赵贞. 敦煌文书中所见晚唐五代宋初的灵州道 [J]. 中国历史地理论丛，2001.
② 周得京. 中国丝绸之路的演变 [J]. 河南科技大学学报（社会科学版）2000（2）.
③ 薛正昌. 唐宋时期穿越灵州的丝绸之路 [J]. 丝绸之路，2013（22）.

的单位，逐一加以论述。

第一部分，主要为唐五代时期的马政和贸易管理。唐五代马政与马匹贸易的开展有着密切的关系，这一时期官方和民间的养马业都经历了跌宕起伏的发展历程。政府对于马匹贸易的管理主要包括官方马匹互市、朝贡马匹贸易、民间马匹贸易以及相关政策法令等。唐五代时期马匹贸易管理机构和政策法令等。从宏观的角度为唐五代马匹贸易的顺利开展提供了良好的基础。不同类型的马匹贸易有着不同的流程和规则，唐五代时期的官方马匹占据相当大的比重，这使得政府在官方马匹的管理上尤其细致和规范，而对于民间的马匹贸易则有一定的限制，使得正常商业贸易的开展受到了一定的影响。

第二部分，主要为唐五代时期官方的马匹贸易。唐五代时期的马匹贸易范围广阔，规模庞大，持续时间久，与周边多个民族都产生过各种形式的马匹贸易。唐五代的马匹贸易对象东至高丽，西至大食，北至西伯利亚，周边的主要民族在这一时期都与中原王朝发生过马匹贸易，其中贸易量较大的主要为回鹘、突厥、党项、吐蕃、契丹等，前期以突厥为主，后期以回鹘、党项、契丹等为主，贸易的对象多数为北方实力强大的少数民族政权。不同的时期，贸易线路和地点都有所变化，这些变化对于地方经济的发展都产生了一定的影响。

第三部分，主要为唐五代时期丝路沿线的民间马匹贸易。中唐以前，丝路沿线的马匹贸易非常活跃，特别是这一地区畜牧业经济较为发达，买马的人和机构非常多，促进了当地养马业的繁荣，而晚唐五代时期则受到马匹紧缺等因素的影响，与回鹘的官方马匹贸易更为庞大。马匹价格上，唐五代时期的马匹价格相对呈现出逐渐上涨的态势，官方马匹贸易的价格远远高于民间市场上的马匹价格，五代时期的马匹价格总体高于唐代。

第四部分，主要为唐五代时期马匹贸易的演变以及影响。唐五代时期，马匹贸易跌宕起伏，产生了一些对后世影响极为深远的演变。这一时期，开始产生茶马贸易的萌芽，这是前代所不曾有的，茶马贸易的产生和发展对于中原和少数民族地区的经济都产生了深远的影响。另一个重要的演变是马匹贸易开始逐渐走向官方垄断模式。唐代，特别是唐代前期，民间马匹贸易非常活跃，私人也拥有大量的马匹，甚至出现养马的专业户，而到晚唐，特别是五代时期时，马匹贸易主要由官方进行，私人少有马匹贸易，到宋代时，明确了马匹贸易由政府垄断。这种马匹贸易的垄断模式扭曲了市场的价值，给内地和少数民族地区的居民都带来了一定的不利影响。

三、创新尝试与不足之处

对于唐五代时期的马匹贸易研究，前人的研究主要偏重于官方的马匹贸易，对于民间马匹贸易的研究较少，材料也多为正史史籍。为了弥补此中不足，本书对于民间马匹贸易的研究给予了相当的篇幅。在材料的使用上，除了传统的正史以外，还选用了部分出土文献等，在材料上做到互为引证。马匹贸易是经济史中十分重要的一个内容，以笔者目前的能力和水平，要做到超越前人的研究，有很大的难度。虽然对于唐五代马匹贸易的发展变化做了一个初步的探讨，有了基本、粗略的认识，但本书还有许多不足之处。首先，唐五代马匹贸易虽然具有一定的特殊性，但也是整个贸易体系的一部分，与其他如丝织品贸易、茶叶贸易等有相辅相成的关系，本书虽然对于马匹贸易的影响做了一定的分析，但是没有从宏观的角度分析马匹贸易与其他贸易的关系，这还有待进一步的研究。其次，由于各类史料对于数量的记载并不充分，本书在进行量化的研究上还存在不足，还有待更多资料的发掘。

第二章 唐五代的马政及养马业

唐五代马匹贸易的开展与中原王朝自身马政的盛衰有着密不可分的关系，当中原王朝养马业较为兴盛时，在与周边少数民族开展马匹贸易时就相对从容，官方马匹贸易的数量会比较少；当中原王朝自身养马业衰落时，在开展官方马匹贸易时就较为急迫，处于相对被动的地位。正因为唐五代马政的发展变化与马匹贸易有着非常密切的联系，分析这一时期的马匹贸易就必须理清唐五代马政的变化。

我国地域广阔，草场资源也比较丰富，"我国草原主要分布在大兴安岭东麓—辽河中上游—阴山山脉—鄂尔多斯高原—祁连山（除河西走廊）—青藏高原东缘一线以西以北的广大地区"，[①] 内陆很多地区也分布有草山和草坡，很多地区宜农宜牧。但是随着经济的发展和人口数量的增加，宜农宜牧区的畜牧业逐渐被农业排斥，畜牧业的比重逐步下降，农业逐渐在经济结构中占据主要地位。北方一些地区降雨少，地域广阔，人口稀少，适宜发展畜牧业经济，特别是草原长期生活着强大的游牧民族，这些游牧民族有着实力强大的骑兵，当中原王朝趋于衰弱，军事力量不强时，北方游牧民族就会南侵。为了防备北方少数民族及维护自身统治，中原王朝不得不建立一支强大的军事力量，《论语》所谓："足食足兵，民信之矣。" 而骑兵在冷兵器时代具有非常重要的地位，以其强大的作战能力受到历朝历代的重视。恩格斯就曾高度评价骑兵在古代的作用，认为"骑兵是具有决定意义的兵种"，[②] 严耕望先生认为中国古代拥

---

① 宋家泰．中国经济地理 [M]．北京：中央广播电视大学出版社，1985：107.
② 马克思，恩格斯．马克思恩格斯全集（第14卷）[M]．北京：人民出版社，1956：27.

有优良的养马场对于国家实力有非常大的促进作用："通观历代，凡是能控有今陕西中北部及甘肃地带的朝代，总能居于强势；凡是不能控有这一地区的，总是居于弱势；其故就在骑兵。"① 因此足兵就必然需要装备大量的马匹，只有拥有大量的马匹才能够建设一支强大的骑兵和维护政权的稳定，为此历代政府都通过各种手段以解决国内的马匹需求，其中最根本的方式就是自行发展养马业，完善自身的马政。

第一节　唐五代的马政

唐代由于幅员广阔，拥有非常广大的牧马地，宋代史学家欧阳修也认同这一点："至于唐世牧地，皆与马性相宜，西起陇右金城、平凉、天水，外暨河曲之野，内则岐、豳、泾、宁，东接银、夏，又东至于楼烦，皆唐养马之地也。"② 政府也高度重视马政，在河西陇右等地建立了多处牧场，《新唐书》卷五十《兵志》载："唐之初起，得突厥马二千匹，又得隋马三千于赤岸泽，徙之陇右，监牧之制始于此。"自此唐代畜牧业进入了发展的高峰期。

一、唐五代的马政机构

唐建立之初，北部和西北方向面临诸多少数民族政权的威胁，特别是突厥，强大的少数民族长期侵扰边境地区，突厥更深入核心地区，使得唐面临极大的军事压力。正是在这样的环境下，唐政府非常重视官方养马业的发展，制定了非常细致的法律规定等，设置或保留了完善的养马机构，以促进养马业的发展。唐代前期的官方养马业正是在这样的环境下取得了不俗的成绩，对唐代的军事、交通、经济等发展起到了非常大的促进作用。

唐代建立了非常庞大的养马业管理机构，在中央有太仆寺、驾部等，分布全国各地的机构有监牧，其中对官方养马业的发展促进作用最大是监牧系统。

---

① 严耕望. 治史三书［M］. 沈阳：辽宁教育出版社，1998：12.
② ［宋］欧阳修. 欧阳修文集（第112卷）［M］. 北京：中华书局，2001：1703.

监牧分布范围非常广，贞观初年主要在原州及其周围，此后面积不断扩大。据《监牧颂德碑》记载："跨陇西、金城、平凉、天水四郡之地，幅员千里。"这一地区地域广阔，降水量也较少，"我国400毫米等降水量线从东北大兴安岭经通辽—榆林—兰州一线直至西藏拉萨附近，斜贯国土全境，这是我国半湿润区与半干旱区分界线，大体为我国农区与牧区的分界线"，① 优越的地理条件为发展放牧业提供了充足的条件。唐代的马政管理机构是在继承隋代的基础上发展起来的，马政机构在唐五代经历了许多演变和变革，其总的趋势是权力逐渐集中，逐渐皇权化。

唐前期的太仆寺、驾部、尚乘局是唐代中央常设机构，这三个机构互相配合，互相制约，共同促进了唐代官营养马业的发展。太仆寺的长官称为太仆卿，从三品，"掌邦国厩牧车舆之政令，总乘黄、典厩、典牧、车府四署及诸监牧之官属"。② 其职责主要有两部分：一是中央宫廷皇帝及王公等人的乘骑、畜产品的供给；二是对于各地监牧籍账以及属官的考课等。监牧隶属于太仆寺，属于基层的畜牧业经营机构，"监牧，贞观中自京师赤岸泽移马牧于秦、渭二州之北，会州之南，兰州狄道之西，置监牧使掌其事"。③ 监牧作为基层的畜牧业管理机构，其下属还设置有牧尉和牧长，专门负责马匹等牲畜的放牧、对畜群进行分级管理、对人员奖惩等工作，马、牛都以一百二十头为一群进行放牧，全国共设置有六十五个监牧，可以说监牧是唐代养马业兴衰的关键。驾部主要负责"掌邦国之舆辇、车乘，及天下之传驿、厩牧官私马牛杂畜之簿籍"，④ 其所管辖的传驿系统拥有大量的马匹，驾部管理政府的畜力和车乘的配给，当然也包含马匹的使用，特别是传驿等交通用马。

牧场所养育的马匹相当一部分要由用马部门接收，中央的太仆寺、尚乘等都接收一部分，但是闲厩使出现之后，马匹的养育、调度等权力逐渐集中到闲厩使的身上，"今内别置闲厩使，其务多分殿中及太仆之事。至于舆辇、车马，则使掌其内，监知其外，游燕侍奉，皆不与焉"。⑤ 随着其权力不断扩大，

---

① 宋家泰.中国经济地理 [M].北京：中国广播电视大学出版社，1985：22.
② [唐] 李林甫.唐六典（第11卷）[M].北京：中华书局，1992：479.
③ [唐] 李吉甫.元和郡县图志 [M].北京：中华书局，1983：59.
④ [唐] 李林甫.唐六典（第5卷）[M].北京：中华书局，1992：162—163.
⑤ [唐] 李林甫.唐六典（第11卷）[M].北京：中华书局，1992：323.

到开元中叶，闲厩使成为单一的最高马政长官，闲厩使地位的上升反映了马政权力的集中和皇权化。晚唐时期，还出现了飞龙使，飞龙使原本只是宦官所管辖的飞龙一厩，随着宦官势力的扩大，逐渐取代闲厩使，皇家马政机构取代了原有的国家马政机构。

五代时期的马政管理方式与唐代区别不大，其所设置的大马坊、小马坊、飞龙院等机构，都是马政管理机构，其管理方式与监牧区别不大，其主要特点是马政与军事联系紧密，其养育马匹的牧子除了需要进行放牧等工作，还需要进行作战，马权与军权也紧密结合，这一做法在五代时期非常普遍。

二、晚唐监牧的南迁

唐政府由于失去了陇右等地的牧场，为了重新兴盛监牧系统，逐渐寻求将监牧进行南迁。德宗贞元年间，"会（柳）冕奏：闽中本南朝畜牧地，可息羊马，置牧区于东越，名万安监，又置五区于泉州，悉索部内马驴牛羊合万于游畜之。不经时，死耗略尽，复调充之，民间怨苦"。[①] 有学者认为在福建养马并不合适，"出于无奈的唐王朝竟在福建养马，这实在是养马史上的笑话"。[②] 但是福建实际上也是一个产马地，只是质量和数量都远不如北方，"福建素来产马，至今闽南沿海各县农民仍养有约七千匹，但外省人几乎不知该省有养马之事"。[③] 唐代这一地区实际也养有马匹，只是养马的区域很小，质量也较差，属于小型马，"仅福建滨海数县，在唐朝已有马群牧养，不过产量有限"，[④] 因此唐政府在此地设立监牧有一定的道理。

此后又在蔡州、襄州、银州等地设立监牧，多数牧场都不算成功，如元和年间，"十三年（818年），以蔡州牧地为龙陂监。十四年（819年），又置临汉监于襄州，牧马三千二百，费地四百顷"。[⑤] 等到文宗大和四年（830年），裴度就任山南节度使时，"白罢元和所置临汉监，收千马纳之校，以善田四百

① [宋] 宋祁，欧阳修. 新唐书（第132卷）[M]. 北京：中华书局，1975：4538.
② 马俊民，王世平. 唐代马政 [M]. 西安：西北大学出版社，1995：97.
③ 谢成侠. 中国养马史 [M]. 北京：科学出版社，1959：126.
④ 谢成侠. 中国养马史 [M]. 北京：科学出版社，1959：25.
⑤ [宋] 宋祁，欧阳修. 新唐书（第50卷）[M]. 北京：中华书局，1975：1339.

顷还襄人"。① 元和十四年建立临汉监，在大和四年又予以废除，中间不过二
十一年，从马三千二百匹，逐渐减少到千匹。可见监牧内迁后存在很多实际的
困难，效果并不好。

晚唐时期，监牧内迁不得不面对的两个非常重要的问题是地理条件和农牧
争地问题。养马业的发展需要特定的地理条件，马匹的成长，除了需要大量的
粮草，还需要开阔、平坦的土地和适宜的气候。《史记》曾经对养马区域做了
一定的记载："龙门、碣石北多马、牛、羊、旃裘、筋角；铜、铁则千里往往
山出棋置：此其大较也"，"天水、陇西、北地、上郡与关中同俗，然西有羌
中之利，北有戎翟之畜，畜牧为天下饶"。② 可见在龙门、碣石以北，陇西、
天水、上郡一线以西北一带，是我国主要的放牧地区。这一线也是一个重要的
农牧分界线，因此我国养马之地主要集中在北方，特别是西北地区。这一地区
干旱少雨，地域平坦，草场丰富，适合畜牧业经济的发展，"以后从汉初到唐
朝约 1000 年间，国家马政建设的中心就着重在今日陕西、甘肃一带"。③ 对于
唐政府而言，河西、陇右地区是最为重要的牧场，"安史之乱前，唐王朝经过
几十年的艰苦努力，发展了以陇右牧群为骨干的巨大牧场群，分布在中国西北
方一个巨大的环形区域，成为当时世界上最大的国家养马场"。④ 但是晚唐时
期，河西陇右一带长期面临吐蕃的军事威胁，唐失去这一优良牧区后，不得不
将监牧内迁。其内迁的区域，大多农业发达而畜牧业发展有限，如襄阳和泉州
等地，在蓄养大批马匹以后又管理不善，常常大量死亡。原本河北地区适合养
马，但是河北藩镇长期是中央心腹大患，这一地区自然不可能成为唐政府的养
马地，淮北一带虽然也适合养马，但是这一地区的藩镇也时常不听从中央号
令，唐同样无法在此地养马。唐后期比较成功的监牧主要在银州等地，银州刺
史刘源就曾请求在其辖地建立监牧，太和七年十一月，度支、盐铁等使奏：
"以银州是牧放之地，水草甚丰，国家自艰虞以来，制置都阙。每西戎东牧，
常步马相凌，致令外夷浸骄，边备不立。臣得银州刺史刘源状，计料于河西道

① [宋] 宋祁，欧阳修 . 新唐书（第 173 卷）[M] . 北京：中华书局，1975：5217.
② [汉] 司马迁 . 史记（第 129 卷）[M] . 北京：中华书局，2009：1987，1992.
③ 谢成侠 . 中国养马史 [M] . 北京：科学出版社，1959：27.
④ 马俊民，王世平 . 唐代马政 [M] . 西安：西北大学出版社，1995：35.

侧近，市掌生堪牧养马，每匹上不过绢二十疋，下至十五疋。"① 这一地区的监牧发展非常顺利，不到四年时间，就从三千匹发展到七千余匹："开成二年七月，夏绥银宥等州节度使刘源奏，伏准太和七年十一月敕，委臣于银州监置监城一所，收管群牧，自立务以后，今计蕃息掌生马约七千余匹。"② 而且其牧地不断得到扩展，这是唐后期比较成功的监牧，此外，离长安等地比较近的一些监牧也得到了保留。

困扰唐后期官营养马业的另一个重要问题在于农牧争地。中唐以后，内迁监牧就面临征用土地以设立牧场的问题，必然需要处理农牧争地的问题，唐代的统治者又多以行政手段获取民田作为牧场，这更加激化了地主的反对："其数益多，出于远界须有凭倚，今访择得绥州南界，有空地周回二百余里，堪置马务，……是臣当管界内空地，并非百姓见佃田畴，今请割隶，……如实无主，使任监司收管。"③ 可见银州刺史在试图扩展其牧场时，都需要确保这一土地无主，以免激起反抗。

临汉监征地四百顷，按照唐代土地的产量计算，将农田转变牧场并不合算，《新唐书》卷53《食货志》三，载元和中"以韩重华为振武、京西营田、和余、水运使……募人为十五屯，每屯百三十人，人耕百亩……垦田三千八百余顷，岁收粟二十万石"，共耕种土地1950顷，每年收粟200000石，合每顷大约产粟102石。当然也有更高的，《文献通考》卷6《田赋考》六，载贞元八年（792）嗣曹王皋为荆南节度观察使（治荆州，今湖北江陵），在江陵东北七十里重修古堤，整治废田，"广良田五千顷，亩收一钟"。一钟大约合粮六石四斗，一般而言，襄阳地区的善田产米应该在每亩二石以上。善田400顷，产米8万石，以文宗开成元年（836）二月和籴粟麦，贵籴每斗60文，平籴每斗50文，贱籴每斗25文。为了比较准确地反映当时的粮价水平，以平籴时的价格作为当时通常的粮价水平。平籴时，粟每斗50文，按照唐代粟、米比价计算，则开成元年（836）的通常米价约为85文每斗。一石米850文，米8万石，折合6800万文钱，以每匹绢大约1000文计算，大约有绢6.8万匹。

---

① ［宋］王溥. 唐会要（第66卷）［M］. 北京：中华书局，1955：1146.
② ［宋］王溥. 唐会要（第66卷）［M］. 北京：中华书局，1955：1147.
③ ［宋］王溥. 唐会要（第66卷）［M］. 北京：中华书局，1955：1147.

唐代后期向回鹘买马价格为每马四十绢，照此计算，大约可以换得马一千七百匹，远多于临汉监所养的千马。因此，在内地养马并不划算。不仅在襄阳地区设置监牧不划算，在晚唐所管辖的很多地区都不划算。文宗大和二年就因经济上的不划算废除了海陵监牧。"海陵是扬州大县，土田饶沃，人户众多，自置监牧已来，或闻有所妨废。又计每年马数甚少，若以所用钱收市，则必有余。其临海监牧宜停。令度支每年供送飞龙使见钱八千贯文，仍春秋两季各送四千贯，充市进马及养马饲见在马等用。其监牧见在马，仍令飞龙使割付诸群牧，收管讫分析闻奏。"① 文中"若以所用钱收市，则必有余"一句证明在农业地区，特别是赋税重地设置监牧养马得不偿失，这也正是很多监牧设而又废的原因。

在传世文献中论述较多的监牧主要有沙苑监、万安监、银州监、临海监、龙陂监等，许多监牧设置不久就予以废除，实际存在时间比较长的主要有沙苑监、银州监、龙陂监、楼烦监等四监，据学者推测晚唐的马匹不会超过十万匹："贞元二十年（804）前国家监牧养马不过四万匹。元和至大和二年（828）是中唐后监牧养马的高峰，恐也不超过六万匹，难望唐前期之项背。"② 因此元稹说"臣闻平时七十万马"，"如今垌野十无其一"。③ 随着中央政府的监牧一蹶不振，地方藩镇的养马业得到快速的发展。武宗时期，昭仪节度使刘从谏"畜马高九尺，献之帝，帝不纳。疑士良所沮，怒杀马，益不平"，"大将李万江者，本退浑部，李抱玉送回纥，道太原，举帐从至潞州，牧津梁寺，地美水草，马如鸭而健，世所谓津梁种者，岁入马价数百万"，④ 从文中可以看出，潞州地区的养马业已经有一定的发展水平了，能够通过养马业每年获得钱数百万，在一定范围内也具有相当的影响力，形成了一种优良的品种，被称为"津梁种"，刘从谏向皇帝进献的马匹可能就属于这一品种。不仅昭仪节度使在其辖区大力发展养马业，其他的节度使也出于各种各样的目的，在自有辖区养殖了大量马匹，以河北三镇养马的情况最为严重，淄青节度使李正己，在拥有

① ［清］董诰. 全唐文（第74卷）［M］. 北京：中华书局，1983：772.
② 马俊民，王世平. 唐代马政［M］. 西安：西北大学出版社，1995：97.
③ ［唐］元稹. 元氏长庆集（第24卷）［M］. 上海：上海古籍出版社，1994：132.
④ ［宋］宋祁，欧阳修. 新唐书（第214卷）［M］. 北京：中华书局，1975：6015.

淄、青、齐、海、登、莱、沂、密、德、棣等十余州后，"复取曹、濮、徐、兖、郓，凡十有五州。市渤海名马，岁不绝，赋籨均约，号最强大"，[1] 靠近少数民族地区，或者所在区域适合发展养马业的，地方藩镇都积极进行养马等活动。

三、唐代政府对民间养马业的管理

唐前期有大量的马匹，政府对于民间使用马匹有一些限制性的措施，特别对于乘坐马匹有着严格的限制。《唐会要》记载："商人乘马，前代所禁。近日得以恣其乘骑，雕鞍银镫，装饰焕烂，从以童骑，骋以康庄，此最为僭越，伏请切令禁断。庶人准此，师僧道士，除纲维及两街大德，余并不得乘马，请依所司条流处分。"[2] 从文中也可以发现，不仅仅是商人乘坐马匹被前代所禁止，一般的庶民，包含僧人、道士等都不被允许骑马。政府只是对于私人使用马匹有许多限制，特别是对大马的使用："戎马八尺，田马七尺，驽马六尺。"[3] 唐代也正是以大小来区分马匹的质量，大马多数是军队所用，而小马和蜀马都不适合作战使用，政府对于此类马匹的限制并不多，养育大马对于百姓而言也并不合算，既不能够骑乘，战时还常被无偿征用，因此民间也多养育小马。不仅马匹的使用受到诸多的限制，养育和拥有马匹也需要大量的资财，唐在进行全国定户时，曾将养马多寡作为赀定户等的重要内容，这也损害了普通百姓养马的积极性。政府在军事、交通等领域无偿地征用普通民众的马匹，使得养马更加得不偿失，吐鲁番所出唐神龙元年（705 年）五月的一份文献，充分展示了当时户备马的情形。

1. 神龙元年五月日高昌县人白神感等辞

2. 公私马两匹，壹疋父赤，主白神感，壹匹留父，主何师子。

3. 府司；神感等先被本县令备上件马，然神感

4. 等寄住高宁，今被高宁城通神感等帐头

① ［宋］宋祁，欧阳修．新唐书（第 213 卷）［M］．北京：中华书局，1975：5990.
② ［宋］王溥．唐会要（第 31 卷）［M］．北京：中华书局，1955：575.
③ ［宋］李昉．太平广记（第 435 卷）［M］．北京：中华书局，1961：3529.

5. 上件马过，司马遣送州取处分，既是户备

6. 望请付所由，准例放免。谨辞。

[后缺]①

　　民户需要为政府提供马匹，这虽然在客观上刺激了养马业的发展，但是政府征马使得百姓并未从中获得好处，民间的养马业不能够良性发展。此外，官方还倡导在各地设立马社一类的组织。学者卢向前研究认为，"马社的设立是由唐代马政牧于官而给于民的特色性所决定的，是官马缺乏的一种补充形式"，② 此类组织带有一定的官方背景。《唐会要》曾有记载："长庆元年正月，灵武节度使李听奏，请于淮南、忠武、武宁等道防秋兵中，取三千人衣赐月粮，赐当道自召募一千五百人马骁勇者，仍令五十人为一社，每一马死，社人共补之，马永无阙。从之。"③ 在秋防兵中召募骁勇者设立马社，并由这些士兵共同供养马匹，如果马匹死亡，则士兵共同担责，将马匹进行补充，以保证军队马匹充足。这一做法在西北也得到推广，《开元十四年二至四月沙州勾征开元九年悬泉府马社钱案卷》就有马社在西北的实施情况，当官马死亡后，社人或交钱，或交粮食等，征集的钱粮仍然用于购买马匹，以保证官方机构马匹的充足。这一做法虽然给政府带来一定好处，但是士卒多贫乏，常有拖欠，马社对于拖欠的人员也予以惩罚："敦煌县得折冲都尉药思庄等牒称，检案内前件人等，口上件社钱，频征不纳，……翟常明负府司社钱，违限不纳。准状牒敦请垂处分者。……频追不得，决十下。"④ 在催款不得后，决杖十下或枷项入狱，官方的马社成为民众的一种负担，此类政府措施只是短期内对于养马业有一定的促进作用。

---

①　陈国灿. 斯坦因所获吐鲁番文书研究 [M]. 武汉：武汉大学出版社，1994：266.

②　卢向前. 唐代政治经济史综论：甘露之变研究及其他 [M]. 北京：商务印书馆，2012：275.

③　王溥. 唐会要（第72卷）[M]. 北京：中华书局，1955：1304.

④　唐耕耦，陆宏基. 敦煌社会经济文献真迹释录（第4辑）[M]. 北京：书目文献出版中心，1986：432—436.

第二节 唐五代的养马业

在政府的管理之下，唐五代的官私养马业都获得一定的发展。安史之乱以前，唐代的养马业达到顶峰，拥有数十万马匹，。晚唐五代时期，官营养马业逐渐陷入衰退，拥有的马匹数量远不如前期，中央政府直接管理的监牧一直没有大的起色，而地方藩镇的养马业则得到快速的发展。唐五代时期除了官方大规模地养殖马匹，民间出于各种各样的需要也进行了养马活动，特别是唐代西北的民间养马业也曾经发展到非常大的规模。

一、唐前期对于官营养马业的投入及成就

唐初期官方养马取得如此大的成就很大程度上在于统治集团的重视，选贤任能，管理得当，积极引进优良马匹以改良马种，"它们已与大批不同品种的马匹杂交。如 703 年向唐朝宫廷奉献的大食纯种马、由吐蕃人于 654 年奉献的小野马，同时还有霍罕、撒马尔罕、布哈拉、基什、喀什、买卖城、弭秣贺、库塔尔马、犍陀罗、于阗、龟兹马、贝加尔湖的黠戛斯马等"，① 大量马种的引进，明显地提高了唐养马业的发展水平。在与少数民族的战争中也获取了大量的马匹，这一点也促进了其养马业的发展。贞观四年（630 年）对突厥的作战中就"获杂畜数十万"；贞观九年在对吐谷浑的作战中也获得了大量牲畜，"获杂畜二十余万"。同时还有以朝贡等形式获得的大量马匹，如薛延陀在贞观十七年"献马五万匹"，以这种形式获得的马匹也充入监牧中。在绢马贸易中买到马匹，很多也进入监牧系统。但是更多的马匹则来源于贸易，"陇右地区的马场基本上都是通过绢马贸易获得的良马充实建立的，麟德年中，陇右牧马蕃生达 70 多万匹，后经战争损失，由于绢马贸易的补充，开元年间有 43 万匹"。② 政府长期大量买马也促进了唐代前期官营养马业的发展。除此以外，

---

① ［法］谢和耐著. 耿昇译. 中国社会史［M］. 南京：江苏人民出版社，1995：209.
② 李明伟. 隋唐丝绸之路［M］. 兰州：甘肃人民出版社，1994：237.

唐代前期养马业的兴盛更得益于政府对于养马业的持续投入，在古代养马成本较高，占用大量土地，马匹的养殖成本并不是普通百姓能够承受的，只有官僚、贵族、地主和部分养马专业户等才养有大量的马匹，一般居民很少备有马匹。

养马业需要高额的投入，唐代前期正因为经济实力强大才能够支持庞大的监牧运行，保有大量的马匹。唐代的马匹每日耗粮数，史载："诸尚乘马，秋冬日给蒿一围，粟一斗，盐二合，春夏日给青刍一围，粟减半。"① 同在长安的太仆寺典厩署所管辖的马匹每日耗粮数与尚乘署一样，"马，粟一斗、盐六勺，乳者倍之"。如此计算，一匹马每年消耗粮食在三十石左右；军马的耗粮标准是"一马日支粟一斗，一月三石，六个月十八石"，② 监牧和驿所的马匹也消耗大量的粮食，出土文书中也有大量关于驿所粮食消耗情况的记载，《唐天宝十三—十四载（公元 754—755 年）交河郡长行坊支贮马料文卷》该文书就记载了长行坊下属各管驿匹食用料的记载，其中马匹的食料，如某馆"九月一日，郡坊马肆拾匹，内贰拾陆匹食全料，送旌节；拾肆匹食半料，共食麦三硕三斗。付健儿兹秀元，押官杨俊卿"。③ 全料为 1 斗，半料为 0.5 斗，不同的马在不同的情况下食用的口粮数量都有所不同，细马数量较少，"廿五日，郡坊细马伍匹，食麦粟伍斗，付兽医曹驼鸟"。唐代政府为了保有大量的马匹，投入了大量的人力资源，有关马事的劳动者数量也极为庞大，马事劳动者每年消耗的粮食数量也非常多。学者马俊民等研究认为，"开元末共计马数七十五万八千匹，年耗粮一千零九十一万石……养马业全年消耗一千一百三十四万二千石"，④ 而且唐政府发展养马业，并不以牟利为目的，"少府监裴匪舒善营利，奏卖苑中马粪，岁得钱二十万缗，上以问刘仁轨，对曰：利则厚矣，恐后代称唐家出卖马粪，非佳名也，乃止"⑤。要减轻政府的财政负担，使得官营养马业维持下去，就变得特别严峻，除了政府的大量投入，其中非常重要的就

①　［唐］李林甫.唐六典（第 11 卷）［M］.北京：中华书局，1992：331.
②　［唐］李筌.神机制敌太白阴经［M］.北京：中华书局，1985：120—121.
③　唐长孺.吐鲁番出土文书（第 10 册）［M］.北京：文物出版社，1988：61.
④　马俊民，王世平.唐代马政［M］.西安：西北大学出版社，1995：47.
⑤　何良俊.续世说新语（第 10 卷）［M］.天津：天津人民出版社，1999：772.

是采取开拓大量营田、屯田①、向民间征收等措施。

唐前期政府拥有大量田地，有足够的实力开拓营田、屯田等，监牧八坊②都拥有自己的营田，以做到自给自足，减少政府的负担。负责马政的官员同时也掌管大量的营田，牛仙客、王鉷等都兼任支度营田使③，八马坊拥有营田一千余顷，长行坊就有自己的营田小作可以补充粮草，《唐上元二年（761年）蒲昌县界长行小作具收支饲草数请处分状》④就记载了蒲昌县营田的情况，现转录如下：

1. 蒲昌县界长行小作　　状□
2. 当县界应营易田粟总两项共收得□□叁千贰百肆拾壹束　每粟壹束准草壹束
3. 壹千九百肆拾六束县□□□
4. □拾捌束上，每壹束叁尺叁围。陆百肆拾捌束□□□
5. 陆百伍拾束下，每壹束贰尺捌围
6. 壹千贰百九拾伍束山北横截等三城□
7. 肆百叁拾束上，每壹束三尺三围。肆百叁拾束，每壹束三尺壹围。
8. 肆百叁拾伍束下，每壹束贰尺捌围。
9. 以前都计当草叁千贰百肆拾壹束具破用，见在如后。
10. 壹千束奉县牒：令支付供萧大夫下进马食讫。县城作。
11. 玖伯束奉都督判，命令给维磨界游弈马食。山北作
12. 壹千叁百肆拾壹束见在
13. 玖百肆拾陆束县下三城作　叁百□□□束北山作
14. 右被长行坊差行官王敬宾至场点检前件作草，使未至已前，奉
15. 都督判命及县牒支给破用，见在如前，请处分。谨状。
16. 牒件状如前谨牒

---

① 文中的营田、屯田都是官营田地的一种，为了官营养马业的自给自足而设立。
② 唐朝代监牧所属八处养马之所。
③ 主管营田经营的一个职位。
④ 唐长孺. 吐鲁番出土文书（第10册）［M］. 北京：文物出版社，1988：252—253.

17. 上元二年正月　日作头左　思　训等牒

18. 知作官别将李小仙

　　从此件出土文献来看，蒲昌县长行小作拥有的田地大约有两顷，土地较为分散，分别在县下三城作和山北的三城作，收集的草共有 3241 束。唐为了保有大量马匹等牲畜，在全国各地都设置有此类小作等田地，如柳中县城长行小作、柳中县界长行小作等，在高昌、交河等地这一类的小作非常普遍，正是这样的小作极大地减轻了唐政府养马业的负担。

　　除此以外，官方还建立了向民间征收草料、马匹的制度，在吐鲁番出土的《唐西州高昌县出草账》就记载了向民间征收草的情况，少者交草一束，"范龙才壹束"，多者数十束，"龙兴寺贰拾肆束半"，"崇圣寺拾肆亩肆拾玖束"。① 这种税草的行为在唐代极为普遍，"贞观中，初税草以给诸闲厩，而驿马有牧田"，"唐前期的税草，为地税的附加税，据亩征收。建中以后，税草制仍存而未废，这时的税草成为两税的附加税"，② 通过向民间征收各类资源也为唐代养马业减轻了负担。

　　唐代前期养马的牧场规模庞大，拥有的牧丁③多达数十万，官方养马业正是在强大国力的支持下获得了充分的发展，而养马业的蓬勃发展也为唐的政治、军事、经济实力起到了促进作用，二者相辅相成。

　　正是由于唐政府细致的管理和持续的投入，唐代养马业从五千马匹起步，逐步发展壮大，"唐之初起，得突厥马二千匹，又得隋马三于赤岸泽，徙之陇右，监牧之制始于此"。④ 唐代正是自此建立了自己的监牧制度，至高宗时，马匹数量达到了七十万六千之多："自贞观至麟德四十年间，马七十万六千。"这七十万六千马匹仅仅是监牧所拥有的马匹数量，实际这一时期唐政府在军队、驿站、闲厩以及其他机构还拥有特别多的马匹，特别是军队和驿站。唐代军队的马匹数量非常多，北庭瀚海军拥有的马匹数量就有四千余匹，《资治通

---

① 唐长孺. 吐鲁番出土文书（第 9 册）[M]. 北京：文物出版社，1988：23—25.
② 李锦绣. 唐代财政史稿（下卷）[M]. 北京：社科文献出版社，2007：717.
③ 在监牧中直接从事养马劳动的牧人。
④ [宋] 宋祁，欧阳修. 新唐书（第 50 卷）[M]. 北京：中华书局，1975：1337.

鉴》卷二一五天宝元年条云"北庭瀚海军马四千二百匹"。另外驿站自身拥有的马匹也不少，仅西州长行坊，所管辖的马匹在千匹以上，大唐六典记载："凡三十里一驿，天下凡一千六百三十有九所；二百六十所水驿，一千二百九十七所陆驿，八十六所水陆相兼。" 如此多驿所，需要的马匹数量也是极为庞大。玄宗开元、天宝年间，"命王毛仲领内外闲厩。毛仲既领闲厩，马稍稍复，始二十四万，至十三年乃四十三万"，"天宝后，诸军战马动以万计"，"十三载，陇右群牧都使奏：马牛驼羊总六十万五千六百，而马三十二万五千七百"，"议谓秦汉以来，唐马最盛"①。政府各类机构中总计拥有的马匹数量远多于监牧中马匹的数量，整个官方养马业不仅仅依靠太仆寺、监牧等机构，军队、驿站等用马大户也从需求的角度推动了养马业的发展。正是由于唐代前期马匹数量充分，足以满足自身的各方面需要，在与周边少数民族开展马匹贸易时才有更大的回旋空间，买马更多是出于安抚周边少数民族的目的，买马的数量也比较有限。

二、晚唐五代时期的官营养马业

天宝末年，安禄山因任内外闲厩都使兼知楼烦监等职位，乘机挑选大量马匹至范阳，至安史之乱爆发后，大量士兵前往平叛，陇右空虚，"其后边无重兵，吐蕃乘隙陷陇右，苑牧畜马皆没矣"②，吐蕃入侵后，大量马匹损失，许多优良的牧场也落入吐蕃的控制之下。此后，唐政府又多次试图重建官府监牧，德宗贞元时，"会（柳）冕奏：闽中本南朝畜牧地，可息羊马，置牧区于东越，名万安监，又置五区于泉州，悉索部内马驴牛羊合万余游畜之。不经时，死耗略尽，复调充之，民间怨苦"③。由于自身军事力量的削弱，境内藩镇割据，互相争斗，周边少数民族不断侵扰，使得朝廷的监牧破坏严重，朝廷虽然一度将监牧地向其他地区迁移，但是由于农业的不断发展，畜牧业与农业激烈争夺土地，监牧此后发展并没有取得很大的成就，马匹的供应也在相当程度上依赖与少数民族的马匹贸易。到五代时期，虽然五代政府也仿效唐建立了

① ［宋］宋祁，欧阳修. 新唐书（第50卷）［M］. 北京：中华书局，1975：1338.
② ［宋］宋祁，欧阳修. 新唐书（第50卷）［M］. 北京：中华书局，1975：1339.
③ ［宋］宋祁，欧阳修. 新唐书（第132卷）［M］. 北京：中华书局，1975：4538.

小马坊等机构进行养马等活动，但是这一时期的财政实力和养马规模远不如唐代，马匹的紧缺程度也更加严重，在开展马匹贸易时常显得非常窘迫，买马更多是出于军事上的需要。

五代时期，由于政权频繁更迭，战争对于马匹的需求量非常大，各政权都有意识地发展自身的养马业，在后梁政权中就有大量的"刍牧者"："帝令史建瑭以轻骑尝寇，获刍牧者二百人，问其兵数，精兵七万。"① 表明梁朝军队中有专门的养马人员，小马坊是当时非常重要的养马机构，梁太祖于"开平元年五月，改小马坊使为天骥使"，"（同光二年）（李嗣源）夜至魏县，部下不满百人……十一日，发魏县，至相州，获官马二千匹，始得成军"。② 在五代时期仍然延续了唐的旧制，在许多地方设立了监牧："唐置监牧以畜马，丧乱以来，马政废矣，今复置监牧以蕃息之。然此时监牧必置于并、代之间，若河、陇诸州不能复盛唐之旧。"③ 监牧在并州、代州比较兴盛，在其他地方也设置了一些监牧，如同州的沙苑监，这一监牧在唐代就很兴盛，五代时期得到延续，后周显德二年（955 年）八月，诏"今后应有病患老弱马"，并送同州沙苑等监牧养。④ 此外，黄龙监、八角监、茂泽监、万龙监、铁丘监、卫州监、襄陵监、楼烦监、堂阳监等监牧史书都有所记载，这些国有牧场养有大量的马匹。明宗于天成元年三月丁巳，"行过钜鹿，掠小马坊两千匹以益军"，⑤ 正因为明宗朝施行了严格而得当的措施，畜养马匹的规模虽然比不上唐朝，但是效果仍是显著的，明宗后期马匹数量就达到了三万五千匹。一些地方藩镇也非常重视养马业的发展，特别是北方边境藩镇，后唐时期的康福在任灵武节度使时就养有大量马匹，"福镇灵武凡三岁，每岁大稔，仓储盈羡，有马千驷"，除了边境地区的藩镇养马，内地一些藩镇也试图发展牧马业。后晋时期，李从温在就任兖州节度使时，就大力发展牧马业，"后以多畜驼马，纵牧近郊，民有诉其害稼者，从温曰：'若从尔之意，则我产畜何归乎？'其昏愚多此类也"。⑥

① ［宋］薛居正 . 旧五代史（第 27 卷）［M］. 北京：中华书局，1976：372.
② ［宋］薛居正 . 旧五代史（第 32 卷）［M］. 北京：中华书局，1976：489.
③ ［宋］司马光 . 资治通鉴（第 275 卷）［M］. 北京：中华书局，1956：9002—9003.
④ ［宋］薛居正 . 旧五代史（第 115 卷）［M］. 北京：中华书局，1976：1532.
⑤ ［宋］欧阳修 . 新五代史（第 6 卷）［M］. 北京：中华书局，1974：55.
⑥ ［宋］薛居正 . 旧五代史（第 88 卷）［M］. 北京：中华书局，1976：1157.

这一方面反映其发展牧马业的急迫性，同时也显示在内地很多地方发展牧马业存在的一个普遍问题，即农牧争地。这一问题长期困扰晚唐五代政府。五代时期有藩镇向朝廷献马的规定，一些藩镇贡献的马匹数量非常庞大，据《册府元龟》记载，五代自后唐以来，诸镇共向朝廷贡马达 65 次之多，一次贡献，多者数千匹，少者数匹，总计达 11161 匹。① 这也表明各地藩镇的牧马业具有一定的规模，五代时期虽然政府对于马匹的需求非常迫切，但受制于国力，其官方养马的规模远不如唐代。

三、唐前期民间养马业的发展

魏元忠于仪凤三年曾上书，请求开畜马之禁："出师之要，全资马力。臣请开畜马之禁，使百姓皆得畜马；若官军大举，委州县长吏以官钱增价市之，则皆为官有。彼胡虏恃马力以为强，若听人间市而畜之，乃是损彼之强为中国之利也。先是禁百姓畜马，故元忠言之。"② 魏元忠的上书得到了高宗的认同，"高宗善之，授秘书省正字，直中书省，仗内供奉"。③ 玄宗时期，因马匹损耗严重，为增殖马匹以备军用，更加放宽了限令："天下之有马者，州县皆先以邮递军旅之役，定户复缘以升之。百姓畏苦，乃多不畜马，故骑射之士减昔时，自今诸州民勿限有无荫，能家畜十马以上，免帖驿邮递征行，定户无以马为赀。"④ 自此以后，百姓定户等时不以马为赀，养育马匹在十匹以上者免除资助驿递征行的义务，民间养马的积极性明显提高，养马量快速增加。王公贵族养马的规模更加庞大。政府也予以特别的优待，贵族、官僚可以借助政府的山谷等作为牧场，以至于"置牧者惟指山谷，不限多少"，⑤ 仅太平公主就曾经"陇右牧马至万匹"⑥，这也证明了当时王公贵族养马规模的庞大。王公贵族"牛驼羊马之牧布诸道，百倍于县官，皆以封邑号名为印自别；将校亦备私

① 杜文玉. 五代时期畜牧业发展状况初探 [J]. 唐史论坛（第十辑），2008.
② ［宋］司马光. 资治通鉴（第 202 卷）[M]. 北京：中华书局，1976：2466.
③ ［宋］宋祁，欧阳修. 新唐书（第 122 卷）[M]. 北京：中华书局，1975：4342.
④ ［宋］宋祁，欧阳修. 新唐书（第 50 卷）[M]. 北京：中华书局，1975：1338.
⑤ ［清］董诰. 全唐文（第 33 卷）[M]. 北京：中华书局，1983：365.
⑥ ［宋］宋祁，欧阳修. 新唐书（第 83 卷）[M]. 北京：中华书局，1975：3561.

马"，① 唐将郭子仪就自己养有大量马匹，德宗即位时曾赐给大量马匹，"给粮千五百人，刍马二百匹，尽罢所领使及帅"，② 孙樵在曾在《兴元新路记》中形容了其养马规模："自黄蜂岭洎河池关，中间百余里，皆故汾阳王私田，尝用息马，多至万蹄。"③ 郭氏将大片土地作为自己的私有庄园进行养马。可见其养马规模之大，而且郭氏养马之地并不仅限于此，在全国可能还有多处此类牧场。

一般官僚也大量养马。"永徽中，张鷟筑马槽厂宅，正北掘一坑丈余"，④以一丈余的坑作为马槽，可见马匹数量也不少。校书郎李蟠也"蓄马甚多，出游，则一里更二马，借给供应可逮十家"。⑤ 政府官员出于各种需要，自身也养有很多马匹。社会上许多贵族也大量使用马匹，杜牧《樊川集》载《唐故范阳卢秀才墓志》说，卢秀才名需者，"自天宝后三代，或仕燕，或仕赵，两地皆多良田畜马。生年二十，未知古有人曰周公、孔夫子者，击球饮酒，马射走兔，语言习尚，无非攻守战斗之事"。⑥《旧唐书·李珙传》说："李珙，山东甲姓，代修婚姻，至珙，不好读书，唯以弓马为务。"⑦《新唐书·王难得传》说："王难得，沂州临沂人，父恩叔，少隶军试为太子宾客，难得健于武，工骑射。"⑧ 唐代社会普遍尚武，受到社会风气的影响，许多人都酷爱骑马，这种风气为私人养马开辟了广阔的前景。在唐代西北地区一般百姓也常常养马，西州地区就有大量的马匹买卖契约，特别一些民间组织机构也自行养有马匹，如寺院、商队等，如西北地区的寺院，唐西州地区如高昌、柳中等县的寺院都养有马匹，高昌县弘宝寺《杂物牲畜》账中就记有"客马三疋"，⑨ 客马似为住寺行僧之马。另外，《唐西州柳中县为申当县诸寺马匹谍》中也记载了当时柳中县各寺院拥有马匹的情况，可见寺院养马在唐代并不少见。学者马俊

---

① ［宋］宋祁，欧阳修．新唐书（第50卷）［M］．北京：中华书局，1975：1338.
② ［宋］宋祁，欧阳修．新唐书（第137卷）［M］．北京：中华书局，1975：4608.
③ ［清］董诰．全唐文（第794卷）［M］．北京：中华书局，1983：8327.
④ ［唐］张鷟．朝野金载（第6卷）［M］．北京：中华书局，1979：145.
⑤ ［唐］冯贽．云仙杂记（第4卷）［M］．上海：商务印书馆，1934.
⑥ ［唐］杜牧．樊川文集（第9卷）［M］．上海：上海古籍出版社，1978：144.
⑦ ［后晋］刘昫．旧唐书（第161卷）［M］．北京：中华书局，1975：4226.
⑧ ［宋］宋祁，欧阳修．新唐书（第147卷）［M］．北京：中华书局，1975：4752.
⑨ 唐长孺．吐鲁番出土文书（第4册）［M］．北京：文物出版社，1988：60—61.

民就认为在唐代民间养马的高峰时期，私人马匹数量甚至多于官牧。①

四、晚唐五代时期民间养马业的衰落

安史之乱以后，国家养马业受到严重的冲击，但是军事上对于马匹的需求又极为紧迫，唐政权对民间马匹也常常进行强征，德宗在讨伐山东藩镇时，也"赋私畜以增骑"②，政府有意识地侵夺百姓的马匹，甚至一些地方官员也勒索养马百姓："（崔公）换歙州刺史，其政如密。先是歙民畜马牛而生驹犊者，官书其数，吏缘为奸。公既下车，尽焚其籍，孳息贸易，一无所问。"③ 政治、军事环境的恶化，政府低价或无偿的征马，都伤害了民间养马业的积极性。

五代时期，各政权为了提高自身军事实力，政府经常无偿或低价征收马匹，但民间仍然养有一些马匹，特别是在北方地区，一些少数民族逐步南迁后仍然将畜牧业作为重要生产方式，养有大量马匹，如突厥部内迁后，就居住在东起幽州、西至灵州的广大区域，后来又有铁勒诸部内迁，吐谷浑等部也逐步迁入内地，"散在朔方、河东之境"，④ 这些游牧民族的内迁，也刺激了内地养马业的发展。游牧民族的内迁持续时间非常长，数量也很庞大，五代时期仍然有大量游牧民族内迁，"达靼……后从克用入关，破黄巢，由是居云、代之间。其俗善骑射，畜多驼马"。⑤ 这些游牧民族所内迁的区域仍然多为亦农亦牧地区，适宜大规模地发展畜牧业经济，河东节度使就曾经劫掠吐浑等族获得大量马匹，"杀吐浑白承福等族，取其费巨万，良马数千"。⑥ 周边民族内迁后大力发展畜牧业，推动了内地养马业的发展。

此外，一些官员也拥有大量私马。政府常在征用民马时，对于官员拥有私马的数量进行一定的限制，后梁时期就曾规定，凡作战缴获的马匹，必须上缴，否则予以治罪，清泰三年（936 年）制定了更为详细的规定："道州府县镇，宾佐至录事参军、都押衙、教练使已上，各留马一匹乘骑。及乡村士庶有

① 马俊民，王世平：唐代马政 [M]. 西安：西北大学出版社，1995：103.
② [宋] 宋祁，欧阳修. 新唐书（第 157 卷）[M]. 北京：中华书局，1975：4913.
③ [清] 董诰. 全唐文（第 679 卷）[M]. 北京：中华书局，1983：6947.
④ [后晋] 刘昫. 旧唐书（第 198 卷）[M]. 北京：中华书局，1975：5301.
⑤ [宋] 欧阳修. 新五代史（第 74 卷）[M]. 北京：中华书局，1974：911.
⑥ [宋] 欧阳修. 新五代史（第 10 卷）[M]. 北京：中华书局，1974：100.

马者，无问形势，马不以牝牡，尽皆抄借。……都指挥使旧有马许留五匹，小指挥使两匹，都头一匹，其余凡五匹取两疋，十匹取五疋，更多有者，并依此例抽取。在京文武百官、主军将校、内诸司使己下随驾职员，旧有马者任令随意进纳，不得影占人私马。各下诸道准此。"① 虽然政策如此规定，但是执行并不严格，一些官员仍然拥有大量的私马，"五代藩镇多遣亲吏往诸道贩易，所过皆免其算，既多财则务奢僭，养马至千余匹，童仆亦千余人"。② 藩镇拥有大量私马，在京的官员也拥有不少的马匹，后唐时期，"末帝清泰二年六月癸末，枢密、宣徽使进添都马一百三十匹，河南尹百匹。时侦和（知）北虏寇边，日促骑车，故有此献，欲表率藩镇也"。③ 普通民众则受到政策影响很大，政府多次从民间无偿征用或低价购马，通过这种形式从民间获得了大量马匹。同光三年就曾经大规模地进行和市马匹："诏下河南、河北诸州和市战马，官吏除一匹外，匿者坐罪。"④ 这种大范围的和市马匹在五代时期就是一种低价购马，并不是公平交易。汉天福十二年，九月，"诏天下州府和买战马"。⑤ 政府不仅进行各种形式的和市，还开展无偿征用，这种政策对于民间的养马业构成的侵害更严重："十月，壬戌，诏大括天下将吏及民间马；又发民为兵，每七户出征夫一人，自备铠仗，谓之义军，期以十一月俱集，命陈州刺史郎万金教以战陈，用张延朗之谋也。凡得马二千余匹，征夫五千人，实无益于用，而民间大扰。"⑥ 晋天福九年正月"发使于诸道州府，括取公私之马"。⑦ 五代时期的括马非常频繁，除了一些贵族、官员以外，民间牧马业实际发展受到很大的限制。

总体而言，在安史之乱以前，国家实力强大，政府掌握了广袤的牧场，这些牧场为监牧和民间养马业的发展创造了良好的条件，养马业的繁荣为军事实力的提高提供了基础，军事上的强大又为养马业的发展提供了保障。也正是前

① ［宋］王溥．五代会要（第 12 卷）［M］．上海：上海古籍出版社，1978：208.
② ［清］毕沅．续资治通鉴长编（第 18 卷）［M］．北京：中华书局，1995：392.
③ ［宋］王钦若．册府元龟（第 485 卷）［M］．北京：中华书局，1960：5799.
④ ［宋］薛居正．旧五代史（第 32 卷）［M］．北京：中华书局，1976：120.
⑤ ［宋］王溥．五代会要（第 12 卷）［M］．上海：上海古籍出版社，1978：209.
⑥ ［宋］司马光．资治通鉴（第 280 卷）［M］．北京：中华书局，2007：3494.
⑦ ［宋］王溥．五代会要（第 12 卷）［M］．上海：上海古籍出版社，1978：208.

期养马业的日渐繁荣，才使得唐在开展马匹贸易时有更充分的自信，相关的马匹贸易更多地是以贡赐贸易的形式开展，具有非常强烈的政治色彩，很大程度上是为了羁縻周边少数民族。国家拥有大量马匹，政府对于民间的马匹贸易也较为宽松，私人间的马匹贸易在这一时期也非常活跃。随着中唐之后的国家实力的下降，养马业的规模也日渐缩小，大量的监牧在内迁后都面临农牧争地、环境不适宜等困难，官营养马业不断收缩，民间养马业没有一个良好的环境，百姓养马的积极性也受到严重的伤害。

第三章　唐五代马匹贸易的管理

马匹贸易的兴盛与否除了与自身马政的发展状况有着密切的关系，还与政府对于马匹贸易的管理有着密切的联系，唐五代的边境贸易很大程度上处于政府的严格控制下，因此政府贸易政策的变化对于马匹贸易的开展有着非常重要的影响。

唐朝建国之初，社会秩序初定，百业萧条。由于经历了与隋末诸雄的长期战争，马匹的消耗量特别大，马匹的供应远不能够满足需求。唐政府不仅面临严重的外部军事压力而迫切需要大量的马匹。内部经济发展对于马匹需求量也非常急切。为了抵御外族的入侵，发展经济，保障政权的稳定，就必须获得充足的马匹。同时唐代为了维护全国的统一，保证各地之间的联系顺畅，在继承隋制的基础上，进一步完善了驿传制度，全国建立 1639 所驿站，每个驿站都需要配备马匹。此外，农业、商业经济活动的日益活跃，对于马匹的需求量也不断扩大。因此，唐朝政府除了积极推进监牧制度，以提高自身马匹供应能力以外，还广泛开展马匹贸易，从中央到地方建立了完善的马匹贸易管理制度，唐代马匹贸易的顺利开展和日渐活跃离不开这些管理制度的建立和完善，其发展变化始终与唐代的国力变化、民族关系等有着密切的关系，是唐代经济社会发展水平的重要体现。

第一节　官方互市

中国历朝历代政府开展互市并不仅仅是为了发展经济，互取所需，很大程度也是为了实现政治上羁縻北方少数民族的目的：“夫王者之牧四夷也。有怀柔之道焉，有羁縻之义焉，盖所以底宁边鄙休息中夏者也。则互市之设，其怀柔羁縻之旨欤！爰自汉初，始建斯议，繇是择走集之地，行关市之法，通彼货贿，敦其信义，历代遵守，斯亦和戎之一术也。”[①] 唐五代政府正是通过贸易在一定程度上达到了和戎的目的，为了更好地促进官方互市的发展，政府还设置了非常完善的机构进行互市管理，也高度重视与周边民族的贸易关系，“中国与游牧民族之间有着非常漫长的陆地边界，双方时常爆发冲突，游牧民族也成中原王朝最重要的安全威胁，中国非常重视与游牧民族的关系管理……事实上，双方也有着长期的和平共处，双方存在着大量的共同利益”，[②] 开展马匹贸易对于双方而言就是一个很重要的共同利益，政府主要从政治的角度从事互市的管理。

一、官方互市的机构和职责

唐代为了促进和维护官方互市的正常开展，在边境地区设立了互市监。《大唐六典》卷22载：“皇朝因置之，各隶所管州府，监加至从六品下，改副监为丞，品第八下。光宅中，改为通市监，后复旧为互市监。”[③] 从这一记载来看，互市的管理很早就有，汉魏以来的互市由郡县进行管理，并未设置专门的机构。至隋代时，才在边境地区设立交市监，专门负责与周边少数民族的贸易。唐代延续了这一管理机构，名称上有所变动，职级有所提升。《新唐书·百官三·互市监》：“互市监，每监，监一人，从六品下；丞一人，正八品下，掌蕃国交易之事。隋以监隶四方馆。唐隶少府。贞观六年，改交市曰互市监，副监曰丞。武后垂拱元年曰通市监。有录事一人，府二人，史四人，价人四人，掌固八人。”[④] 在唐代这一机构的名称有所变化，但是机构的职权变化不大，其主要管理者监和丞都是有明确官员品级的，属于流内职事官。至于录

---

① ［宋］王钦若. 册府元龟（第999卷）［M］. 北京：中华书局，1960：11561.

② Kwan A. S. C. "Hierarchy, Status and International Society：：China and the Steppe Nomads"［J］. *European Journal of International Relations*，2016，22（2）.

③ ［唐］李林甫. 唐六典（第22卷）［M］. 北京：中华书局，1992：580.

④ ［宋］宋祁，欧阳修. 新唐书（第48卷）［M］. 北京：中华书局，1975：1272.

事、府、史、价人、掌固等并无官员品级，应该为流外官①或其他人员担当，当然，互市监内部的人员不仅仅有上述官员，还有一些在本地雇佣的人员等，如安禄山、史思明等人就曾经以"解六蕃语"而做过互市郎，可见除了这些常见的互市监官员外还有一些负责日常工作的人员。地方政府在行政上也对互市监进行管理，《清边郡王杨燕奇碑文》载："（杨燕奇）世掌诸蕃互市，恩信著明，夷人慕之。"② 这一记载说明，一些区域的互市活动仍然由当地官员管控，边境地区的军事长官不仅仅管理军队，后来还控制互市等行政事务，"这些是区域指挥官或军事总督，他们先是拥有军队，但后来对行政事务给予更多的控制权"。③ 互市监可能只负责具体事务。同时也有一些地方不是由互市监管理互市，《蜀中广记》载《金部格》云："敕松、与、悉、维、翼等州熟羌，每年十月已后即来彭州互市。易法：时差上佐一人贡崖关外，依市法，致市场交易，勿令百姓与往还。"④ 从文中来看，至少彭州地区的互市是由上佐负责的，因此地方官员介入互市仍然是比较多的。此外政府为了推动马匹贸易，还设置一些临时的机构和官职，如远在西北的安西都护府就曾经为了进行马匹贸易，设置了突厥院用来专门进行相关的马匹贸易，特别是与西北突厥等少数民族的贸易，⑤ 唐政府也曾派遣市马使前往各地购买马匹，这些机构和官职都是马匹贸易活跃的表现。

至于互市监的职责，《大唐六典》也有明确的记载："诸互市监，各掌诸蕃交易之事，丞为之贰。凡互市所得马驼驴牛等，……其营州管内蕃马出货，选其少壮者，官为市之。"⑥ 从记载来看，唐代的互市监具体负责与其邻近地区的少数民族开展互市事务，必须详细记录互市中所获得的马匹等牲畜的毛色、齿岁、肤第等，通过州府上报至太仆寺，上等的马匹送往京师，剩下的任

① 流外官，唐时充任各衙门的具体办事人员，统称吏员。
② ［唐］韩愈.韩昌黎集（四部丛刊本）（第24卷）［M］.上海：世界书局，1935：333—334.
③ Liao T. F. "Sitting in Oblivion as a Taoist Practice of Positive Alienation: a Response to Negative Alienation in the Tang Dynasty"［J］. International Sociology, 1993, 8（4）：479—492.
④ ［明］曹学佺.蜀中广记（第6卷），影印文渊阁《四库全书》本（第591册）［M］.上海：上海古籍出版社，1989：78.
⑤ 刘安志，陈国灿.唐代安西都护府对龟兹的治理［J］.历史研究，2006（1）.
⑥ ［唐］李林甫.唐六典（第22卷）［M］.北京：中华书局，1992：580.

其在路放牧。这一管理模式也与太仆寺的管理措施相一致，太仆寺所下辖牧监有着非常严密的畜籍管理制度，敦煌所出 p. 2484 号文书就是敦煌归义军时期的畜籍管理制度，这一制度继承了唐代的牧监制度，对畜群印记、种类、群数与头数、岁齿、性别、毛色等方面分别做了记载，可见，唐代的互市监与太仆寺有着密切的联系。虽然名义上互市监专门管理互市贸易，但是由于官方规模较大的马匹贸易影响较大，在大规模互市中实际上职权非常有限，只负责具体事务。

互市监不仅受到地方州府的管辖，还接受中央机构的指导。在中央由户部对互市的具体规定进行指导，《大唐六典》中关于户部金部郎中、员外郎的条款就对互市有所有一定的节制，"凡有互市，皆为之节制"，户部的节制主要在于交易的物品限制，"诸官私互市，唯得用帛练、蕃彩，……听百姓将物就互市所交易"。[①] 金部司对所交易的物品有明确的限制，只能够以帛练、蕃练进行贸易，官方互市以两分帛练、一分蕃练进行交易，如果少数民族需要购买粮食，还需要监司确定数量告知州府，才能够任由百姓出售粮食。唐代由于国力强大，特别是前期马匹供应充分，把互市看作为对少数民族的恩赐，并没有平等贸易的概念。互市多由少数民族政权提出申请，唐同意后确定交易地点等，开元十五年（727 年）玄宗就曾经为回报突厥而允许在西受降城进行互市，[②] 西受降城此后成为非常重要的一个马匹互市地点，大量突厥等民族马匹在这一地区交易，唐政府在互市地点的选择上有较大的主动权。

二、政府对互市的管理

互市交易有其具体的流程，《白氏六帖》卷二四引《关市令》曰："诸外蕃与缘边互市，……俱赴市所，官司先与蕃人对定物价，然后交易。"[③] 这里的互市官司、官司就是所在区域的互市监，在互市开始后，要负责对所交易的物品进行"检校"，确保所交易的物品符合法律的规定，并无走私之虞等。互市有具体的场所，四周封闭，以防止货物未经许可进入市场进行贸易。还需要

---

① ［唐］李林甫. 唐六典（第 3 卷）［M］. 北京：中华书局，1992：82.
② ［宋］宋祁，欧阳修等. 新唐书（第 50 卷）［M］. 北京：中华书局，1975：1338.
③ 仁井田陞著，栗劲译. 唐令拾遗［M］. 长春：长春出版社，1989：643.

与外蕃确定货物的价格，如"（王忠嗣）每至互市时，即高估马价以诱之"，①可见管理机构对于价格有相当大的影响力，互市监可以说处于交易的中枢地位。唐政府规定，凡是进入市场交易的商品都需要"建标立侯，陈肆辨物"，不仅需要明确标明价格，还需要使用官方的度量衡，所有的商品都分为上中下三个等级进行定价。吐鲁番所出土的文书也证明了这一点，交易的场所有固定的"市"，市的管理机构为市司，市司的长官称为市令，阿斯塔那 209 号墓所出《唐军府文书为卖死马得价直事》就记载了相关机构的职能："得银钱壹拾文……彼曹司帖称……出卖市司口……死付市相监出卖……得价直判……"②在西北产马地区，仍然按照中央的律令设置有市令等官职管理市场交易，阿斯塔那 29 号墓《唐市司上户曹状为报米估事》中所记载的阴善珍即为西州市令，③ 市令除了监督市场的交易以外，还需要向户曹及时汇报市场上各类重要商品的时估价格，同时，市令需要勘同外地商人的过所等资料，以确保交易合法。

唐代对于民间的马匹等买卖要求订立契约文书，规定"凡卖买奴婢牛马；用本司本部公验以立券"，说明当时买卖马匹需要订立契约，大量出土的马匹买卖契约也证明了这一点。对于买卖马匹等大牲畜而不订立契约者，唐代律令也有其明确的惩罚措施，《唐律疏议·二六杂律》规定得非常明确："诸买奴婢马牛驼骡驴，已过价不立市券，过三日，笞三十，卖者减一等。立券之后，有旧病者，三日听悔。无病欺者市如法。违者笞四十。……即卖买已讫，而市司不时过券者，一日笞三十。一日加一等，罪止杖一百。"④ 正是由于国家在律法上对于订立契约有强制性的规定，大量的马匹买卖活动都需要以契约的形式进行，这也保证了交易的顺畅和纠纷的减少。

官方的互市有可能是每年进行一次，这一点在与突厥的互市中体现得最为明显。开元十五年，唐政府同意与突厥在西受降城进行互市，"每岁赍缣帛数

---

① ［后晋］刘昫. 旧唐书（第 103 卷）［M］. 北京：中华书局，1975：3201.
② 唐长孺. 吐鲁番出土文书（第七册）［M］. 北京：文物出版社，1988：60.
③ 唐长孺. 吐鲁番出土文书（第七册）［M］. 北京：文物出版社，1988：104.
④ ［唐］长孙无忌. 唐律疏议（第 26 卷）. 北京：中华书局，1983：500.

十万匹就市戎马，以助军旅"。① 但是每年互市一次，只是双方约定俗成的一种做法，有时少数民族为了多卖马，常常违反此项约定。马匹交易的数量事先也有所约定，敕突厥可汗书中记载，"往者先可汗在日，每年约马不过三四千匹"，② 可见双方互市规模是有所约定的。吐鲁番出土的《唐上李大使牒为三姓首领纳马酬价事》就记载了限额一事："去十一月十六□得上件牒请纳马。"③ 少数民族纳马在前一年已经确定，双方约定好交易的数量，学者李锦绣就认为，唐代与回纥约定俗成的市马基数是6000匹。④ 多数情况下是少数民族贩马前来，而唐政府则挑选一部分，十退一二，但是也有全部购买的，如晚唐五代时期，时常来辄买之。当中原王朝处于强势时，这些规定能够得到严格的执行，而中原王朝一旦衰弱，且无法满足自身马匹需要时，这些互市的约定常受到很大的挑战。特别是中唐以后，与回鹘的马匹贸易，唐政府常常无力执行这些规定，"回纥多遣马来市，唐由印纳使拣择收纳，李辅光拣精良、按旧约数收纳，被称为国家大功臣，可见此前印纳使屈于回纥压力，'印纳马都二万匹'，'但印骨与皮'的现实"，⑤ 正是由于政府处于弱势，印纳使才会屈服于回鹘的压力，这些贸易的规则与约定的执行仍然受国家实力的制约。此外，有些互市还限定地点，如派往西北的"市马使"只能在一定的地点市马，吐鲁番出土的大谷5839号文书记载了河西市马使米真陁前往西州市马而请纸笔事。文书中记载："河西节度买马，不是别敕令市，……承前市马，非是一般，或朔方远凑，或河西频来，前后只见自供，州县不曾官给。"⑥ 从文中可以发现，西州是河西和朔方节度使派员进行市马的地点。

唐代政府对互市中的贸易商品种类进行了严格的限制，用于交换马匹的物品种类非常有限，许多重要的物品都不能够出边境。进行物品的限制很大程度上是为了羁縻周边少数民族，所限制的物品多是少数民族所需要的物品。《唐律疏议》卷8《卫禁律》赍禁规定："锦、绫、罗、縠、紬、绵、绢、丝、布、

①　[宋] 司马光. 资治通鉴 (第213卷). 北京: 中华书局, 1956: 6779.
②　[清] 董诰. 全唐文 (第286卷) [M]. 北京: 中华书局, 1983: 2903.
③　唐长孺. 吐鲁番出土文书 (第8册) [M]. 北京: 文物出版社, 1988: 84.
④　李锦绣. 唐代财政史稿 (下卷) [M]. 北京: 社科文献出版社, 2007: 789.
⑤　李锦绣. 唐代财政史稿 [M]. 北京: 社科文献出版社, 2007: 790.
⑥　姜伯勤. 敦煌吐鲁番出土文书与丝绸之路 [M]. 北京: 文物出版社, 1994: 118.

牦牛尾、真珠、金、银、铁，并不得度西边、北边诸关及至缘边诸州兴易。"① 到开元二年时，玄宗发布了《禁与诸蕃互市敕》，重申了各类物品的贸易限制："诸锦、绫、罗、縠、……并不得与诸蕃互市，及将入蕃。金、铁之物，亦不得将度西北诸关。"② 这一禁令，特别禁止了金、铁之物。天宝二年，发布了《禁关西诸国兴贩敕》："如闻关已西诸国，兴贩往来不绝，虽托以求利，……严加捉搦，不得更有往来。"③ 到建中元年，德宗又重申此类禁令，④ 四月敕："自今已后，委所在关津镇铺切加捉搦，不得辄有透漏，其有犯者，推勘得实，所在便处极法"⑤。政府对于边境管理非常之严格，有学者据此认为，"葱岭以西各国主要通过使臣与中原王朝发生合政治与商业于一体的贡赐贸易关系，由于路途遥远，牟利不易，因此，很少有专职商人逾葱岭而来河陇、中原营商"，⑥ "从西北或东北边塞而来之胡人，从无营商者，更从无来至中国南方贸易者"。⑦ 但是从出土文献来看，政府的这些法令很难执行，"当时西州市场上大量出现的中原各地所的丝织品，就证明中原与边地密切的贸易关系，绝非一纸行政命令所能遏制"，⑧ 双方的贸易需求也不是政府命令所能阻挡的，商人们采用辗转贩运。到一处辄止的方式进行商业往来，"打着'奉献'、'朝贡'旗号的商队也不绝于途"。⑨ 崔铉在担任宰相时，夏州节度使举报银州刺史田钞犯罪，认为其曾私造铠甲，用以交换边境上的马匹等物品："铉为相日，夏州节度奏银州刺史田钞犯赃罪，私造铠甲，以易市边马布帛。帝赫怒曰：'赃自别议。且委以边州，所宜防盗。以甲资敌，非反而何？'命中书以法论，将赤其族。"⑩ 政府对于军事物资的流出非常警惕，也显示两地民族间对于以马匹交易铠甲等违禁物资有强烈的冲动。

① ［唐］长孙无忌.唐律疏议（第8卷）［M］.北京：中华书局，1983：176—177.
② ［宋］王溥.唐会要（第86卷）［M］.北京：中华书局，1955：1581.
③ ［宋］王溥.唐会要（第86卷）［M］.北京：中华书局，1955：1579.
④ ［宋］王钦若.册府元龟（第999卷）［M］.北京：中华书局，1960：11727.
⑤ ［清］董浩等.全唐文（第81卷）［M］.北京：中华书局，1983：850.
⑥ 李清凌.西北经济史［M］.北京：人民出版社，1997：213.
⑦ 张星烺.中西交通史料汇编［M］.北京：中华书局，1977：285.
⑧ 段晴.探索与求真：西域史地论集［M］.乌鲁木齐：新疆人民出版社，2011：230.
⑨ 段晴.古代新疆商贸的发展及绿洲城镇的兴起［J］.西北民族研究，1989（2）.
⑩ ［宋］李昉.太平广记（第311卷）［M］.北京：中华书局，1961：2462.

唐代对于贸易的限制很大程度上是基于政治上的考量，"中国的宫廷文人们，一直用传统的观念来反对唐王朝的贸易和战略动机，对蕃部满腹狐疑，处处要谨慎提防"。① 北方少数民族农业、手工业水平较低，而畜牧业发达，拥有大量马匹，军事力量比较强大，与北方少数民族开展自由贸易，有可能导致关键物资，特别是铁、铜、丝织品等物资流入少数民族政权，这将使得少数民族有可能摆脱对于中原政权的依赖并构成严重的军事威胁，对于民族间贸易的限制也是唐代羁縻政策的一部分。

中原王朝常将贸易作为制约少数民族的一种手段。贞元三年（787）十二月，吐蕃大相尚结赞借约唐会盟平凉之际，企图伺机劫唐主盟使，使得唐蕃之间的关系非常紧张，双方的贸易也受到影响，德宗"初禁商贾以牛马、器械于党项部落贸易"②，禁止与依附于吐蕃的党项进行商业贸易，禁止向党项买马，这对吐蕃构成了一定的影响。文宗时期，党项多次侵扰边境，"鄜坊道军粮使李石表禁商人不得以旗帜、甲胄、五兵入部落，告者，举罪人财畀之"。③ 由于党项实力逐渐强大，而且用马来购买军事用品，对唐构成威胁，因此予以限制，这一做法与唐代律令的规定是一脉相承的，边境形势越紧张，贸易限制越严苛。

五代时期，互市的管理制度基本延续了唐的模式，但是在互市中的地位明显不如唐强势，部分强大的少数民族政权在互市中处于有利地位，不断强大的契丹，就曾经派遣专门官员回图务驻汴以管理货物。五代时期的互市管理更加宽松，虽然买马的数量不如唐代，但官方贸易较为积极。

第二节　朝贡贸易

中国很早就有中原王朝与少数民族之间的朝贡活动，这种朝贡活动实际是一种贸易行为，"朝贡和赏赐在一定程度和意义上，就是在中原王朝与西域诸

---

① ［法］布尔努瓦，耿昇译. 丝绸之路［M］. 济南：山东画报出版社，2001：169.
② ［后晋］刘昫. 旧唐书（第198卷）［M］. 北京：中华书局，1975：5293.
③ ［宋］宋祁，欧阳修. 新唐书（第221卷上）［M］. 北京：中华书局，1975：6217.

国之间的一种物物交换，这种交换实际上也是一种商品贸易"，① 马匹在朝贡的物品中占据非常重要的地位。唐代随着国力不断增强，特别是打败突厥后，在周边少数民族中的影响力日益扩大，树立了在少数民族政权中的权威，周边少数民族都前往长安朝贡。

一、朝贡贸易的机构和职责

为了密切与中原王朝的关系，各少数民族都与唐开展了程度不一的朝贡贸易，特别是一些隶属于唐的羁縻都督府、州，这些羁縻州府的首领常常要定期进行朝贺，"顶礼天可汗，礼诸天"。② 与唐政府有着朝贡贸易的民族非常多，几乎唐周边所有主要的少数民族都与唐有着朝贡贸易。"从景云二年（711）起，渤海向唐、五代政权进贡 130 多次"，③ 朝贡的物品中，除了各类珍宝和土特产，马匹也是其中一个重要物品。"那些游牧的兄弟民族，甚至于把良马当作最隆重的礼物，从汉朝到清末，无不遐迩来献，但尤其是以唐世为最多"。④ 贞观十七年（643）"闰月戊午，薛延陀遣其兄子突利设献马五万匹、牛驼一万、羊十万以请婚，许之"⑤。"武德中，康国献马四千匹，今时官马，犹是其种。"⑥ 出于各种原因，周边少数民族向唐朝贡了大量的马匹。

唐代负责朝贡贸易的机构为鸿胪寺，具体工作由典客署执行，"典客令掌二王后介公、酅公之版籍，及东夷、西戎、南蛮、北狄归化在蕃者之名数；丞为之贰。凡朝贡、宴享、送迎预焉，皆辨其等位，而供其职事"。⑦ 从文中可见，典客署的职责就包含朝贡一事，其具体的流程，《唐六典》也有相应的记载："若诸蕃献药物、滋味之属，入境，州县与蕃使苞匦封印，付客及使，具其名数牒寺（鸿胪寺）。寺司勘讫，牒少府监及市，各一官领识物人定价，量

① 李瑞哲．魏晋南北朝隋唐时期陆路丝绸之路上的胡商 [D]．四川大学 2007 年博士学位论文，106．

② [宋] 王钦若．册府元龟（第 971 卷）[M]．北京：中华书局，1960：11411．

③ 金毓黻．渤海国志长编 [M]．沈阳：辽沈书社，1988 年．转引自，管彦波：论唐代内地与边疆的"互市"和"朝贡"贸易，黑龙江民族丛刊，2007（4）．

④ 谢成侠．中国养马史 [M]．北京：科学出版社，1959：129．

⑤ [后晋] 刘昫．旧唐书（卷 3）[M]．北京：中华书局，1975：55．

⑥ [宋] 王溥．唐会要（第 72 卷）[M]．北京：中华书局，1955：1306．

⑦ [唐] 李林甫．唐六典（第 18 卷）[M]．北京：中华书局，1992：506—507．

事奏送，仍牒中书，具客所将献物，应须引见宴劳，别听进止"。① 而《新唐书》的记载则更为全面细致，将典客署的职责归属于鸿胪寺，其云："（诸蕃）所献之物，先上其数于鸿胪。凡客还，鸿胪籍衣赍赐物多少以报主客［礼部主客司］，给过所。……驼马则陈于朝堂，不足进者，州县留之。"② 从文中可见，朝贡贸易中，当有献马时，殿中、太仆寺要苞阅，马匹优良则进入殿中，马匹质量差则进入太仆寺，对于所贡献的物品也要进行估算价格。

朝贡贸易的进行过程中，官府全程都要进行管理，外藩因朝贡入境后，边境州县需要与蕃使一同苞瓯封印，给予蕃使送往长安。将蕃使所携物品一一记录清楚，上报鸿胪寺，等待入京后，典客署根据州县所报，检查蕃使得带物品，造簿记载蕃使至京时间、进奏事宜等，由相关机构对于所献物品进行估算，为唐回赠礼物作为依据。当然，礼物也有其他的处理方式。开元五年，因康、安国、突骑施等贡献的礼物多为珍异，玄宗就将部分礼物予以退回："玄宗谓之曰：朕所重惟谷，所宝惟贤……计价酬答，务从优厚，余并却还。"③唐代在回赠礼物时，一般以绢帛、绢帛制品、金银器及其他杂物为主，回赠的多少，主要依据为贡礼的珍贵程度和蕃国的国力，一般回赠的礼物价值高于贡品。有些打着朝贡旗号的商人也利用政府的优待从事商业活动，"当时亲身来到中国的阿拉伯商人苏莱曼亦写道：'货物之为中国皇帝所买者，都照最高的行市给价，而且立刻开发现钱，中国皇帝对于外商是从来不肯错待的'"。④唐政府的优待刺激了各种形式的朝贡活动，朝贡活动成为政府的一个负担，政府也有意识地予以控制，"有时唐政府也关注相关的花费，在公元 631 年唐皇帝就拒绝了撒马尔罕（Kang-kuo）成为中国的卫星国，皇帝认为这些贡品是没有用的，接待外国使团将给人民增加负担"。⑤

由于游牧地区与农耕地区有着巨大的贸易需要，而官方的互市等又无法满

---

① ［唐］李林甫.唐六典（第18卷）［M］.北京：中华书局，1992：506.
② ［宋］宋祁，欧阳修.新唐书（第48卷）［M］.北京：中华书局，1975：1258.
③ ［宋］王钦若.册府元龟（第168卷）［M］.北京：中华书局，1960：2025.
④ 苏莱曼东游记，33—34，转引自：李金明，廖大珂.中国古代海外贸易史［M］.广西人民出版社，1995：27—28.
⑤ Wang Z. "Act on Appropriateness and Mutual Seff-interest: Early T'ang Diplomatic Thinking, A. D. 618—649"［J］. *The Medieval History Journal*, 1998, 1（2）：165—194.

足需要，部分蕃使就经常私自携带物品进入唐境，进行贸易。但这一行为并不符合唐代律令，《唐律疏议》中明文规定："蕃使入唐，若私有市买博易之类交易，则要计赃之多少，准盗论，罪止流三千里。"① 蕃使如果需要进行交易要获得唐的准许，开元十四年，就有奚国使者获得准许进行交易："开元十四年，奚使乞于寺观礼拜，及向两市贸易，许之。"② 突厥使者也进行过这样的贸易，"突厥使置市坊，有贸易，录奏，为质其轻重，太府丞一人莅之"，③ 虽然政府允许进行贸易，仍然派官员进行监管。借出使之机进行各类贸易的行为在唐代有一定的普遍性，不仅仅少数民族会借机进行贸易，唐政府官员在出使时也有进行贸易的情况，可见中原地区与少数民族地区之间的贸易具有非常强的生命力。

二、聘赐贸易及朝贡贸易的变化

在朝贡贸易中，有一种比较特殊的聘赐贸易，主要在和亲等活动中出现。唐政府多次与北方游牧民族政权进行和亲，在和亲中北方少数民族以马匹等作为聘礼，而唐则给予绢帛等作为回赐，这实质也是一种朝贡贸易。因为唐五代时期的北方地区，特别是丝绸之路沿线有着非常多的少数民族政权，这些政权的更迭非常频繁，迫切需要获得唐政治上的认同，取得支持。这种和亲关系不仅在政治上维持了唐五代中原王朝与周边少数民族密切关系，"和亲的经济实质是承认贸易关系的连续性，承认姻亲在贸易活动中的优惠地位"，④ 也巩固了双方的经济互助关系，因此这些少数民族都非常希望密切的关系能够长久地维持下去，正如沙体略可汗所说："重迭旧情，子子孙孙，乃至万世不断，上天为证，终不违负。"⑤ 建立和亲不仅仅意味着一次较大规模的贡赐贸易，后续一般还会有多次的朝贡、互市等活动。

在和亲活动中，和亲公主出嫁之前，边疆民族要向中原王朝朝贡财物，这些财物以马匹等牲畜为主，薛延陀、突厥等都曾经贡献大量马匹以作请婚之

---

① ［唐］长孙无忌. 唐律疏议（第 8 卷）［M］. 北京：中华书局，1983：178.
② ［宋］王钦若. 册府元龟（第 999 卷）［M］. 北京：中华书局，1960：11721.
③ ［宋］宋祁，欧阳修. 新唐书（第 46 卷）［M］. 北京：中华书局，1975：1196.
④ 李明伟. 隋唐丝绸之路［M］. 兰州：甘肃人民出版社，1994：179.
⑤ ［唐］魏徵. 隋书（第 84 卷）［M］. 北京：中华书局，1973：1868.

资。当唐政府许婚之后，少数民族要迎请公主入蕃，还要向中原王朝缴纳数额较大的聘礼，吐谷浑、回纥等都曾经贡献羊马无数，中原王朝在和亲中为公主也准备了大量的嫁妆。

唐代前期国力强盛，政治上具有非常大的影响力，受到周边各少数民族的拥戴，各类朝贡贸易不仅频繁，而且规模大："有唐拓境，远极安西，弱者以德怀之，强者力以制之。开元之前，贡输不绝。"① 但是，到了安史之乱以后，"边徼多虞，邠郊之西，即为戎狄，藁街之邸，来朝亦稀"，② 朝贡贸易明显减少。同时，晚唐藩镇割据极为严重，唐政府的财政收入受到了很大的影响，"部下各数万劲兵，文武将吏，擅自署置，贡赋不入朝廷，虽称藩臣，实非王臣也"③。唐自身的实力一落千丈，特别是丝绸之路断绝后，很多西部少数民族亦难以向唐朝贡，实力强大的少数民族则不断侵扰唐的边境，中央政府为了镇压各地藩镇，所需军费日益扩张，也无力支撑朝贡中的各类开支，因此晚唐时期的朝贡活动远少于前期。

五代时期，中原王朝更替频繁，并没有一个统一的政权存在，这一时期不仅有少数民族对中原王朝的朝贡，各割据政权间也有朝贡行为，朝贡关系远比唐代错综复杂。其中后唐等政权多被认为是中原王朝的正朔，各地朝贡贸易仍然时有发生，只是规模、范围远不如唐代，少数民族进献的马匹数量也远少于唐代，马匹更多以购买的形式获得。在整个唐五代时期，周边民族朝贡的马匹总数在 7183 匹以上，其中以突厥的朝贡数量最多。

表 3.1　唐五代马匹朝贡表（据《册府元龟·外臣部》整理）

时间	马匹朝贡
唐高祖初为唐王	突厥遣使献良马
武德三年十月	百济遣使献果下马

---

① ［后晋］刘昫. 旧唐书（第 198 卷）［M］. 北京：中华书局，1975：5317.
② ［后晋］刘昫. 旧唐书（第 198 卷）［M］. 北京：中华书局，1975：5317.
③ ［后晋］刘昫. 旧唐书（第 143 卷）［M］. 北京：中华书局，1975：3896.

（续表）

时间	马匹朝贡
武德五年八月	西突厥又遣使献良马
武德九年九月	颉利可汗献马三千匹
贞观二年十一月	颉利可汗遣使贡马牛数万许
贞观五年	龟兹国王苏伐叠遣使献马，自此朝贡不绝
贞观十一年六月	罽宾遣使献舍利名马
贞观二十一年八月	骨利干国遣使朝贡，献马百匹尤骏
永徽三年八月	吐谷浑遣使献名马
永徽四年七月	吐谷浑献名马
永徽五年八月	吐蕃使人献野马百匹
上元二年十二月	龟兹王白素稽献名马
上元二年二月	坚昆献名马
永隆二年五月	大食国、吐火罗国、各遣使献马及方物
长安三年三月	大食国遣使献良马
长安三年十一月	突厥遣其大臣移力贪汗献名马千匹
开元五年六月	突骑施遣使献橐驼及马
开元五年六月	于阗国遣使献打毬马两匹
开元五年七月	突厥遣使献马
开元七年四月	契丹松漠都督李娑国遣使献马十匹、九姓同罗都督末啜曳遣使献野马胯皮甲
开元八年六月	吐火罗国遣使献马
开元八年九月	宾国献善马
开元九年二月	处密国遣使献驼及马
开元九年六月	龟兹王白孝节遣使献马及狗
开元十年七月	丹州献朱鬃白马
开元十一年四月	新罗王金兴光遣使献果下马一匹
开元十二年三月	大食国遣使献马、识匿国王遣使献马
开元十二年四月	康国王乌勒遣使马狗各二
开元十二年十二月	坚昆遣使献马契丹遣使献马

（续表）

时间	马匹朝贡
开元十三年三月	识匿国遣使献马
开元十四年正月	突骑施可汗遣使者阿句支来献马
开元十四年五月	安国王波婆提遣其弟可悉烂达干、拂耽发黎来朝献马及豹
开元十五年七月	突厥骨吐禄遣使献马
开元十八年二月	渤海靺鞨大首领遣使知蒙来朝并献方物马三十匹
开元十八年五月	渤海靺鞨遣使乌那达初来朝献马三十匹、契丹献马十二匹
开元二十一年二月	骨咄王颉利发遣使献马
开元二十一年三月	石汗那王易米施遣使献马
开元二十二年四月	新罗王兴光遣其侄志廉谢恩献小马两匹
开元二十九年正月	拔汗那王遣使献马
天宝元年三月	曹国王哥逻仆罗石国王特勒并遣使献马及方物。
天宝三年七月	大食国、康国、史国、西曹国、米国、谢一:国、吐火罗国、突骑施、石国并遣使献马及宝
天宝五年三月	石国王遣使来朝并献马十五匹、施拔斯单国王遣使来朝献马四十匹
天宝五年十月	南郡骨咄王遣使献马十五匹
天宝六年四月	突厥九姓献马一百五十匹坚昆献马九十八匹
天宝六年五月	石国王遣使献马
天宝六年十二月	九姓坚昆及室韦献马六十匹
天宝七年六月	苏颉利发屋兰国王婆钵阿越多遣使献马
天宝八年四月	吐火罗国遣使献马
天宝九年正月	骨咄国王罗金节遣大首领鹊汗达干来朝献胡马三十匹、康国王咄曷遣大首领未野门献马十匹及方物、安国王屈底波遣使来朝献马一百匹
天宝十年二月	宁远国奉化王阿悉烂达干遣使献马二十二匹、俱密国王伊悉阙俟斤遣使献胡马二十六匹
天宝十年九月	宁远国奉化王阿悉烂达干遣使献马二十匹，是月又献马四十匹。
大历九年七月	回纥遣使骨咄禄梅还达干等来朝并进马四十匹
贞元十一年九月	南诏异牟寻遣使献马六十定
元和十一年正月	奚首领来朝献名马

（续表）

时间	马匹朝贡
元和十一年二月	回鹘使献橐驼及马
元和十二年四月	吐蕃使论乞髯献马十匹
开平元年五月	契丹三数年间频献名马方物
开平二年二月	契丹王阿保机遣使贡良马方物
开平二年五月	契丹国王阿保机遣使进良马十匹、契丹王妻亦附进良马一匹
开平三年闰八月	契丹阿保机差首领葛鹿等进马一百匹
同光二年四月	回鹘都督贡善马九匹
同光二年十一月	回鹘都督进驼马
同光二年十二月	党项薄备香来贡良马其妻韩氏驼马
同光三年正月	河西部落折骄儿贡驼马
同光三年二月	河西部落折文通贡驼马、熟吐浑李绍鲁贡驼马、熟吐浑都督赫连海龙贡羊马
同光四年正月	达怛都督折文通贡驼马、回鹘可汗阿咄欲遣都督程郡明贡马
天成二年九月	河西党项如连山等来朝共进马四十疋
天成三年二月	吐浑都督李绍鲁等进马一百二十匹
天成三年十一月	吐浑、念九等共进马五十三疋
天成四年九月	党项折文通进马、生吐浑北海儿进驼马
天成四年十月	党项首领来有行进马四十疋
长兴元年八月	吐浑康合毕来贡驼马
长兴元年九月	河西蕃官姚东山吐蕃首领王满儒等三十人进驼马
长兴元年十二月	回鹘归化可汗遣使翟末思等进马八十疋、沙州曹义金进马四百疋
长兴二年正月	河西党项折七移等进驼马、东丹王突欲进马十疋、达怛列六薛娘居等进马
长兴二年十二月	党项首领来进所夺得契丹旗并马
长兴三年正月	沙州进马七十五疋
长兴三年三月	契丹遣使都督起阿钵等一百一十人进马一百疋及方物、达怛尝葛苏进马十疋及方物。又契丹遣使铁葛罗卿献马三十疋
长兴三年九月	契丹国遣使都督述禄卿进马四十疋
应顺元年正月	契丹遣都督没辣来朝献马四百

（续表）

时间	马匹朝贡
清泰元年八月	达怛首领没干越等入朝贡羊马
清泰二年正月	生吐浑首领姚胡入朝献马
清泰二年七月	回鹘可汗仁美遣都督陈福海而下七十八人献马三百六十疋、沙州刺史曹义金凉州留后李文谦各献马三疋、瓜州刺史慕容归盈献马五十疋
天福二年六月	契丹使夷离毕进马二百疋
天福三年三月	可汗回鹘王仁美进野马
天福三年九月	回鹘可汗又遣使李万金进马一百疋
天福四年三月	回鹘都督献良马百驷
天福五年正月	回鹘可汗仁美遣都督石海金来朝贡良马百驷
天福五年十月	契丹使舍利来聘致马百匹
天福七年二月	契丹遣使大卿已下三十一人来聘献马
天福七年三月	吐浑使慕容金进已下十四人见进马十匹
天福七年	回鹘都督来朝献马三百疋
天福八年七月	契丹回图使乔荣通郝在殷到阙各进马一疋
乾祐元年五月	回鹘可汗遣使入贡献马一百二十疋
广顺三年十一月	西天僧萨满多等十六族贡马
显德六年年正月	高丽国王王昭遣使臣王子佐蒸王兢佐尹皇甫魏光等来进名马

第三节　民间马匹贸易的管理

由于唐代前期国力强盛，占据了河西、陇右等适宜养马之地，官营监牧拥有大量的马匹，政府对于民间养马政策有一定的放松，民间权贵、地主、寺院等都拥有大量的马匹，这为民间马匹贸易的开展创造了良好的条件。

一、政府对于民间越境贸易的限制

北方少数民族占据面积更为广阔的草原等牧场，培育出了许多优良的马匹，汉蕃之间在这一时期发生了特别多的马匹贸易，特别在多民族杂居的西北地区，养育的马匹数量极为庞大，各种形式的马匹贸易也非常活跃，而唐代对于汉族与境外少数民族间的民间越境贸易基本持禁止和限制的态度。唐在建立之初就确定了"时政尚新，疆场未远，禁约百姓不许出蕃"的思路，严格禁止出境与少数民族进行交往，这也与当时面临突厥严重的军事威胁有一定关系，当唐政权开始稳定后，武德九年八月发布了《废潼关以东缘河诸关不禁金银绫绮诏》，其中明文规定："欲使公私往来，道路无壅。财宝交易，中外匪殊。思改前弊，以清民俗。其潼关以东，缘河诸关，悉宜停废。其金银绫绮等杂物，依格不得出关者，并不须禁。"① 这一规定对于唐代民族间的贸易做了放松，但是，诏令发布三天后，突厥南下，② 长安进行了戒严，这一诏令的实施情况如何很难进行判断，但毋庸置疑民族间的贸易受到了军事形势很大的影响。

到唐高宗时，对于民族间的民间贸易管理政策才逐渐定型，这一政策与政府的关津镇戍守捉制有非常紧密的联系，《唐律疏议》有相应的记载："诸越度缘边关塞者，徒二年。共化外人私相交易，若取与者，一尺徒二年半，三疋加一等，十五疋加役流；私与禁兵器者，绞；共为婚姻者，流二千里。未入、未成者，各减三等。即因使私有交易者，准盗论。"③ 其中对于越境私人贸易进行了严格的限制，与少数民族进行贸易，贸易值计赃一尺则判二年半，三疋则加一等，十五疋则加役流，私自给予禁止的兵器者，判处绞刑；唐代使者出使少数民族政权或者少数政权派使者出使唐时，使者未经许可不得开展贸易，私自进行贸易者，按盗窃罪论处。这些法律规定从政治的角度出发，极力防止民族间的交往和贸易，其目的在于保证边防的安全。

唐政府对于境内外的商人也采取了不同的管理政策，对于国内商人进行越境贸易采取了严格限制的政策，"国家严格管制对外贸易与民族贸易，这是中国古代域外通商的一个重要特点，中国封建统治者都严厉禁止民间私自出境贸

---

①　[宋] 宋敏求. 唐大诏令集（第108卷）[M]. 北京：中华书局，2008：562.

②　[宋] 宋祁，欧阳修. 新唐书（第2卷）[M]. 北京：中华书局，1975：27.

③　[唐] 长孙无忌. 唐律疏议（第8卷）[M]. 北京：中华书局，1983：177.

易",① 特别是在西北产马地区，这一地区也是唐王朝受到军事威胁最为严重的地区之一。唐代要通过边境，必须持有政府发放的过所，方可度过边关，这些限制与"关以西，诸国兴贩，往来不绝"形成了鲜明的对比。玄奘前去西方取经，就曾受到政策的限制，凉州都督就曾勒令其返回京师。玄奘"不敢公出，乃昼伏夜行"，当到达玉门关时，凉州的通缉令也已下达："有僧字玄奘，欲入西蕃，所在州县宜严候捉。"② 政府虽然对于中原商人有严格限制，但是对于蕃商则比较开放，入关后才会受到一定的限制，出土文献 S1344 号《唐户部格残卷》规定："诸蕃商胡，若有驰逐，任于内地兴易，不得入蕃，仍令边州关津镇戍，严加捉搦，其贯属西、庭、伊等州府者，验有公文，听于本贯已东来往。"③这一文书记载了唐对于蕃商的管理规定，少数民族商人任由其在内地进行贸易，和汉族商人一样不能够擅自回到少数民族地区，而唐所管辖的西州、庭州、伊州等三州的少数民族商人在获得政府允许以后，可在三州以东自由来往。在唐代的广州，虽然贸易非常活跃，但是政府仍然严格控制，"无论皇帝心中如何羡慕外国的各类事物，广州的贸易仍然是在政府控制之下，唐皇帝想控制商业活动和外国对他们的影响"。④ 唐政府也多次重申此类政令，限制往来贸易，但是这些限令并不符合社会经济发展的潮流，唐代汉蕃间的马匹贸易仍然非常活跃。

二、民族间贸易的发展

唐代虽然对民族间的贸易总体持禁止的态度，但是也没有完全切断贸易之路，仍然需要贸易来羁縻周边少数民族，因此，在政府管控的前提下，仍然允许部分民族间的贸易，其中就有马匹的贸易。如上文所述，政府管控下的互市

① 李瑞哲. 魏晋南北朝隋唐时期陆路丝绸之路上的胡商 [D]. 四川大学 2007 年博士学位论文，106.

② [唐] 慧立本，彦悰笺. 大唐大慈恩寺三藏法师传（第1卷）[M]. 北京：中华书局，2000：12.

③ 唐耕耦，陆宏基. 敦煌社会经济文献真迹释录（第2辑）[M]. 北京：书目文献出版中心，1986：571.

④ Hilde De Weerdt. "Together They Might Make Trouble: Cross-Cultural Interactions in Tang Dynasty Guangzhou, 618—907" [J]. *Journal of World History*, 2015, 4th.

就有民间的私人马匹贸易："令云诸外蕃与缘边互市，皆令互官司检校。其市，四面穿堑及立篱院，遣人守门，市易之日，卯后，各将货物畜产俱赴市所，官司先与蕃人对定物价，然后交易"，"《金部格》云，敕松、当、悉、维、翼等州熟羌，每年十月已后，即来彭州互市易，法时差上佐一人于蚕崖关外，依市法至市场交易，勿令百姓与往还"。① 可见这种在政府控制下的小规模民间贸易仍然大量存在，并且涉及了各类牲畜的交易，地点和时间都受到唐政权的严格管控。

随着唐政权实力的衰弱，对民族间贸易的限制也有所松懈，大中五年宣宗颁布《平党项德音》，其文载："边上不许以兵器于部落博易，从前累有制敕约勒，非不丁宁。近年因循，却不遵守。……通商之法，自古明规，但使处处流行，自然不烦馈运，委边镇宜切招引商旅，尽使如归，除禁断兵器外，任以他物于部落往来博易。"② 文中"近年因循，却不遵守"一句表明，与党项等民族之间的马匹走私贸易非常活跃，对于政策贯彻执行得并不严格，唐代对于贸易限制的法律在这一时期已经难以适应社会发展的需要。正是在国力衰弱的同时，商业经济不断发展，政府无力控制蓬勃发展的商业贸易，只得放开，"除禁断兵器外，任以他物于部落往来博易"，这一措施是迫于形势的发展，也符合社会发展的潮流，使得唐与党项之间的马匹贸易极度活跃。

唐代边境地区的商贩活动，政府进行了严格的管控，无论是汉族商人，还是少数民族商人，出入边境都需要获得政府的许可，特别是在西北产马地区，其过所管理制度非常严格，过所需要检查商，所携带的物品种类、数量等，出土文献中也大量见到各类过所文书。过所文书证明了唐政府对于商业贸易的管理，《唐六典》卷20"京都诸市令"条载"凡买卖奴婢牛马，用本司本部公验以立券"，③ 不允许私下进行。《唐六典》卷30"关令"条载："关令，掌禁末游伺奸匿，凡行人车马，出入往来，必据过所以勘之。"④ 从法律意义上讲，过所文书实际也是一种政府的许可，获得过所文书是开展贸易的必要条件。唐

---

① 白居易. 白氏六帖事类集（第24卷），转引自刘玉峰：试论唐代民族贸易的管理 [J]. 山东大学学报（哲学社会科学版）. 1999（2）.

② ［清］董诰. 全唐文（第81卷）[M]. 北京：中华书局，1983：849.

③ ［唐］李林甫. 唐六典 [M]. 北京：中华书局，1992：543.

④ ［唐］李林甫. 唐六典 [M]. 北京：中华书局，1992：757.

政府对于未取得过所文书而私自越关的行为，有严格的惩罚措施，《唐律疏议》卷8载："水陆等关，两处各有关禁。行人来往，皆有公文。谓驿使验符券，传送据递牒，军防丁夫有总历。自余各请过所而度。若无公文，私从关门过，合徒一年。越度者，谓关不由门，津不由济者，徒一年半。"① 从出土的过所文书来看，申请过所文书的规定比较严格，《唐开元二十一年唐益谦、薛光泚、康大之请给过所案卷》记载了唐益谦要前往福州、薛光泚前往甘州、康大之前往轮台而向官府请给过所的案卷，其中给唐益谦过所文如下：

前长史唐侹益谦　奴典信　奴归命　婢失满儿　婢绿叶　马四匹

问得牒请将上件人畜往福州，检无来由，仰答者，谨审；但益谦从四镇来，见有粮马递。奴典信、奴归命先有尚书省过所。其婢失满儿、绿叶两人，于此买得。马四匹并元是家内马，其奴婢四人，谨连元赤及市券，白如前。马四匹，如不委，请责保入案，被问依实、谨牒。元开元廿一年正月，别将赏绯鱼袋唐益谦牒，连云白。十一日。……

依口市券到勘，与状同者。依问保人宋守廉等得款：前件马并是唐长史家畜，不是寒盗等色。如后不同。求受重罪者。②

从这一出土文书来看。通过过所所需要的证明材料有上一过所的文书，或者是粮马递等；所贩卖物品的市券等，特别是大牲畜、奴婢等；担保人的证明。③ 对于经商求利的胡商，唐政府还相对宽松，大量胡商为了利益，也大量活跃在西北地区，当时"胡汉商人占申请过所的总人数的70%，其中兴胡占50%"，④ 严格的过所制度并没有阻碍商业贸易的发展。

五代时期，政府缺马严重，经常在民间抄借和括马，民间市场受到冲击，虽然后周时期政府对于民间马匹贸易有所放松，许民与回鹘私市，不对商贾兴贩牛畜抽过境税等，但是多年的战乱和西北商路的中断使得民间马匹贸易的规模仍然很小，买马主要以官方为主。

---

① ［唐］长孙无忌. 唐律疏议［M］. 北京：中华书局，1983：172.
② 唐长孺. 吐鲁番出土文书（第9册）［M］. 北京：文物出版社，1988：31—32.
③ 李明伟. 丝绸之路贸易史［M］. 兰州：甘肃人民出版社，1997：467.
④ 程喜霖. 唐代过所与胡汉商人贸易［J］. 西域研究，1995（1）.

第四章 唐五代官方马匹贸易

　　唐五代的马匹贸易管理措施为当时贸易的开展创造了良好的条件，政府所制定的多项互市、朝贡规定，促进了官方马匹贸易的正常有效开展，唐五代官方马匹贸易也正是在这样的环境下取得了卓越的成绩。

　　唐代地域广阔，周边民族多且杂，唐与这些民族间的关系也较为复杂，与不同少数民族间的贸易关系亲疏不等，马匹是其中特别重要的贸易货物。中国古代从周边少数民族买马并不少见，但唐代的马匹贸易规模，买马的品种之多、范围之广都是绝无仅有的，基本上周边主要的产马区域，唐政府都曾引进过其所产马匹，其引进的马匹仅史料记载的就有83种之多，其中以西北地区最多。唐政府为了积极引进各种优良马匹，也广泛地与各少数民族政权建立了密切的政治、经济关系，其中与西北少数民族之间的贸易关系特别密切。唐代北方的少数民族中，拥有大量马匹且实力强大的主要为突厥、回鹘、吐蕃、党项、契丹等，唐五代政府与这些少数民族之间也确实进行了大规模的马匹贸易，特别是回鹘，其马匹贸易的数量最多，影响最大，受到了学术界的广泛关注。

　　唐五代的官方马匹贸易主要集中于西北，这一区域适合游牧民族生活，畜牧业经济相对繁荣，其气候环境适宜养马业的发展，培育出了大量优良的马匹。如新疆、青海、宁夏、蒙古、甘肃乃至中亚一带，都产生了许多闻名于世的马种，政府前期购买马匹主要的目的在于改良马种和提高军事实力，这就对马匹质量的要求比较高。同时，这一区域的少数民族实力也较为强大，长期以来都是中原王朝重大的军事威胁，在政治上，唐王朝也需要这种带浓厚政治色彩的马匹贸易以羁縻少数民族，保障西北方边境的安全。此外丝绸之路贯穿西北地区，将周边区域的马匹汇聚于丝绸之路沿线，为马匹贸易的开展创造了良好的基础，聚集于这一地区的少数民族自然成为唐五代政府的重要贸易对象。对于北方马匹丰足之政权而言，马匹除了供应本政权使用以外，还有大量的马匹不得不外输，投入商品市场换取其他生活用品。但是，与北方民族邻近的政权除了中原政权以外都不需要大量马匹，他们都是以畜牧业为主的民族和政权，难以相互进行马匹贸易，只有严重缺马的中原王朝才有能力和需求购买少数民族大量马匹，成为最重要的马匹市场。

丝绸之路一带宜农宜牧，又有大量商队往来，不同类型经济交织一直是这一区域的经济特征，自从汉代张骞通西域之后，丝绸之路便贯穿整个西北全境，民族贸易的范围便不断扩大。到隋代时，隋代皇帝以"圣人可汗"① 的地位出现在少数民族舞台中，隋中央政府采取了一系列行之有效的措施，阻止强大的北方少数民族南侵，保证丝绸之路的畅道，这为多民族间的经济贸易和文化交往创造了良好的条件，北方的各类贸易，包括马匹贸易远超前代，由隋代政府组织的互市，受到高度称赞，"隋代之盛，极于此矣"。② 到唐代时，政府的实力更加强大，随着唐在政治、军事上不断扩张，其交往的范围也日渐广阔，贸易的对象之多也远超前代，这一时期的马匹贸易是我国历史上的一个高峰。

第一节　中原与回鹘的马匹贸易

回鹘③原属匈奴。"回纥，其先匈奴也，俗多乘高轮车，元魏时亦号高车部，或曰敕勒，讹为铁勒。"④ 在7—9世纪时期，兴起于漠北草原，摆脱了突厥的压迫和奴役，在北方的色楞格河流域建立了自己的回鹘汗国，自大业中

---

① ［唐］魏徵. 隋书（第 84 卷）［M］. 北京：中华书局，1973：1879. 文中记载：大业八年（612 年）突厥处罗可汗对隋炀帝曰"自天以下，日月所照，惟有'圣人可汗'"。
② ［宋］司马光. 资治通鉴（第 181 卷）［M］. 北京：中华书局，2007：2180.
③ 回鹘原称"回纥"，唐宪宗时改称"回鹘"。本文在论述中，除引用文献资料外，统称"回鹘"。
④ ［宋］宋祁，欧阳修. 新唐书（第 217 卷上）［M］. 北京：中华书局，1975：6111.

（605 年）建国，"有时健俟斤者，众始推为君长"①。到 848 年黠戛斯灭回鹘汗国时，受到严重灾害，畜牧业损失惨重，为黠戛斯所破，国人多数西迁，期间经历了二百多年，二十多位大汗。回鹘在其所经历的二百多年间，一直与中原王朝保持着相当密切的关系，特别是与唐，双方不仅仅在政治上多次和亲、朝贡、册封等，还建立了受学术界广泛关注的绢马贸易。

回纥处于唐境北部，离长安路途遥远，"居薛延陀北娑陵水上，距京师七千里"，水草丰盛，养马业高度发达，"马的重要性还表现在，马在回鹘人的观念里，既是马的单称概念，又可以用来概括代表整个牲畜"。② 其活动区域以外蒙古鄂尔浑河畔为核心，至西远达天山和中亚地区，范围极为广阔，回鹘在势力得到壮大后，很快就与唐建立了密切的政治关系。唐初政府即对回鹘的部族首领进行了册封，"皆以酋领为都督、刺史、长史、司马，即故单于台置燕然都护府统之，六都督、七州皆隶属，以李素立为燕然都护。……乃拜吐迷度为怀化大将军、瀚海都督"。此后又多次册封，回鹘的统治者婆闰、比栗、独解支、伏帝匐、承宗、伏帝难等都接受了唐的册封。除了册封还有和亲，唐与回鹘多次进行和亲，天宝十五年，安史之乱爆发，"肃宗即位，使者来请助讨禄山，帝诏敦煌郡王承寀与约，而令仆固怀恩送王，因召其兵。可汗喜，以可敦妹为女，妻承寀，遣渠领来请和亲，帝欲固其心，即封虏女为毗伽公主"③。此后又数次和亲，先后几朝以皇帝亲生女宁国公主、咸安公主、太和公主，以及小宁国公主、宗室大臣女等嫁往回鹘。唐与回鹘建立了非常密切的政治关系，这为马匹贸易的开展提供了良好的条件和基础。

一、唐与回鹘的朝贡贸易

回鹘经济支柱即为畜牧业，回鹘人"逐水草转徙，善骑射"，④ 所居之地盛产马匹。马匹也是回纥生产、生活、迁徙等方面的必需品，唐代诗人杜甫曾对于牟羽可汗出兵助唐时马匹数量之多表示惊叹，在其《北征诗》中说"出兵五

① ［宋］宋祁，欧阳修. 新唐书（第 217 卷上）［M］. 北京：中华书局，1975：6111.
② 邓浩. 从《突厥语大词典》看回鹘的畜牧文化［J］. 敦煌研究，1995（1）.
③ ［宋］宋祁，欧阳修. 新唐书（第 217 卷上）［M］. 北京：中华书局，1975：6115.
④ ［宋］宋祁，欧阳修. 新唐书（第 217 卷上）［M］. 北京：中华书局，1975：6111.

千人，骑马一万匹"。回鹘地理位置正好处于唐与西方贸易线路的中间，也可以利用地理优势大量开展中转贸易，收购更西部地区的马匹以贩往中原地区，换得丝织品等物资再转运往西。回鹘从唐所获得的绢帛之多，远远超过其族民的需求，"回纥道"的开辟和丝绸之路的畅通，使得回纥统治者每年可从唐朝获得多至数万乃至数十万匹的绢帛，其中多数都要运往其他地区销售，"其中大部分（绢帛）多通过那些'胡商'或'九姓胡'运往西方销售"。① "偌大数量的丝绢，回纥贵族服用不了多少，大部分被回纥商人、九姓胡贩运到了阿拉伯、罗马去销售"。② 唐代自身也出于各种各样的原因通过朝贡和互市等手段大量向回鹘购马，与回鹘的马匹贸易，少数是通过朝贡的形式进行，多数以互市的形式开展，并且马匹的贸易量非常大。

在朝贡贸易上，回鹘除了贞观三年贡献方物以外，还多次朝贡马匹，据传世文献记载，从 627 到 843 年太和公主归国，回鹘入朝共有 119 次，入贡的活动中，马匹是非常重要的贡品。

开元十五年（727）回纥遣大臣梅禄啜来朝贡，进献名马。③

肃宗乾元元年（758 年），可汗献马五百匹，貂裘、白毻。④

此后又多次朝贡，代宗永泰元年（765），子仪自泾阳领仆骨名臣入奏，回鹘进马，及宴别，前后赍缯彩十万匹而还。⑤

德宗贞元四年（788），及使大首领等妻妾，凡五十六妇人来迎可敦，凡遣人千余，纳聘马二千。⑥

穆宗长庆元年（821），可汗乃遣使来逆女，部渠二千人，纳马二万匹，案驼千。⑦

长庆元年六月，献马一千匹，驼五十头⑧

太和七年（833）三月，回纥李义节等带着驼马入朝，奏报可汗已死，册

① 杨圣敏. 回纥史 [M]. 桂林：广西师范大学出版社，2008：59.
② 程塑洛. 唐宋回鹘史论集 [M]. 北京：人民出版社，1993：96.
③ 岑仲勉. 突厥集史 [M]. 北京：中华书局，2004：706.
④ [后晋] 刘昫. 旧唐书（第 195 卷）[M]. 北京：中华书局，1975：5201.
⑤ [后晋] 刘昫. 旧唐书（第 195 卷）[M]. 北京：中华书局，1975：5206.
⑥ [后晋] 刘昫. 旧唐书（第 195 卷）[M]. 北京：中华书局，1975：5208.
⑦ [宋] 马端临. 文献通考（第 347 卷）[M]. 北京：中华书局，1986：2720.
⑧ [宋] 王溥. 唐会要（第 98 卷）[M]. 北京：中华书局，1955：1748.

立可汗弟萨特勤，唐帝废朝三日。

开成五年，遣人献良马三百。①

从上引文献来看，回鹘在多次朝贡中都贡献了大量的马匹。朝贡贸易中贡献马匹很大程度上是基于互相友好，或者是有一定政治上的乞求，对唐的答谢等，这一贸易很大程度还反映了两族之间的良好关系。出土文献中也有对于这一朝贡活动的记录，敦煌 S8444 号文书就是一份珍贵的唐与甘州回鹘朝贡贸易的文书，S8444 号文书共有 A、B、C 三片，其中 A 片就记录了回鹘向唐朝贡马匹而得到回赠的情况。现将文书抄录如下：

A 片：

（前缺）

1.（画）锦壹拾□□□□

2. 波斯锦壹匹

3. 细锦两匹

4. 器杖壹副并枢木箭拾只

5. 内文思 绢伍匹

　　　　　　　　……………（纸缝押印）

6. 使之印 细锦叁匹

7. 象牙壹截

8. 绢贰拾匹

9. 羚羊角叁拾对

10. 大绢贰拾伍匹

11. 硇砂伍拾斤

12. 绢帛伍拾匹

13. 马壹拾陆匹

14. 细锦贰拾匹

15. 绢叁佰匹

---

① ［宋］司马光. 资治通鉴（第 246 卷）［M］. 北京：中华书局，2007：3050 页。

16.（巳）上支绫锦绢罗等共计伍佰（匹）

17.（后残）并食器壹佰事①

　　从文书的记录情况来看，在这次朝贡贸易中，就有马匹的朝贡。根据李德龙先生的研究，这一文书可能产生于天睦可汗在位期间，极有可能是晚唐时期的894—904年之间。② 这也表明，唐与回鹘的朝贡贸易持续了相当长的时间，到晚唐时期，朝贡贸易仍然非常活跃。甚至是回鹘西迁以后，这种朝贡贸易仍然在继续："其后嗣君弱臣强，居甘州，无复昔时之盛。到今时遣使入朝，进玉马二物及本土所产，交易而返。"③ 朝贡使团除了进贡马匹、玉等物品，还在唐境内进行了商业贸易。文书中的这一次朝贡向唐政府贡献了马匹十六匹，下两行记录了唐回赠的礼物为细锦二十匹、绢三百匹，十六匹马是这一文书中价值最多的物品，也表明在唐与回鹘的朝贡贸易中，马匹占有相当重要的地位。同时所有朝贡物品基本都以绢锦为回赠的物品，表明绢在少数民族中的认可度比较高，至少在这一时期，在贸易支付手段中，绢帛还居于主导地位。唐代在朝贡贸易中的回馈也是极为丰厚，《资治通鉴》载，至德二载（757）唐向回鹘赠绢2万匹，《唐大诏令集》卷一二九《册封回纥为英武威远可汗文》载："敬册可汗为英武威远可汗，每载赏绢五万疋。"④ 大量赏赐的条件之一就是回鹘向唐朝贡马匹，这一出土文书也证明了这一点。因此，唐实际在朝贡贸易中也付出了不菲的代价。

　　回鹘"以朝贡使团名义来唐往往就是庞大的外贸商团"⑤，这些外贸商团体的组成比较复杂，贩卖的物品也各种各样，其中就包含马匹。唐与回鹘的朝贡贸易虽然提供了一定的马匹，但还不足以满足唐后期的马匹需要，马匹的供给在很大程度上也不是依靠与回鹘的朝贡贸易。

----

① 李德龙. 敦煌遗书S.8444号研究——兼论唐末回鹘与唐的朝贡贸易［J］. 中央民族大学学报（社会科学版），1994（3）.

② 李德龙. 敦煌遗书S.8444号研究——兼论唐末回鹘与唐的朝贡贸易［J］. 中央民族大学学报（社会科学版），1994（3）.

③ ［后晋］刘昫. 旧唐书（第195卷）［M］. 北京：中华书局，1975：5215.

④ ［宋］宋敏求. 唐大诏令集［M］. 北京：中华书局，2008：696.

⑤ 宁欣. 唐朝朝贡使析论，唐史识见录［M］. 北京：商务印书馆，2009：251.

二、唐与回鹘的互市贸易

唐与回鹘的互市贸易才是唐后期主要的马匹来源，从肃宗起，唐与回鹘多次大规模市马，下为文献的记录。

表 4.1　唐五代马匹互市（据《册府元龟》整理）

年份	互市地点	互市对象	马匹贸易情况
武德七年	北楼关	突厥	——
武德八年	与吐谷浑许在"承风戌"互市	吐谷浑突厥	——
开元二年	六胡州	——	以空名告身于六胡州市马率三十匹马酬一游击将军，遂命赍告身三百道往市焉
开元三年	安西	突厥	——
开元四年	西市	奚	——
开元十五年	西受降城	突厥	每岁赍缣帛数十万匹就市戎马
			每岁赍缣帛数十万匹就边以遗之
			岁赐帛数十万
开元十九年	赤岭	吐蕃	——
乾元中	——	回鹘	岁来市，以马一匹易绢四十匹，动至数万马
大历八年	——	回鹘	领马一万匹来求市，帝以马价出于租赋不欲重困于民，命有司量入计许市六千匹
贞元六年六月	——	回鹘	回纥使移职伽达干归蕃赐马价绢三十万疋
贞元八年七月	——	回鹘	给回纥市马绢七万疋
元和十年八月	——	回纥	以绢十万疋偿回纥之马直
元和十年十二月	陇州塞	吐蕃	
元和十年二月	——	回鹘	以绢九万七千疋偿回纥马直
元和十一年二月	——	回鹘	以内库缯绢六万疋偿回纥马直
元和十一年四月	——	回鹘	以绢二万五千疋偿回纥马直
长庆二年二月	——	回鹘	以绢五万疋赐回纥充马价

（续表）

年份	互市地点	互市对象	马匹贸易情况
长庆二年四月	——	回鹘	又赐回纥马价绢七万疋
长庆二年十二月	——	回鹘	以绢八万疋偿回纥马直
太和元年三月	——	回鹘	内出绢二十六万疋赐回纥充马价
太和元年六月	——	回鹘	命中使以绢二十万疋付鸿胪寺宣赐回纥充马价
同光三年八月	青州	黑水蕃部	青州市到黑水蕃马三十疋
长兴二年五月		黑水瓦部	青州奏黑水瓦儿部至登州卖马
长兴三年七月		回鹘	飞龙使奏回纥所卖马瘦弱不堪估价，帝曰：远夷交市不可轻阻可以中等估之
广顺元年十月			泾州言招到蕃部野龙十九族有马赴市私货卖

从上表来看，唐与回纥的马匹贸易主要集中在后期，且回鹘是晚唐五代时期中原政权最重要马匹供应者之一。前期自身有足够的供应，军事上对于马匹的需要也不迫切，因此文献中少见这一时期的马匹互市。到中唐之后，自身马匹数量不足且战争等需要大量马匹。据唐末藩镇割据，战争频繁，外敌又多次侵扰。"永泰元年，吐蕃东进，代宗欲亲击虏，鱼朝恩乃请大搜城中百官、士庶马输官，曰'团练马'。下制禁马出城者，已而复罢"。[1] 这显示当时马匹之缺乏和紧张已非常严重。德宗时期，试图讨伐割据藩镇时，"竭内厩之马"，又"赋私畜以增骑"。[2] 郭子仪在比较唐与吐蕃军力时也说："（吐蕃）近入内地，称四节度，每将盈万，每贼兼乘数四，臣所统将士，不当贼四分之一，所有征马，不当贼百分之二。"[3] 可见马匹的缺乏，已经严重影响了唐的军事力量。唐晚期马匹的缺乏不仅体现在军事上，在生活中，马匹也非常缺乏。李德裕总结说："朝廷比来所乏，最在戎马。"[4] 在一些郡县出现只有刺史有马，州佐以下多乘驴的情况："时刺史有马，州佐已下多乘驴。严光作诗曰：'郡将

---

① ［宋］宋祁，欧阳修. 新唐书（第50卷）［M］. 北京：中华书局，1975：1339.
② ［宋］宋祁，欧阳修. 新唐书（第157卷）［M］. 北京：中华书局，1975：4913.
③ ［宋］宋祁，欧阳修. 新唐书（第137卷）［M］. 北京：中华书局，1975：4608.
④ ［清］董诰. 全唐文（第705卷）［M］. 北京：中华书局，1983：7239.

虽乘马，群官总是驴．'"① 可见，当时唐缺马之严重。也正是因为马匹实在紧缺，唐才在与回鹘的马匹贸易中委曲求全，德宗在和亲一事上的表现，就足以证明这一点。德宗本不同意和亲，但是"边将告乏马，无以给之"，迫使德宗最后不得不听从李泌的劝告，与回鹘和解，以便于疏通购马的渠道。

回鹘在中转贸易中获利很多，促使其非常乐意大量往中原贩卖马匹，"回鹘成为西域的主人后，情况可就完全不同了，当他们掌握了东西方贸易的主动权，并从中尝到甜头之后，他们对西方最为欢迎的商品——丝绸的胃口就越来越大"。② 回鹘因此成为丝绸之路上的中转商，将大量马匹换为绢帛，又以绢帛向更西的国家和地区购买马匹。由于丝绸在西方价格很高，回鹘从中获利不菲，"在拜占庭帝国，由于中国产品要经过长途运输，所以层层加价，贵得越来越不可设想了"，③ 这也是为什么在北庭失守后，回鹘比唐更急于驱逐吐蕃。回鹘主要是为了打通贸易的通道，④ 如为回鹘从事贸易活动的粟特人大量活跃于中西商路，"他们当然主要是向中国人购置，然后倒手贩卖给波斯人、拜占庭人、印度人和草原游牧民族，……随即又向这些民族购买兽皮等"，⑤ 中转贸易成为回鹘获利的主要方式之一。

回鹘与吐蕃长期争夺北庭、西州、凉州等地，除是需要维护商路畅通，还有一点在于吐蕃的畜牧业也较为发达，回鹘需要在军事上打击商业竞争对手，这与五代时期党项劫掠回鹘商队一样，都试图利用武力，维护自身的商业贸易。"控制了北庭，就等于抓住了西域的'牛耳'，就可在经济上谋利，回纥和吐蕃也正是看到了这些诱人的益处，所以，才不惜代价，对北庭死争硬夺的。"⑥ 回鹘正是因为在马匹贸易中获益极大，才将主要的精力用于维护商贸往来。为了商业利益，回鹘人甚至愿意放弃自己的宗教，"在经济生活中，摩

---

① ［唐］封演．封氏闻见记校注（第 10 卷）［M］．北京：中华书局，2005：100．
② 中国社会科学院考古所．十世纪前的丝绸之路和东西文化交流［M］．北京：新世界出版社，1996：53．
③ ［法］布尔努瓦，耿昇译．丝绸之路［M］．济南：山东画报出版社，2001：148．
④ 冯家升，程溯洛，穆广文．维吾尔族史料简编［G］．北京：民族出版社，1958：27．
⑤ ［法］布尔努瓦，耿昇译．丝绸之路［M］．济南：山东画报出版社，2001：173．
⑥ 尹伟先．回鹘与吐蕃对北庭、西州、凉州的争夺［J］．西北民族研究，1992（2）．

尼僧和九姓胡成为牟羽可汗获得经济利益的重要帮手",① 粟特人在商业贸易上为回鹘提供了很大的帮助,"会经营商务的回纥人在几十年间以百万匹马换取唐约两千万匹的丝绸;他们甚至不惜放弃自己的宗教(指改奉萨满教为摩尼教)以取悦于经商高手河中粟特人来打开绢、茶在中亚的销路"。② 对此西方学者认为,回鹘没有像其他强盛少数民族一样侵略中原,很大程度上在于其对于商业利益更关心,"回纥不是那种惹是生非的邻邦,甚至在唐危机时还提供帮助,而一般地说,他们对经商更感兴趣",③ 也正是商业利益,促使回鹘对于向唐卖马有着强烈的冲动。

唐与回纥的马匹贸易迅速扩大,成为晚唐时期主要马匹来源之一,从玄宗到文宗这一百年间,仅文献所见,唐就支付了绢一百五十万匹,金银十万两,以支付回鹘的马价,实际支付的数量显然远远超过这一数额。

正是由于唐与回鹘"以马一匹,易绢四十匹,动至数万马",交易量的迅速扩大,引来了唐代官员的激烈争论。这种争辩持续了相当长的时间。唐宰相李德裕在论及互市时说:"缘回鹘新得马价绢,访闻塞上军人及诸藩部落,苟利货财,不惜驼马,必恐充为互市,抬诱外蕃,岂惟资助房兵,实亦减耗兵备。"④ 认为与回鹘的马匹贸易不仅使得回鹘获得了大量的绢帛,而且回鹘还利用与唐互市的有利地位,大量收购其他民族的马匹贩往唐以获取更多利益,这样对于唐不仅是"资助房兵"而且"减耗兵备",不利于唐的边境安全。

唐人崔元略则从财政的角度认为与回鹘的马匹贸易并不利于唐,其所撰《内侍李辅光墓志》云:"时有北房入觐,将以戎马充献,数盈累万。国朝故事,每一马皆酬以数十缣帛,拒之即立为边患,受之即玉府空竭。"⑤ 买马数量庞大,且价格过高,买不买马不完全由唐决定,"拒之即立为边患",而买马则会财政困难,"受之即玉府空竭"。事实也确实如此,唐后期的财政远不

① 杨富学.关于回鹘摩尼教史的几个问题 [J].世界宗教研究,2007 (1).

② 赵汝清,周保明.745—840 年间唐朝与回纥交往之弊及其实质 [J].青海民族研究,2013 (1).

③ [英]崔瑞德(Twitchett Denis),[美]费正清,[英]鲁惟(Loewe Michael).剑桥中国隋唐史 [M].北京:中国社会科学出版社,1990:34.

④ [清]董诰.全唐文(第705卷)[M].北京:中华书局,1983:7233.

⑤ 周绍良,赵超.唐代墓志汇编 [M].上海:上海古籍出版社,1992:2007.

足以支撑这么庞大的马匹贸易，安史之乱以后，唐所控制的户口和税收区域都大为减少，许多藩镇并不向朝廷上缴税收，"户版不籍于天府，税赋不入于朝廷，虽曰藩臣，实无臣节"。① 朝廷真正能够控制的赋税明显减少，"史官李吉甫撰《元和国计簿》，每岁赋入倚办，止于浙江东西、宣歙、淮南、江西、鄂岳、福建、湖南等八道，合四十九州，一百四十四万户。比量天宝供税之户，则四分有一。天下兵戎仰给县官者八十三万余人，比量天宝士马，则三分加一，率以两户资一兵"。② 唐政府所倚重的赋税只有江南八道，户仅 144 万，所养的兵马比天宝年间多三分之一，每两户要养一个士兵，财政的压力显而易见。"闰月，子仪自泾阳领仆固名臣入奏，回纥进马，及宴别，前后赏缯彩十万匹而还。时帑藏空虚，朝官无禄俸，随月给手力，谓之资课钱。税朝官闰十月、十一月、十二月课以供之。"③ 唐政府财政实际已无力承担这样的马匹贸易。

也正是在这样的大环境下，唐在买回鹘马匹的问题上有所顾虑。大历八年"回纥赤心请市马万匹，有司以财乏，止市千匹。子仪曰：'回纥有大功，宜答其意，中原须马，臣请内一岁俸，佐马直。'"代宗"命有司量入计许市六千匹"。④ 回鹘原本向唐贩来一万匹马，而有司却因财政困顿，希望只买马一千匹，郭子仪却认为回鹘有助唐的功劳，应予以优待，而且军事上也确实需要马匹，以至于他本人愿意以自己的俸禄来帮助支付买马费用，代宗综合考虑，最后决定买马六千匹，购不购马、购多少马，唐都要反复思量，综合考虑后再做决定。

对于唐与回鹘绢马贸易持反对意见的人还有很多，都从不同的角度对于唐与回鹘的绢马贸易提出分驳，元稹《阴山道》诗中也写道："年年买马阴山道，马死阴山帛空耗。"⑤ 认为花费大量绢帛买马，却由于路途遥远，常有大量马匹死亡，购马并不划算。唐代陆贽也认为与回鹘的绢马贸易所花费的费用

① ［后晋］刘昫. 旧唐书（第 141 卷）［M］. 北京：中华书局，1975：3838.
② ［后晋］刘昫. 旧唐书（第 14 卷）［M］. 北京：中华书局，1975：424.
③ ［后晋］刘昫. 旧唐书（第 195 卷）［M］. 北京：中华书局，1975：5027.
④ ［宋］欧阳修等. 新唐书（第 137 卷）［M］. 北京：中华书局，1975：4607，《旧唐书》（第 195 卷）. 北京：中华书局，1975：5207.
⑤ ［唐］元稹. 元稹集［M］. 北京：中华书局，1982：290.

过大，"回纥矜功，凭陵亦甚"，"使伤耗遗氓，竭力蚕织，西输贿币，北偿马资，尚不足塞其烦言，满其骄志"。① 认为花费大量绢帛并不能够满足回鹘的贪念，反而使得国力不堪重负。这些观点对唐与回鹘的绢马贸易持消极的态度，认为双方的互市对唐不利，买马的价格过于高昂，而对唐财政是一个沉重的负担。

也有人认为唐与回纥的绢马贸易是必要的，此类观点多从政治、军事等角度看待绢马贸易，唐礼部尚书李绛就认为与回鹘的绢马贸易对于稳定西北边境非常有利，同时所花费的费用尚能够承受："北狄、西戎，素相攻讨，故边无虞。今回鹘不市马，若与吐蕃结约解仇，则将臣闭壁惮战，边人拱手受祸。又淮西吴少阳垂死，若无北顾忧，可乘其变，发诸道讨平之。或曰降主费多，臣谓不然，我三分天下赋，以一事边。又东南大县赋岁二十万缗，以一县赋为婚赀，非损寡得大乎？"② 这一观点从战略的角度看待唐与回鹘的绢马贸易，认为回纥与吐蕃素来敌对，所以边境大致安宁，"吐蕃独占西域贸易这种国际形势的巨大变化，使煞费苦心企图挽回势力的唐朝和为强敌的出现而焦思苦虑的回纥之间的同盟更加巩固"，③ 而一旦不与回鹘互市，回鹘可能与吐蕃和解，边境将受到很大压力，同时也不利于藩镇问题的解决，此外买马花费的绢帛尚可承受。支持与回鹘贸易的大多基于这一视角看待唐与回鹘的绢马贸易。

唐与回鹘的马匹贸易在政治和军事上有其存在的必要性，但是从市场交易的角度来看，唐确实受到回鹘的勒索，其买马的价格明显过高，这种勒索是在特殊的环境下形成的，并不是正常的市场交易。至于回鹘卖马对于唐财政的影响，学者刘义棠也认为"唐财政经济之困境，主要是由于内忧外患所衍成，并非由于马价所造成"，④ 因此完全将唐财政的困难归咎于回鹘卖马并不公正。

三、五代时期中原与回鹘的马匹贸易

中原王朝与回鹘之间的马匹贸易在五代时期仍然较为频繁，但是规模则远

① ［后晋］刘昫. 旧唐书（第139卷）［M］. 北京：中华书局，1975：3806.
② ［元］马端临. 文献通考（第347卷）［M］. 北京：中华书局，1986：2720.
③ ［日］长泽和俊，钟美珠. 丝绸之路史研究［M］. 天津：天津古籍出版社，1990：263.
④ 刘义棠. 维吾尔研究［M］. 台北：正中书局，1975：368.

不如唐代。五代时期，承唐启宋，战争频繁，王朝频繁地更替。在梁、唐、晋、汉、周五个朝代的更替过程中，周边有割据的地方政权，北方有逐渐强大的契丹、党项等民族政权，中原政权面临严重的军事压力，马匹的供应在这一时期更加受到统治者的重视。五代各政权在解决马匹的供应上，都采取内部与外部相结合的途径，内部主要是政府饲养、抄借、购买、进贡，外部主要是俘获、互市、朝贡等。此时的马匹贸易，主要是与周边少数民族的互市、朝贡贸易等。回鹘在 840 年被所属部黠戛斯打败，"俄而渠长句录莫贺与黠戛斯合骑十万攻回鹘城，杀可汗，诛掘罗勿，焚其牙，诸部溃。其相馺职与庞特勒十五部奔葛逻禄，残众入吐蕃、安西"。回鹘逐渐西迁，西迁的回鹘主要有三支，"有回鹘相馺职者，拥外甥庞特勒及男鹿并遏粉等兄弟五人、一十五部西奔葛逻禄，一支投吐蕃，一支投安西"①，分别形成了不同的政权。此时与中原马匹贸易较为活跃的是河西回鹘，"历后唐、后晋、后汉，回鹘人民对祖国内地马匹的支援从未间断"。② 回鹘虽然还前往中原进行朝贡，但是频次和规模都大不如前，一方面是由于回鹘自身的实力远不如以往，马匹的供应能力也受到一定的影响，另一方面是由于五代时期。回鹘与党项都需要向中原王朝卖马，两者之间竞争激烈，回鹘的马匹运往中原常常受到党项的劫掠。

　　五代时期，回鹘有文字记载的首次朝贡是在后梁时期。后梁太祖开平三年（909 年），甘州回鹘派出使团朝贡后梁，《册府元龟》卷 972 载："五月，赐回鹘贡使阿福引分物。"③ 此后回鹘又多次前往中原朝贡，其中就贡献了马匹，首次贡献马匹是在后唐同光四年："丙戌，回鹘可汗阿咄欲遣使贡良马。"④ 至于这次朝贡有多少马匹则并未言明。到后唐应顺元年（934）春正月，"回鹘可汗仁美遣使贡方物，故可汗仁裕进遗留马。"⑤ 此后又多次来朝贡。

　　长兴元年十二月遣使翟米思三十余人进马八十四、玉一团。⑥

　　〔清泰二年〕七月，回鹘可汗仁美遣都督陈福海而下七十八人献马三百六

① ［后晋］刘昫. 旧唐书（第 195 卷）［M］. 北京：中华书局，1975：5213.
② 程溯洛. 唐宋回鹘史论集［M］. 北京：人民出版社，1993：291.
③ ［宋］王钦若. 册府元龟（第 972 卷）［M］. 北京：中华书局，1960：11420.
④ ［宋］薛居正. 旧五代史（第 34 卷）［M］. 北京：中华书局，1976：468.
⑤ ［宋］薛居正. 旧五代史（第 45 卷）［M］. 北京：中华书局，1976：615.
⑥ ［宋］王溥. 五代会要［M］. 上海：上海古籍出版社，1978：449.

十疋、玉二十团、白叠、斜褐、牦牛尾、绿野马皮、野驼峰。①

天福三年，回鹘可汗王仁美进野马、独峰驼、玉团、硇砂等方物。②

天福四年，三月又遣都督拽里敦来朝兼贡方物，其月命卫尉卿邢德昭持节就册为奉化可汗。五年正月，遣都督石海金等来贡良马一百匹并白玉、白玉鞍辔等。③

天福五年春正月丁卯朔，己丑，回鹘可汗仁美遣使贡良马白玉，谢册命也。④

显德六年二月，又遣使朝贡，献玉并硇砂等物，皆不纳，所入马量给价钱，时上以玉虽宝珍，无益国用，故因而却之。⑤

五代时期回鹘朝贡最频密的时期是后唐时期，但是总体来看贡马的数量远不如唐代，这也与当时回鹘的势力大不如前、西北地区政治局势变化有一定的关系。五代时期，回鹘往中原进行商业贸易时常被党项等民族抢劫，即便是回鹘在进行朝贡时，也经常被劫："无几，党项劫回鹘入朝使，诏彦稠屯朔方，就讨党项之叛命者，搜索盗贼，尽获回鹘所贡驼马、宝玉，擒首领而还。"⑥这样做的目的，一方面是为了政治上打击回鹘，另一方面是为了巩固自身与中原地区商贸的地位，特别是在马匹的贸易上。党项与回鹘都是中原重要的马匹供应方，双方在贸易上竞争很激烈："而党项利其所得，来不可止。其在灵、庆之间者，数犯边为盗。自河西回鹘朝贡中国，道其部落，辄邀劫之，执其使者，卖之他族，以易牛马。"⑦ 因此回鹘在往中原运马时，时常要考虑安全问题。甚至是往来的使团都需要军队进行护送，敦煌所出 P. 2992 号文书就记录了一件使团前往回鹘要求护送的事情。

道途阻僻，信使多乖，每于瞻企之余，莫尽笺毫之内。方深渴仰，猥辱缄封，备详周奖之仁，深积感铭之恩。所示入守众贡人使，具委来情，况接疆

---

① ［宋］王钦若. 册府元龟（第972卷）［M］. 北京：中华书局，1960：11423.

② ［宋］薛居正. 旧五代史（第77卷）［M］. 北京：中华书局，1976：1014.

③ ［宋］王溥. 五代会要（第28卷）［M］. 上海：上海古籍出版社，1978：449.

④ ［宋］薛居正. 旧五代史（第79卷）［M］. 北京：中华书局，1976：1037.

⑤ ［宋］王溥. 五代会要（第28卷）［M］. 上海：上海古籍出版社，1978：450.

⑥ ［宋］薛居正. 旧五代史（第66卷）［M］. 北京：中华书局，1976：880.

⑦ ［宋］欧阳修. 新五代史（第74卷）［M］. 北京：中华书局，1974：912.

场，莫不专切。

今则前邠州康太傅及庆州符太保承奉圣旨，部领大军援送贡奉使人及有天使。去八月廿一日得军前太傅书牒，云与都监牛司空已于八月十六日到方渠镇，与都监商量定，取舟慊，近者九月五日发离方渠，于六日平明至土桥子应接者。当道至八月廿二日专差军将袁知敏却赍书牒往方渠镇，咨报军前太傅，已依此时日应副（付）讫。见亦点龊兵士，取九月三日发赴土桥子接迎，于九日到府次。伏况般次行止，已及方渠，兼得军前文书，合具子（仔）细披启。今差都头白行丰与居（？）密已下同行，持状咨闻，便请可汗斟酌，差兵迎取。

冀因人使备情仪，但缘走马径行，不果分外驰礼，虽有微信，别状披伸。幸望眷私，尽垂照察。谨状。

朔方军节度使检校太傅兼御史大夫张。①

这一文书是由朔方军节度使检校太傅兼御史大夫希崇发往回鹘的，请求回鹘"差兵迎取"甘沙瓜使团，可见，这一时期西北的商路并不安宁，因此马匹的贸易自然远不如唐代。

五代时期，虽然政府买马数量不如唐代，但是回鹘马仍然在马匹贸易中占有重要地位，"明宗时，诏沿边置场市马，诸夷皆入市中国。而回鹘、党项马最多"②，"后昭宗西幸，梁祖迎驾，攻逼岐下者累年，及昭宗东还，长围方解。大军之后，府库空竭，彦琦请使甘州以通回鹘，往复二载，美玉、名马相继而至，所获万计，茂贞赖之"③。据统计，离中原较远的高昌回鹘，在后晋天福三年到七年（938—942年）间，就运往内地千余马匹。④此外，后汉为了应对契丹的威胁也大量购买回鹘的马匹，"后汉对于契丹的南下，也备存戒心，他们所需的战马来源主要是向回鹘人购买的"⑤。据安瓦尔·拜图尔、海仁萨·斯迪克等学者研究，"公元926—934年间，后唐所需的马由契丹和甘州

① 孙修身. 敦煌遗书 P. 2992 号卷〈沙州上甘州回鹘可汗状〉有关问题考 [J]. 西北史地，1985（4）.
② [宋] 欧阳修. 新五代史（第74卷）[M]. 北京：中华书局，1974：913.
③ [宋] 路振. 九国志（第7卷）[M]. 济南：齐鲁书社，1998：83.
④ 程溯洛. 唐宋回鹘史论集 [M]. 北京：人民出版社，1993：292.
⑤ 程溯洛. 唐宋回鹘史论集 [M]. 北京：人民出版社，1993：350.

回鹘提供"。① 五代时期，政府在市马上仍然采取有意识地高估马价等方式吸引回鹘等少数民族前来市马："明宗招怀远人，马来无驽壮皆售，而所售常过直，往来馆给，道路倍费。其每至京师，明宗为御殿见之，劳以酒食。……唐大臣皆患之，数以为言，乃诏吏就边场，售马给直，止其来朝。"② 也引起了朝臣的非议，因此才在边境地区设立市马场所，进行互市，以节省经费。

第二节　中原与突厥、吐蕃、吐谷浑的马匹贸易

突厥是隋唐时期北方一支强大的少数民族政权，"突厥阿史那氏，盖古匈奴北部也。居金山之阳，臣于蠕蠕，种裔繁衍。至吐门，遂强大，更号可汗，犹单于也，妻曰可敦。其地三垂薄海，南抵大漠"③。最强盛时期，其疆域东至辽海（辽河上游），西濒西海（今咸海），北至北海（今贝加尔湖），南临阿姆河南，畜牧业经济高度发达。突厥的马匹也较为优良，《唐会要》卷七二说："突厥马技艺绝伦，筋骨合度，其能致远，田猎之用无比，史记匈奴畜马。"④ 突厥也非常重视牧马业的发展，所谓"突厥兴亡，唯以羊马为准"，⑤ 因此突厥马匹数量庞大，质量优越，能够充分地向中原地区供应马匹。

一、唐与突厥的朝贡贸易

北周时期，突厥甚至与远在欧洲的东罗马都曾开展贸易，"567 年突厥可汗又派曼尼阿黑使于东罗马，东罗马詹斯丁帝允许突厥在国内进行丝绢贸易，……突厥可汗利用周齐两国的矛盾，不但每年坐收缯絮锦彩几十万，远销于中亚、波斯、罗马诸国，以收其利"，⑥ 可见突厥很早就开始用牲畜等产品

① 安瓦尔·拜图尔，海仁萨·斯迪克. 新疆民族史（维吾尔文）[M]. 北京：民族出版社，1991：594.

② [宋] 欧阳修. 新五代史（第74卷）[M]. 北京：中华书局，1974：912.

③ [宋] 宋祁，欧阳修. 新唐书（第215卷上）[M]. 北京：中华书局，1975：6028.

④ [宋] 王溥. 唐会要（第72卷）[M]. 北京：中华书局，1955：1306.

⑤ [后晋] 刘昫. 旧唐书（第62卷）[M]. 北京：中华书局，1975：2380.

⑥ 马长寿. 突厥人和突厥汗国 [M]. 桂林：广西师范大学出版社，2006：19—20.

与中原交易绢帛，然后运往西方贸易。在隋代时，中原王朝与突厥的马匹贸易就极为活跃："大业三年四月，炀帝幸榆林，启民及义成公主来朝行宫，前后献马三千匹。帝大悦，赐物万二千段"①。据学者李明伟研究，这次马匹朝贡活动中，隋与突厥的马匹交易价格为每马四十绢，"隋义成公主与突厥启民可汗结婚时，突厥前后献聘 3000 匹马，隋炀帝回赐绢彩 12000 段，相当于每匹马 40 匹绢的市价"②。按此分析来看，在朝贡马匹的贸易中，每马四十绢的价格可能是约定俗成的，回鹘在后期的马匹贸易中以这样的价格卖马是有依据的。同时隋与突厥的互市贸易也极为活跃，正如日本学者松田寿男所说，隋与突厥的关系是以绢马贸易为中心的，"我们可以确信，隋与突厥的关系基调，就像匈奴与汉的情况一样，明显地是以所谓'绢马交易'为中心"③。隋代与突厥的互市贸易非常旺盛，开皇八年"突厥部落大人相率遣使贡马万匹，羊二万口，驼、牛各五百头。寻遣使请缘边置市，与中国贸易，诏许之"④。此后隋开辟了马邑、幽州、榆林、太原、张掖等地进行互市。唐代以前，突厥不仅向中原地区贩卖马匹，还向高昌地区大量贩马，新疆阿斯塔那 48 号墓所出土的高昌延昌二十七年（587 年）四月—八月兵部买马系列文书就记载了当时的买马情况，其中高昌附近的突厥就是一个重要的马匹贸易对象，可见当时北方马匹买卖之活跃。

隋末唐初，突厥势力日渐强大，境内各势力都需向突厥购马，以增强自身实力，突厥也出于自身利益需要积极地 扶持各方势力："瑗又劝举连结梁师都，共为声势，厚赂突厥，饵其戎马，合从并力，进逼京师。举从其言，与突厥莫贺咄设谋取京师。"⑤ 突厥以战马为资本扶植各方势力，李渊太原起事后，也不例外。由于马匹极为紧缺，李渊必须竭尽全力搜集良马以装备军骑。裴寂、刘文静指出："今士众已集，所乏者马，番人未是急须，胡马待之如

---

①　[唐] 魏徵. 隋书（第 84 卷）[M]. 北京：中华书局，1973：1874.

②　李明伟. 隋唐丝绸之路 [M]. 兰州：甘肃人民出版社，1994：180.

③　[日] 松田寿男，陈俊谋译. 古代天山历史地理学研究 [M]. 北京：中央民族学院出版社，1987：289.

④　[唐] 魏徵. 隋书（第 84 卷）[M]. 北京：中华书局，1973：1871.

⑤　[后晋] 刘昫. 旧唐书（第 55 卷）[M]. 北京：中华书局，1975：2247.

渴。"① 这一时期突厥势强，因此李渊派遣刘文静前往突厥寻求支援："文静劝改旗帜以彰义举，又请连突厥以益兵威，高祖并从之。……始毕大喜，即遣将康鞘利领骑二千随文静而至，又献马千匹。"② 此处的康鞘利即为粟特人，"在此可注意者，是粟特人康鞘利为特勤一事，……粟特人为突厥可汗经商、敛税及办理外交之事"，③ 善于经商的粟特人大量渗透入突厥，促进了突厥马匹等牲畜的商品化，大量的马匹销售往中原。初唐时期所建立的监牧，马匹也主要来源于突厥马："唐之初起，得突厥马二千匹，又得隋马三千于赤岸泽，徙之陇右，监牧之制始于此。"④ 此后，随着唐的实力不断增强，唐在与突厥的马匹贸易中开始居于有利地位。

唐初突厥与唐之间多次发生战争，对于双方的贸易构成了严重的影响，马匹的朝贡也相对较少，后期随着军事力量的不断增强，唐在与突厥的战争中日益居于有利地位，双方开始有规律地进行互市，唐购进了大量的马匹。

武德初，追封蔚为蔡王，安为西平王。琛，义宁中封襄武郡公，与太常卿郑元璹赍女妓遗突厥始毕可汗，以结和亲。始毕甚重之，赠名马数百匹，遣骨咄禄特勤随琛贡方物。⑤

武德五年，时突厥屡为侵寇，高祖使瑰赍布帛数万段与结和亲。颉利可汗初见瑰，箕踞；瑰饵以厚利，颉利大悦，改容加敬，遣使随瑰献名马。⑥

（武德九年）九月丙戌，颉利献马三千匹、羊万口，帝不受，令颉利归所掠中国户口。⑦

贞观元年，遣真珠统俟斤与道立来献万钉宝钿金带、马五千匹。⑧

贞观二年十一月，颉利可汗遣使贡马牛数万许。⑨

咥利失可汗咥，徙结切以贞观九年上表请婚，献马五百匹，朝廷唯厚加抚

---

① [唐] 温大雅. 大唐创业起居注（第 1 卷）[M]. 上海：上海古籍出版社，1983：10.
② [后晋] 刘昫. 旧唐书（第 57 卷）[M]. 北京：中华书局，1975：2292.
③ 马长寿. 突厥人和突厥汗国 [M]. 桂林：广西师范大学出版社，2006：42—43.
④ [后晋] 刘昫. 新唐书（第 50 卷）[M]. 北京：中华书局，1975：1337.
⑤ [后晋] 刘昫. 旧唐书（第 60 卷）[M]. 北京：中华书局，1975：2347.
⑥ [后晋] 刘昫. 旧唐书（第 60 卷）[M]. 北京：中华书局，1975：2350.
⑦ [后晋] 刘昫. 旧唐书（第 2 卷）[M]. 北京：中华书局，1975：30.
⑧ [后晋] 刘昫. 旧唐书（第 194 卷）[M]. 北京：中华书局，1975：5182.
⑨ [宋] 王钦若. 册府元龟（第 970 卷）[M]. 北京：中华书局，1960：11397.

慰，未许其婚。①

长安三年，默啜遣使莫贺达干请以女妻皇太子之子，则天令太子男平恩王重俊、义兴王重明廷立见之。默啜遣大臣移力贪汗入朝，献马千匹及方物以谢许亲之意。②

则天时期，娑葛乃感其义，复与元振通好，因遣使进马五千匹及方物。③

突厥的马匹朝贡活动也反映了唐与突厥实力的对比变化，太宗以前，突厥势力强大，在朝贡活动中处于有利地位，而太宗以后，突厥受到沉重的打击，开展朝贡贸易多有所求，以获得唐的支持。

二、唐与突厥的互市贸易

唐与突厥之间的互市则规模较大，并形成定制，每年都买突厥一定的马匹。唐代首次与突厥进行互市，应该是在武德二年间："武德二年，（赵文恪）拜都水监，封新兴郡公。时大乱之后，中州少马，遇突厥蕃，市牛马以资国用。"④ 李渊更派遣官员在北楼关与突厥的颉利可汗进行过"印马"互市："颉利遣使来，愿款北楼关请互市，帝不能拒。"⑤ 武德八年正月，"吐谷浑，突厥各请互市，诏皆许之。先是，中国丧乱，民乏耕牛，至是资于戎狄，杂畜被野"⑥。当然，这一时期的互市规模还相对有限，并不能够满足唐的需要。太宗时期，东突厥内附以后，唐与突厥的马匹互市规模迅速扩大，因此开元九年（721）唐玄宗说："国家旧与突厥和好之时，蕃汉非常快活，甲兵休息，互市交通，国家买突厥马羊，突厥将国家彩帛，彼此丰足，皆有便宜。"⑦ 但是到高宗、则天时期，唐与突厥的关系极为紧张，多次发生战争，贸易也受到了严重的影响。直到毗伽可汗即位以后，双方的关系才得到缓解，唐在朔方军建立的西受降城设立互市场所："十五年，小杀使其大臣梅录啜来朝，献名马三十

---

① ［宋］马端临.文献通考（第 344 卷）［M］.北京：中华书局，1986：2696.
② ［后晋］刘昫.旧唐书（第 194 卷）［M］.北京：中华书局，1975：5170.
③ ［后晋］刘昫.旧唐书（第 97 卷）［M］.北京：中华书局，1975：3045.
④ ［后晋］刘昫.旧唐书（第 57 卷）［M］.北京：中华书局，1975：2296.
⑤ ［宋］宋祁，欧阳修.新唐书（第 215 卷上）［M］.北京：中华书局，1975：6032.
⑥ ［宋］司马光.资治通鉴（第 191 卷）［M］.北京：中华书局，2007：2273.
⑦ ［清］董诰.全唐文（第 40 卷）［M］.北京：中华书局，1983：440.

匹。时吐蕃与小杀书，将计议同时入寇，小杀并献其书。上嘉其诚，引梅录啜宴于紫宸殿，厚加赏赉，仍许于朔方军西受降城为互市之所，每年赍缣帛数十万匹就边以遗之。"① 唐在购突厥马时，多数高估马价，每年买马的数量约为三四千匹。出土文献也记载了唐与突厥的互市情况，《唐开元十六年（728 年）末庭州轮台县钱帛帐稿》中记载了开元十六年七月一日到十二月三十日的买马支出，如邻馆七号文书一片断中记载对突厥支付马价的情况："叁拾叁疋马价。壹拾肆疋，请得突厥纳马及甲价。"② 开元二十三年突厥违背先例，纳马多倍，唐玄宗所发的三份敕突厥可汗书详细记载了唐与突厥的马匹互市。

敕儿可汗：比来和市，常有限约，承前马数，不过数千。去岁以儿初立，欲相优赏，特勒欲口前至，纳马倍多，故总与留着，已给物市买。中阗苏农贺勒兼领坚昆马来，哥解骨支去日，丁宁示意，又移健达口后到，亦以理报知，不遣重来，须存信约。遂乃不依处分，驱马直来，无礼无信，是何道理？朕缘儿义重，深为含容，论其无知，岂能不怪？计儿忠孝，必无非理，未委此等，何故而然？念其远来，碛路艰苦，勒令却退去，似不相亲，令觐都，赐苏农贺勒下及坚昆使下总二万匹绢，任其市易，想儿知之。其马今并勒令却去，至彼之日，以理告示也。夏末甚热，儿及平章事并平安好，遣书指不多及。③

"敕儿突厥可汗：道路既远，使命复稀，近日已来，音信断绝，朕每多悬念，想所知之。与儿情义既深，庶事无闻，父子之国，直往直来，何异一家？真无别也。苏农贺勒、处剌达等去岁将马，其数倍多，又有诸蕃马来，亦是儿所发遣。往者先可汗在日，每年约马不过三四千匹，马既无多，物亦易办。此度所纳，前后一万四千，缘儿初立可汗，朕又约为父子，恩义相及，不可却回，所以总留，计物五十万匹。兼属国家大礼，并放天下租庸，用度无穷，非特和市。缘此马价通容稍迟，处剌达未还，不是故为留滞，念悉此意，当复宽心。今见续续市易，不久望了，即当发遣，回日非赊，在此积乡当家，去住亦

---

　　① ［后晋］刘昫. 旧唐书（第 194 卷上）［M］. 北京：中华书局，1975：5177.
　　② 池田温. 中国古代籍帐研究［M］. 北京：中华书局，1984：355. 转引自：姜伯勤，敦煌吐鲁番文书与丝绸之路［M］. 文物出版社，1994：119.
　　③ ［清］董诰. 全唐文（第 286 卷）［M］. 北京：中华书局，1983：2903.

何异也？此后将马来纳，必不可多，积乡先可汗时约，有定准来交易，发遣易为事，须久长不是限隔。今故令赵惠琮往，并有少信物，别具委曲，至宜领取。秋气渐冷，儿及平章事首领百姓并平安好，遣书指不多及。①

　　"敕突厥儿可汗：内侍赵惠琮从彼还，一一口具，深慰远怀。儿表中犹言前年退马多，兼云苏农贺勒、处罗达三年在此。与儿更无阃外，庶事一家，所以赵惠琮去时，皆以实报，今者来报尚未体悉。且去年所将马来，前后数倍常岁，至于好恶，未必皆以儿知。其中老弱病患，及躯格全小，不堪驾驭，如何总留？所以略简多少，仍是十退一二，是于儿处大为存情，何故来章尚嫌多退？必若留售恶马，亦恐诸蕃笑人。儿既君长北蕃，复与朕为父子，须存分义，使远近知之，勿信下人专由利动。苏农贺勒、处罗达等续续市买，甚有次第，虽校迟少许，物并好于往时，不久当回，亦勿怪也。所欲遣使来者，既为父子之国，来往妪是寻常，须知平安，复申朝觐，伫闻来使，用慰朕心。冬中极寒，儿及平章事首领百姓并平安好，所有委曲，皆使至口具，遣书指不多及。②

　　这三份敕书有一定的延续性，都是论述与突厥的互市问题，基本都是在反映唐与突厥马匹互市中存在的问题。突厥与唐都有自己的意见和方法，突厥向唐申诉唐故意留滞、拖延支付绢帛、退回突厥马匹过多、绢帛质量较差等，关于突厥认为存在的问题，玄宗也一一给予回复，认为并不存在故意留滞，只是"缘此马价通容稍迟，处刺达未还，不是故为留滞"。至于突厥认为退回的马匹数量太多，玄宗也予以回复："其中老弱病患，及躯格全小，不堪驾驭，如何总留？所以略简多少，仍是十退一二，是于儿处大为存情，何故来章尚嫌多退？"认为退回马匹是保证购进马匹质量的重要方法，不可能全部留下，现在十退一二，不存在退回马匹太多的问题。在绢帛的质量上，玄宗也保证绢帛的质量好于往年："虽校迟少许，物并好于往时。"玄宗对于突厥所提出的意见都一一给予了回复，认为唐在与突厥的马匹互市中已经特别优待突厥。

---

①　［清］董诰. 全唐文（第286卷）［M］. 北京：中华书局，1983：2903.
②　［清］董诰. 全唐文（第286卷）［M］. 北京：中华书局，1983：2904.

　　文中，唐朝也对突厥提出了自己的申诉，认为突厥并没有遵守规定进行互市，要求突厥遵守旧例进行马匹互市。唐玄宗指责突厥不遵守约定："比来和市，常有限约，承前马数，不过数千。去岁以儿初立，欲相优赏，特勒欲前至，纳马倍多，故总与留着，已给物市买。中阗苏农贺勒兼领坚昆马来，朕以一年再市，旧无此法，"唐与突厥已有约定，一年一市，市马三至四千匹，但是突厥不守约定，不仅是纳马多倍，而且一年多次互市，这引起了唐的不满，因此唐朝要求："此后将马来纳，必不可多，还如先可汗时约。"同时指责突厥在马匹互市中，"遂□不依处分，驱马直来，无礼无信"，没有遵循唐的礼仪等，更指责突厥的马匹质量不高，因此不能够总留，"必若留售恶马，亦恐诸蕃笑人"，要求突厥向唐供应优良的马匹。此次购马还算比较公平，学者赵丰认为突厥的马价以关中绢价计，每匹马大约价值 8400 文，如果唐不买突厥的马，就需要自行牧养，或者在西北地区购马。开元天宝时期，西州马价 15 匹练计，大约相当于 6900 文，比突厥马匹便宜五分之一左右，如马匹需要远回内地，则价格更高，因此，唐在这次贸易中并没有太亏，突厥也觉得获利不大，才会"犹有违言"，① 在唐实力强盛之时，唐与突厥的马匹贸易虽有一定的优惠，但还相对公正。

　　从文中来看，自从开元十五年恢复了唐与突厥的绢马互市后，唐与突厥的马匹互市虽然时常存在摩擦，但并没有影响互市的进行，至少到开元二十三年，唐朝还破例购买突厥马一万二千匹，突厥通过各种途径卖往唐朝的马匹数量也相当多。突厥通过马匹贸易所获得的丝绸实际大部分也转运往西方，"每年从中原大量流入突厥的丝织品，可汗和贵族们只会消耗一部分，大部分当转销到西方各国去了"。② 突厥大量卖马的行为并没有持续多久，随着回鹘实力不断增强，天宝四载（745 年），回鹘击杀后突厥白眉可汗，后突厥毗伽可汗妻骨咄禄婆匐可敦率众归唐。此后，突厥大部并入回鹘，突厥退出了历史的舞台。

① 赵丰. 唐代丝绸与丝绸之路 ［M］. 西安：三秦出版社，1992：211.
② 苗任南. 突厥在中西交通史上的地位和作用 ［J］. 湖南师范大学学报，1990（6）.

三、中原王朝与吐蕃及吐谷浑的马匹贸易

吐蕃是古代藏族在我国青藏高原建立的一个少数民族政权，也是西藏历史上第一个有明确史料记载的政权。吐蕃政权共存在二百多年（618 年—842年），赞普共传九代，疆域最大时，"时吐蕃尽收羊同、党项及诸羌之地，东与凉、松、茂、嶲等州相接，南至婆罗门，西又攻陷龟兹、疏勒等四镇，北抵突厥，地方万余里。自汉、魏已来，西戎之盛，未之有也"。[①] 其经济主要以畜牧业为主，农业为辅。吐蕃的马匹品种优良，且数量众多，受到广泛赞扬，"马是吐蕃重要的牲畜，而它的社会地位远远高于牦牛、绵羊"。[②] 在出土的墓葬中也能看出吐蕃的养马业很发达，"从考古出土材料的分析，初步可以确定吐蕃时期动物殉葬墓坑中出土的动物主要是以马为主，……也反映了当时的家畜饲养中以马为贵的畜牧业思路"。[③] 马也是唐与吐蕃贸易的主要产品，"吐蕃各茹的军马都经过严格的挑选，按不同毛色和特点分类，可见当时养马和驯马技术的发达，马匹成为吐蕃与唐互市的主要物品，畜产品皮革、毛类、肉、乳等，除自用外，还与邻邦交换，互通有无"。[④] 吐蕃崛起后成为唐朝的一个重大威胁，"西戎之地，吐蕃是强。蚕食邻国，鹰扬汉疆"。[⑤] 唐与吐蕃之间的交往总是伴随着各种战争，但是这并没有影响双方的贸易，当局势缓解后，双方的各种贸易也能够顺利进行，"唐蕃边界就有马市贸易，《唐蕃会盟碑》上也曾提到马市贸易"，[⑥] 双方的各类马匹贸易也持续了相当长的时间。

吐蕃通过朝贡的形式向唐输入了各种各样的产品，其中就有马匹。

永徽五年（654 年）八月，"吐蕃使人献马百匹及大驴可高五丈，广袤各二十七步"。[⑦]

长安三年，"又遣使献马千匹、金二千两以求婚，则天许之"。[⑧]

---

① ［后晋］刘昫. 旧唐书（第 196 卷）[M]. 北京：中华书局，1975：5224.
② 才让. 吐蕃史稿 [M]. 兰州：甘肃人民出版社，2010：240.
③ 次旺. 从吐蕃墓葬的动物殉葬习俗探吐蕃王朝时期的畜牧业 [J]. 西藏大学学报，2003（1）.
④ 尕藏才旦. 吐蕃文明面面观 [M]. 兰州：甘肃省民族出版社，2001：94.
⑤ ［后晋］刘昫. 旧唐书（第 196 卷）[M]. 北京：中华书局，1975：5267.
⑥ 才让. 吐蕃史稿 [M]. 兰州：甘肃人民出版社，2010：251.
⑦ ［后晋］刘昫. 旧唐书（第 4 卷）[M]. 北京：中华书局，1975：20.
⑧ ［后晋］刘昫. 旧唐书（第 196 卷上）[M]. 北京：中华书局，1975：5226.

永贞元年（805 年）七月，"吐蕃使论悉诺等来朝。永贞元年十月，赞普使论乞缓勃藏来贡，助德宗山陵金银、衣服、牛马等"。①

长庆二年（822），"遣使进马 60 匹，羊 200 只及银器、玉带等"。②

吐蕃向唐朝贡次数非常频繁，特别是文成公主入藏后，双方的关系日渐密切，朝贡活动不断增加。据汉文史料的不完全统计，从唐贞观年间到会昌六年（846 年）吐蕃王朝瓦解，唐蕃互往使臣 191 次，其中蕃使入唐 125 次，每次贡使的往来都为唐提供了一定的马匹。唐对于吐蕃的朝贡也给予相当丰厚的回馈，回馈的物品也主要为丝织品，吐蕃通过朝贡的方式获得的丝织品往往以万匹计③。跟随使团的僧侣以及商人等都熟悉唐与吐蕃的情况，携带大量物产与唐境内居民进行贸易，唐朝政府也予以优待，武则天时期，张鷟在判词中说："鸿胪寺中吐蕃使人素知物情，慕此处缯绵及弓箭等物，请市，未知可否"，唐政府也予以宽大，"听其市取，任以私收，不足损于中国，宜其顺性，勿阻蕃情"④，使团间的往来自然也带动了马匹的交易。

唐与吐蕃的官方互市则是马匹贸易的主要方式。在唐玄宗开元年间，赤德祖赞冬初派遣大臣入唐，要求与唐订立和盟，划界互市："吐蕃又请交马于赤岭，互市于甘松岭。宰相裴光庭曰：'甘松中国阻，不如许赤岭。'乃听以赤岭为界，表以大碑，刻约其上。"⑤ 此后划定地界进行互市，到"永贞元年，来归金币、牛马助崇陵。宪宗初，遣使者修好，且还其俘。其后比年来朝贡。又款陇州塞，丐互市，诏可"。⑥ 唐政府也同意在陇州设市，进行互市，唐与吐蕃的互市，直接推动了唐朝军事力量的提高。

唐与吐蕃之间的马匹贸易密切，以至于当唐与吐蕃发生战争时，唐虽然采取措施对吐蕃进行贸易上的封锁，却在需要牲畜时，委托党项部落进行间接的贸易，"却以增绢十八万匹委党项换取吐蕃耕牛六万余头，分发防军，备屯耕

① ［后晋］刘昫. 旧唐书（第 196 卷下）［M］. 北京：中华书局，1975：5261.
② ［宋］王溥. 唐会要（第 97 卷）［M］. 北京：中华书局，1955：1738.
③ 王沂暖. 西藏王统记［M］. 北京：商务印书馆，1949：113.
④ ［清］董诰. 全唐文（第 172 卷）［M］. 北京：中华书局，1983：1757.
⑤ ［宋］马端临. 文献通考（第 334 卷）［M］. 北京：中华书局，1986：2626.
⑥ ［宋］马端临. 文献通考（第 334 卷）［M］. 北京：中华书局，1986：2627.

之用"。^① 这也说明吐蕃的畜牧业经济与唐的农耕经济之间的互补性非常强，双方之间的经济联系和贸易有其客观的必要性，不受到外部环境的影响和制约。

会昌二年（842 年）后，吐蕃发生内乱，开始陷于分裂，"赞普统治下统一的吐蕃国，自达磨赞普被杀，国土分裂后，出现四个政权，一个在今后藏的阿里，即阿里王系；一个在后藏，即亚泽王系；一个在前藏，即拉萨王系；一个在山南，即亚陇觉阿王系"。^② 到五代时期，吐蕃的力量已经衰弱，分裂的情况更加严重，"各有首领，内属者谓之熟户，余谓之生户"。^③ 各个部族也是"常自通于中国"^④。因此，五代时期，吐蕃与中原王朝的马匹贸易规模也更零散，五代中原各政权实力相对削弱，无力深入藏区，多利用甘肃与吐蕃发展双边关系，与河西吐蕃的交往比较多。吐蕃与后唐的马匹贸易相对密切，吐蕃的朝贡次数、规模不如唐代，五代时期的中原王朝的回馈也比唐代少："长兴四年（933）十一月，明宗赐吐蕃朝贡使以金帛及每人虎皮一张。"^⑤ 赏赐的物品以金、帛、锦衣等为主。五代时期与吐蕃的互市，则更加宽松，官方色彩日渐淡化，民间色彩日渐浓厚："长兴元年，入朝，见于中兴殿。明宗问秦州边事，对曰：'秦州与吐蕃接境，蕃部多违法度。臣设法招怀，沿边置寨四十余所，控其要害。每蕃人互市、饮食之界上，令纳器械。'因手指画秦州山川要害控扼处。"^⑥ 此时与吐蕃的互市，地方官员开始有相当大的自主权，中原王朝在互市中的地位也相对优越。

吐谷浑原本属于辽东鲜卑的一支，在魏晋南北朝时期的鲜卑族分合迁徙中逐渐形成，后定居于青海地区，"位于甘松山之南，洮水之西，南面到白兰，地域达几千里"^⑦，势力不断扩大，成为隋唐时期一支较为强大的少数民族政权。吐谷浑所居之地主要为青藏高原，乏草木，少水潦，多不毛之地，经济以

① ［宋］司马光. 资治通鉴（第 232 卷）［M］. 北京：中华书局，2007：2874.
② 范文澜. 中国通史简编［M］. 北京：商务印书馆，2010：477—478.
③ ［元］马端临. 文献通考（第 334 卷）［M］. 北京：中华书局，1986：4111.
④ ［宋］薛居正. 旧五代史（第 138 卷）［M］. 北京：中华书局，1976：509.
⑤ ［宋］王溥. 五代会要（第 30 卷）［M］. 上海：上海古籍出版社，1978：468.
⑥ ［宋］王钦若. 册府元龟（第 429 卷）［M］. 北京：中华书局，1960：5113.
⑦ ［后晋］刘昫. 旧唐书（第 198 卷）［M］. 北京：中华书局，1975：5297.

畜牧业为主，养马业占有重要地位，"吐谷浑游牧经济中养马业最为发达，而且产善马，这是吐谷浑经济的特点之一"。① 吐谷浑人也非常擅长养马，养出了许多名马，如龙种、青海骢等，所产的马匹大量输往内地。史书也多次记载吐谷浑曾将训练有素的舞马向中原王朝进贡，《宋书·鲜卑吐谷浑传》载："世祖大明五年（拾寅十年，公元 461 年），拾寅遣使献善舞马，四角羊，皇太子王公以下，上舞马歌者二十七首。"② 到唐代时，吐谷浑虽然时有贡马，但是太宗以后吐谷浑日渐衰弱，龙朔三年为吐蕃所灭，成为吐蕃的一个属国，因此朝贡次数不多，贡马数量非常有限，唐从吐谷浑获得的马匹主要来自于战争的掠夺，贸易则相对有限。周伟洲、杨铭两位先生所写的《关于敦煌藏文写本〈吐谷浑（阿柴）纪年〉残卷的研究》一文中记载了公元 710 年唐金城公主由青海吐谷浑地入藏的史实，金城公主一行受到附属于吐蕃的吐谷浑可汗等的盛大欢迎，还互相赠送礼物。"由于公主妃生了一位小王子，可汗举行了圣寿大典，颁赐礼品。之后，大量礼品接踵而来，有布百匹，百只骆驼及饲者，百匹马及饲者。"③ 可见这一时期吐谷浑仍然有大量马匹，并常作为礼物赠送与周边政权。

官方的互市也深受战争的困扰，"武德八年正月。吐谷浑突厥各请互市。诏皆许之"，④ 互市约定在边境交界之地承风戍，但是在承风戍互市第二年，公元 626 年，吐谷浑就侵扰岷州和河州，此后唐与吐谷浑就时常发生战争，唐军多次深入吐谷浑作战，互市受到了很大的影响。

吐谷浑被灭国后，部分族人内迁进入唐境，部分则留下，"晚唐五代宋初时期，吐谷浑人的聚落分布遍及归义军管内诸州，西起伊州、楼兰，东至凉州，都有吐谷浑人的踪迹"，⑤ 到五代时期，仍然有活动，其内迁后仍然大量从事畜牧业活动，吐蕃、归义军等政权都雇佣其进行放牧活动，P.3774《丑年（821 年）十二月沙州僧龙藏牒》载："齐周出自牧子，放经十年。后群牧

① 周伟洲. 吐谷浑史 [M]. 桂林：广西师范大学出版社. 2006：109.
② [梁] 沈约. 宋书（第 96 卷）[M]. 上海：汉语大字典出版社，2004：2015.
③ 周伟洲，杨铭. 关于敦煌藏文写本《吐谷浑（阿柴）纪年》残卷的研究 [J]. 中亚学刊，1987（3）：97.
④ [宋] 王溥. 唐会要（第 94 卷）[M]. 北京：中华书局，1955：1699.
⑤ 冯培红. 从敦煌文献看归义军时代的吐谷浑人 [J]. 兰州大学学报（社会科学版），2004（1）.

成，始雇吐浑牧放。至丑年羊满三百，小牛驴共卅。"① 各部落仍然养有大量马匹。后唐时期就有贡马活动，"辛巳，吐浑、奚各遣使贡马"②，明宗"二月吐浑都督李绍鲁等进马一百二十匹"，"十一月吐浑念九等共进马五十三疋"③，吐谷浑在很多文献中也称为"吐浑""退浑"等，④ 闵帝应顺"二年正月生吐浑首领姚胡入朝献马"。虽然时有贡马，但是贡马的数量与吐浑的畜牧业水平并不匹配，吐谷浑的马匹很大程度是在边境地区进行贸易，五代时期与吐谷浑的官方马匹贸易极为少见，而且贸易的规模更加零散，多数以民间贸易的形式进行。

第三节　中原与契丹、奚、党项的马匹贸易

契丹是鲜卑族宇文别部的一支，东晋时受慕容部攻掠，后来分契丹、奚两部分，其活动的范围大致在潢河之西，土河以北，"地直京师东北五千里而赢，东距高丽，西奚，南营州，北靺鞨、室韦，阻冷陉山以自固"⑤，逐水草而居，多产良马，与中原地区经济往来非常密切。魏太武帝太平真君以来，多次进贡马匹，隋朝时还建立互市贸易，到唐代时期，契丹与奚成为东北方向重要的马匹来源之一。

一、中原王朝与契丹及奚的马匹贸易

从唐武德年间契丹向唐政权朝贡以后，契丹与奚的朝贡就非常频密："武德中，其大酋孙敖曹与靺鞨长突地稽俱遣人来朝，而君长或小入寇边。后二年，君长乃遣使者上名马丰貂。"⑥ 契丹最早在武德六年进行朝贡："武德初，

① 唐耕耦，陆宏基. 敦煌社会经济文献真迹释录（第 2 辑）[M]. 北京：书目文献出版社，1986：283.
② [宋] 薛居正. 旧五代史（第 34 卷）[M]. 北京：中华书局，1976：124.
③ [宋] 王钦若. 册府元龟（第 972 卷）[M]. 北京：中华书局，1960：11422.
④ 陈国灿. 吐鲁番敦煌出土文献史事论集[M]. 上海：上海古籍出版社，2012：495.
⑤ [宋] 宋祁，欧阳修. 新唐书（第 219 卷）[M]. 北京：中华书局，1975：6167.
⑥ [宋] 宋祁，欧阳修. 新唐书（第 219 卷）[M]. 北京：中华书局，1975：6168.

数抄边境。二年，入寇平州。六年，其君长咄罗遣使贡名马丰貂。"① 而奚则在贞观三年首次朝贡。此后的二百多年，契丹与奚都多次入贡，根据不完全的统计，契丹与奚入贡的次数多则一朝十余次，少则数次，有时甚至一年多次朝贡，"终帝世，凡八朝献，至德、大历间十二"，"德宗时，两朝献"，"大抵宪宗世四朝献"，② 朝贡的物品主要是马等特产，唐的回馈也主要是绢帛。契丹贡马最多的一次有十二匹，开元十八年"五月戊申契丹遣使献马十二疋，"③ 当然很可能会远超过此数。因为唐前期，有时给予契丹、奚的绢绵数量非常庞大，开元十二年"三月癸酉遣使赏绢绵八万段分赐奚及契丹"，④ 这样庞大的数量，显然不是单纯为了公主出嫁而进行的赏赐。一般而言，契丹、奚要迎娶公主，必须有相应的聘礼，如果聘礼太薄，唐有可能拒绝这一婚事。在太宗处理与薛延陀和亲一事时，就是如此："时帝诏有司受所献，延陀无府库，调敛于下，不亟集，又度碛，水草乏，马羊多死，纳贡后期，帝亦止行。"⑤ 薛延陀因无力及时筹集相应的聘礼，导致了退婚一事，因此契丹与奚应该会有相应数量的聘礼以迎娶公主，这些聘礼中自然包含了大量的马匹，和亲实质上成为一种变相的物物交换。通过朝贡这一形式的贸易额度实质也不会很小，有史料记载的唐的赏赐就在数十万匹绢，朝贡贸易额离此数也应该不远。

唐代与契丹、奚的互市主要在边境地区，如营州、幽州、易州等地进行，少数时期在京师长安进行。互市最频密的时期是开元、天宝年间，这也与玄宗时期与契丹往来密切有一定关系。开元时期，张说曾治理幽州，"命圉人市骏于两蕃，使颁质马之政"，⑥ 互市长期、持续地进行使得边境地区的经济得到明显的提高，"自开复营州，二十年内，部落不耸，安农互商，金帛山积，我国家之于惠贷亦深矣"⑦。平卢衙前兵马使杨燕奇，"世掌诸蕃互市，恩信著

---

① [后晋] 刘昫. 旧唐书 (第199卷下) [M]. 北京：中华书局，1975：5350.
② [宋] 宋祁，欧阳修. 新唐书 (第219卷) [M]. 北京：中华书局，1975：6175.
③ [宋] 王钦若. 册府元龟 (第975卷) [M]. 北京：中华书局，1960：11452.
④ [宋] 王钦若. 册府元龟 (第975卷) [M]. 北京：中华书局，1960：11449.
⑤ [宋] 宋祁，欧阳修. 新唐书 (第217卷下) [M]. 北京：中华书局，1975：6137.
⑥ [清] 董诰. 全唐文 (第312卷) [M]. 北京：中华书局，1983：3173.
⑦ [清] 董诰. 全唐文 (第352卷) [M]. 北京：中华书局，1983：3569.

明，夷人慕之"①，安禄山等人也曾因熟悉蕃语而担任过互市郎这一职位，这也说明唐代在一地区的互市延续的时间非常长。一直到晚唐时期，这一地区的互市贸易仍然非常活跃，"自至德之后，藩臣多擅封壤，朝廷优容之，彼务自完，不生边事，故二蕃亦少为寇。其每岁朝贺，常各遣数百人至幽州，则选其酋渠三五十人赴阙，引见于麟德殿，锡以金帛遣还，余皆驻而馆之，率为常也"②。晚唐时期，河北藩镇实力强大，为对抗中央朝廷，保持自立，自然积极地与周边民族进行马匹的贸易。如大历中，割据河南道淄、青等15州的李正己货市渤海名马，岁岁不绝③。而与河北藩镇更近，实力更强大的契丹则可以想象，卖马的数量也不会少，因此王安石形容河北说："河北旧为武人割据，内抗朝廷，外敌四邻，亦有御奚、契丹者，兵储不外求而足。"④ 事实也确实如此，河北藩镇通过马匹贸易获得了大量的战马，一些藩镇还大量向朝廷提供马匹，长庆二年，"裴度以檄谯谕，克融乃还，因进检校工部尚书，表献马万匹、羊十万，请直赏军"。⑤ 幽州卢龙节度使朱克融献马万匹。这么庞大的马匹数量，相当一部分就来自于与周边契丹和奚的贸易。

到五代时期，中原地区与契丹和奚的马匹贸易规模明显扩大，不管是朝贡还是互市，马匹的数量都比唐代要多，这也与契丹实力增强有密切关系。耶律阿保机于公元907年即皇帝位后，为了进一步统一北方少数民族，即位五年后，"亲征西部奚。奚阻险，叛服不常，数招谕弗听。是役所向辄下，遂分兵讨东部奚，亦平之。于是尽有奚、霫之地"⑥，这样契丹成为河北一带主要的马匹贸易对象。

这一时期契丹和奚的马匹朝贡，据史料记载基本都远多于唐代，马匹的朝贡中最多的一次，达到400匹，"闵帝应顺元年正月契丹遣都督没辣来朝献马四百、陀十、羊二千"，⑦ 契丹在五代时的朝贡活动中，马匹仍然占据相当重

---

① ［唐］韩愈. 韩昌黎集（第24卷）［M］. 上海：世界书局，1935：334.
② ［宋］王溥. 唐会要（第96卷）［M］. 北京：中华书局，1986：1720.
③ ［后晋］刘昫. 旧唐书（第124卷）［M］. 北京：中华书局，1975：3535.
④ ［元］脱脱. 宋史（第192卷）［M］. 北京：中华书局，1977：4773.
⑤ ［宋］宋祁，欧阳修. 新唐书（第212卷）［M］. 北京：中华书局，1975：5977.
⑥ ［元］脱脱. 辽史（第1卷）［M］. 北京：中华书局，1974：4.
⑦ ［宋］王钦若. 册府元龟（第972卷）［M］. 北京：中华书局，1960：11423.

要的地位，多数朝贡活动都要进献马匹，这也显示契丹的畜牧业经济达到了一个相当高的水平。《册府元龟》卷972记载了大量关于契丹朝贡马匹的情况。①仅文献中记载的马匹朝贡总数就达到1001匹以上。

朝贡所提供的马匹数量和次数多于唐代，但是五代时期，中原王朝的回赐则远少于唐代，唐代动辄万绢的情况，在这一时期基本没有出现。回赐较多的一次，"（天成二年）十二月，宣飞胜指挥使安念德，使于契丹，赐契丹主锦绫罗三百五十疋，金花银器五百两，宝装酒器一副，其母绣被一张，宝装缨络一副"。② 这样的回赐数量也表明五代时期的中原王朝实力明显削弱，所能够支付的绢帛也非常有限，朝贡贸易在五代时期的地位受到严重削弱。

五代时期中原王朝与契丹的马匹互市非常活跃，这种互市在晚唐藩镇的基础上得到了延续，"明宗天成二年八月，新州奏得契丹书，乞置互市，翼日付中书宣示百官"，"愍帝应顺元年正月，云州张温言，契丹在州境互市，闰正月，云州上言，契丹至州界市易"③。除了官方有规章的马匹贸易以外，一些临时性的马匹贸易时有发生，以应付军事上的需要，梁初阿保机扰云州，晋王李克用为了与阿保机结盟，以共同对付梁，向阿保机付金缯数万，而阿保机也留马三千匹，杂畜万计以酬之"。④ 这一结盟实际上也是一次实物的交易过程。另外，北汉政权因为邻近契丹，与契丹维持了良好的关系，双方的马匹贸易也比较活跃，"守光之死，以孽子得不杀，削发为浮图，后居五台山，为人多智，善商财利，自旻世颇以赖之。……，五台当契丹界上，继颙常得其马以献，号添都马，岁率数百匹"，⑤ 北汉政权与契丹的马匹买卖每年都有数百匹。唐代对于互市的控制还相对严格，到晚唐五代时期就相对有所松弛，晚唐五代时互市的目的性非常明确，就是买马以增强军事能力，为此，五代时期，中原王朝废除了一些限制性贸易措施，如废除"不得与蕃人处市易宝货"⑥ 的规定等。

---

① ［宋］王钦若. 册府元龟（第972卷）［M］. 北京：中华书局，1960：11420—11423.
② ［宋］王钦若. 册府元龟（第976卷）［M］. 北京：中华书局，1960：11468.
③ ［宋］王钦若. 册府元龟（第999卷）［M］. 北京：中华书局，1960：11728.
④ ［宋］司马光. 资治通鉴（第266卷）［M］. 卷266，北京：中华书局，2007：3311.
⑤ ［宋］欧阳修. 新五代史（第七十卷）［M］. 北京：中华书局，1974：866.
⑥ ［宋］王钦若. 册府元龟（第999卷）［M］. 北京：中华书局，1960：1172811563.

一些地方官员也常与契丹进行贸易，后周太祖广顺二年（952 年）九月，"定州进获契丹马六千一百匹"，① 定州政府向中央进献的马匹主要是交易所得，这些邻近契丹的州府利用地域条件购买马匹在当时非常普遍，买马的数量也很多。此外山东地区的一些藩镇和南方诸国也曾经以海路与契丹等进行贸易，东北诸族走海路向山东等地进行马匹贸易远比陆路更便捷，特别是青州、登州等地区，这些地区拥有的马匹数量很多。"后唐庄宗同光三年八月，青州市到黑水蕃马三十匹"，"长兴二年五月青州奏：黑水瓦儿部至登州卖马"，② 黑水瓦儿部就属于契丹，这些游牧民族通过海路向中原贩卖马匹，不仅贩到山东，甚至南方诸国也以海上贸易的形式，与契丹进行过大规模的羊马贸易。"烈祖昇元二年，契丹主耶律德光，及其弟东丹王，各遣使以羊马入贡，别持羊三万口，马二百匹来鬻，以其价市罗纨差药，烈祖从之。"③ 南方诸国与契丹进行马匹贸易并不多，这与其距离仍然较远有一定关系，契丹主要的卖马对象仍然是北方的政权和藩镇等。

二、中原王朝与党项的马匹贸易

党项是我国西北地区的一个少数民族，隋末唐初，羌族中的党项族开始强盛，活动范围非常广阔，"东至松州（今四川松潘县），西接叶护，南界春桑，北邻吐浑，有地三千余里"，分为很多个部落，"大者万余骑，小者数千骑，不相统一"，处于游牧社会向定居社会过渡中，畜牧业经济发达，其中养马业特别优越。唐曾赐党项诏曰："自尔祖归款国家，……牛马蕃孳，种落殷盛。"④ "党项马"闻名于世，元稹诗曰"北买党项马，西擒吐蕃鹦"。党项原属吐谷浑所领的诸羌之一，随着吐谷浑逐渐衰弱，党项人逐渐内迁。隋唐之时党项大量迁入内地，特别是唐代吐蕃崛起后，内迁的规模明显增大，经历较长时间的迁移后，分布范围非常广，其族人主要聚居在甘肃东部、陕西北部一带，包括灵州、庆州、夏州、银州、绥州、延州、胜州等诸州。这些区域水草

---

① ［宋］王钦若. 册府元龟（第 169 卷）［M］. 北京：中华书局，1960：2043.
② ［宋］王钦若. 册府元龟（第 999 卷）［M］. 北京：中华书局，1960：11728.
③ ［宋］陆游. 陆游全集校注（第 12 册），南唐书（第 18 卷）［M］. 杭州：浙江教育出版社，2011：415.
④ ［唐］李德裕. 李卫公会昌一品集（第 6 卷）［M］. 上海：商务印书馆，1936：43.

丰美，历来是重要的养马之地，"内迁党项所居之地大部分也是水草丰美、宜于畜牧的地区，如银、灵、夏、绥等州，中唐时成为唐朝马匹的主要供给地"。① 到五代时期，党项仍然在西北地区非常活跃，"部有大姓而无君长，不相统一，散处那宁、鄜延、灵武、河西、东至麟、府之间"。② 在经济上以畜牧业为主导，"惟产羊马，贸易百货，悉仰中国"，其畜牧业经济的发展比唐代时更高，"盛产羊、马、牛、骆驼，但比之唐末又有了很大的发展"，③ 党项高度发达的畜牧业为其与内地中原王朝的马匹贸易提供了良好的基础。

唐代与党项的关系相对密切，自从吐谷浑被打败以后，党项摆脱原有的被吐谷浑役属的地位而归附唐王朝，"唐分设懿、嵯、麟、可等三十二个羁縻州"，④ 以原有的部族首领刺史、都督等以管理部落。党项为了寻求唐的支持也多次进行朝贡，朝贡的物品中，以马匹等畜牧业产品为主。

唐代党项的马匹质量受到广泛的好评，大量好马都朝贡往中原王朝。武德元年，"十一月吐谷浑党项并遣使朝贡"，⑤ 此后偶有朝贡。诗人白居易在形容党项的朝贡贸易时，写道："城盐州，城盐州，城在五原原上头。……鄜州驿路好马来，长安药肆黄蓍贱。"这首诗正是党项朝贡贸易的生动写照，可见当时党项也时常向唐贡献马匹，只是数量远不如回纥等民族多，影响还相对有限。党项在朝贡马匹的过程中，也获益良多。唐通过马匹朝贡获得了边境的安宁，"诸边急警劳成人，唯此一道无烟尘"，而党项则获得唐政权的庇护，逐渐在西北地区站稳脚跟，并在五代时期兴起。

到五代时期，党项实力增强，朝贡活动明显增加，"同光二年，十二月党项薄备香来贡良马其妻韩氏进骢马"，"庄宗同光三年正月，河西郡部折骄儿贡施马"，"明宗天成四年九月，党项折文通进马……党项首领来有行进马四十疋"，⑥ "明宗长兴四年十月，夏州李彝超进马五十匹"⑦。当然这也与五代

① 周伟洲. 唐代党项 [M]. 西安：三秦出版社，1988：61.
② [宋] 欧阳修. 新五代史（第74卷）[M]. 北京：中华书局，1974：912.
③ 周伟洲. 唐代党项 [M]. 西安：三秦出版社，1988：98.
④ 吴天墀. 西夏史稿 [M]. 成都：四川人民出版社，1983：4.
⑤ [宋] 王钦若. 册府元龟（第970卷）[M]. 北京：中华书局，1960：11396.
⑥ [宋] 王钦若. 册府元龟（第972卷）[M]. 北京：中华书局，1960：11422.
⑦ [宋] 王钦若. 册府元龟（第169卷）[M]. 北京：中华书局，1960：2037.

时期中原王朝有意识地吸引党项进行朝贡贸易有关。"（开成四年）九月丙戌，帝御中兴殿，蕃部进马，安重诲奏曰：吐浑、党项，近日相次进马，皆给还马直，对见之时别赐锦采，计其所费，不啻倍价，渐成损耗，不如止绝。帝曰：尝苦马不足，差纲远市，今蕃官自来，何费之有，外蕃锡赐，中国常道。诚知损费，理不可止。自是蕃部羊马不绝于路。"① 显然，后唐庄宗是出于购买更多马匹的考虑，而愿意以一定的损失来换取马匹的朝贡，自此马匹的朝贡日益频繁，在长兴四年，政府对于马匹朝贡贸易做了一定的调整，"或有蕃部卖马，可择其良壮给券，具数以闻"，② 此后，"史籍所载党项贡马大为减少"。③ 虽然党项频繁献马，但是史籍中记载献马的数量与党项的养马业规模并不匹配。五代时期，后唐明宗天成三年，朔方、河西节度使康福在方渠一带打败党项的野利、大虫两族，"十二月丁酉，灵武康福奏："破野利、大虫两族三百余帐于方渠，获牛羊三万"。④ 可见，这一时期党项的畜牧业规模仍然相当大，朝贡并不是唐五代时期中原王朝与党项的主要马匹贸易形式，更多马匹是以民间贸易和互市的形式进入内地。

唐代与党项的马匹互市虽然史料明文记载较少，但是仍然可以发现唐代与党项进行马匹贸易的痕迹。贞元三年十一月"壬申，禁商人不得以牛、马、兵械市于党项"。⑤ 从这一禁令来看，在中唐以前党项的马匹贸易就已经非常活跃，引起朝廷的重视，大中以后，党项"数寇掠，然器械钝苦，畏唐兵精，则以善马购铠，善羊贸弓矢"，⑥ 可见党项为了自身的发展确实愿意以马匹等产品进行贸易，特别是在边境购买军事物资。元稹在其《估客乐》一诗中就曾说："求珠驾沧海，采珠上荆衡；北买党项马，西擒吐蕃鹦。"⑦ 可见党项马在元稹所处的这一时期非常著名，贸易量也很大。"当时一般商人到北边贸易多是买党项的马匹"，⑧ 唐与党项的马匹贸易规模可见一斑。长庆初，崔从领鄜

① ［宋］王钦若. 册府元龟（第170卷）［M］. 北京：中华书局，1960：2057.
② ［宋］王溥. 五代会要（第12卷）［M］. 上海：上海古籍出版社，1978：208.
③ 周伟洲. 唐代党项［M］. 西安：三秦出版社，1988：102.
④ ［宋］薛居正. 旧五代史（第41卷）［M］. 北京：中华书局，1976：149.
⑤ ［后晋］刘昫. 旧唐书（第12卷）［M］. 北京：中华书局，1975：358.
⑥ ［宋］宋祁，欧阳修. 新唐书（第221卷上）［M］. 北京：中华书局，1975：6217.
⑦ ［唐］元稹. 元氏长庆集（第23卷）［M］. 上海：上海古籍出版社，1994：124.
⑧ 周伟洲. 唐代党项［M］. 西安：三秦出版社，1988：61.

坊节度，"党项互市羊马，类先遗帅守，从独不取，而厚慰待之，羌不敢盗境"，① 可见当时的马匹贸易已经常态化，以牛、马、兵械市于党项的禁令并没有再得到执行。"宣宗擢（康承训）为天德军防御使，军中马乏，虏来战，数负。承训罢冗费，市马益军，军乃奋张"，② 文中的"天德军"，其驻守地区就在河套地区一带，其买马的对象很有可能就是党项等民族。为了提高军事能力，军队积极地进行购马，中晚唐时期与党项的马匹贸易并没有受到限制。元和十一年正月，为了讨伐吴元济，命中使以绢万匹市马于河曲。③ 有学者认为，这一次的市马所买的马为回纥马，认为恰好在这一月"回纥使献橐驼及马，以内库缯绢六万匹偿回纥马直"，④ 据此认为，唐从内库付给回纥绢，是为了买马，实则可能并不是这样。《新唐书》卷五十载"市马河曲"，在唐代鄂尔多斯高原地区被称为河曲，包含今天的陕西榆林、内蒙古鄂尔多斯和宁夏回族自治区的一部分。贞观年间东突厥等民族大量迁入河曲地区，"679 年，于此置六'胡州'，谓之'河曲六胡州'"。⑤ 贞观十三年至十七年间，突厥诸部曾短期迁往漠南草原；继而重新返回"河曲"旧牧地。⑥ 这一地区此后聚集了大量少数民族，如突厥、党项、粟特吐谷浑等，"当各民族部落大量涌入这个地域后，和平生活若干岁月，其部落人口和所放牧的畜群数量会快速增长，尤其是马、驼、牛、羊等牲畜数量激增"。⑦ 以这一地区的畜牧业发展水平，很难想象，唐会在这一地区与回鹘交易，由于这一地区聚集的少数民族以党项最多，"党项居民最终成为'河曲'地域人口的主体"，⑧ 所以更有可能是直接在这一地区购买党项等民族的马匹。

　　特别是各地藩镇为了自身实力，也积极进行市马，朝廷也无力对于马匹贸

---

① ［宋］宋祁，欧阳修. 新唐书（第 114 卷）［M］. 北京：中华书局，1975：4197.
② ［宋］宋祁，欧阳修. 新唐书（第 148 卷）［M］. 北京：中华书局，1975：4774.
③ ［宋］宋祁，欧阳修. 新唐书（第 50 卷）［M］. 北京：中华书局，1975：1339.
④ ［宋］王溥. 唐会要（第 72 卷）［M］. 北京：中华书局，1955：1304.
⑤ 马长寿. 突厥人和突厥汗国［M］. 桂林：广西师范大学出版社，2006：60.
⑥ 艾冲. 论唐代前期"河曲"地域各民族人口的数量与分布［J］. 民族研究，2003（2）.
⑦ 艾冲. 唐代"河曲"地域农牧经济活动影响环境的力度及原因探析［J］. 陕西师范大学学报（哲学社会科学版），2006（1）.
⑧ 艾冲. 唐代"河曲"地域农牧经济活动影响环境的力度及原因探析［J］. 陕西师范大学学报（哲学社会科学版），2006（1）.

易进行限制。"至大和、开成之际，其藩镇统领无绪，恣其贪婪，不顾危亡，或强市其羊马，不酬其直，以是部落苦之，遂相率为盗，灵、盐之路小梗。"① 各地藩镇的这种做法，自然使得马匹贸易受到影响，但是也使得自身的马匹数量得到明显的提高。据《旧唐书·地理志》统计，安西、北庭、河西、朔方、河东、范阳、平卢、陇右、剑南九个节度使拥有的战马数量高达 135550 匹，这么庞大的马匹数量成为各藩镇节度使割据的军事基础之一。另外，在与党项的马匹贸易中，还出现了以官爵易马的情况。开元二年，由于官营监牧系统中马匹数量有限，唐玄宗命姜晦以"空名告身三百道"，于"六胡洲"换取党项等族的马匹，"太常少卿姜晦乃请以空名告身市马于六胡州，率三十匹雠一游击将军"。② 而唐代六胡州就聚居了大量的党项人。总体而言，唐政府对于党项除了禁止兵器等方面的贸易以外，对商业贸易基本持开放的态度。

到五代时期时，党项仍然需要进行贸易来获取各类生活用品，"惟产羊马，贸易百货，悉仰中国"，③ 党项在五代时期仍然大量卖马以换取各类生活用品，后唐明宗时期"诏沿边置场市马，诸夷皆入市中国，而回鹘、党项马最多。明宗招怀远人，马来无驽壮皆售，……唐大臣皆患之，数以为言。乃诏吏就边场售马给直，止其来朝，而党项利其所得，来不可止"。④ 后唐长兴四年后，马匹朝贡贸易受到一定的限制，但是互市仍然非常活跃，"沿边党项与边镇人民的互市贸易仍然是十分频繁的"。⑤ 不仅中央政府在开展马匹的贸易，地方官员也利用有利条件开展马匹贸易，以提升实力。"党项拓跋彦昭者，州界部族之大者，晖至来谒，……河西羊马，由是易为交市。晖期年得马五千匹，而蕃部归心，朝议患之。"⑥ 冯晖在镇守灵武地区时，积极进行马匹贸易，很快就获得了大量的马匹。党项甚至为了垄断向中原卖马的地位，还利用其地理优势，时常劫掠回鹘等商队，抢夺大量马匹："而党项利其所得，来不可止。其在灵、庆之间者，数犯边为盗。自河西回鹘朝贡中国，道其部落，辄邀

① ［后晋］刘昫 . 旧唐书（第 198 卷）［M］. 北京：中华书局，1975：5293.
② ［宋］宋祁，欧阳修 . 新唐书（第 50 卷）［M］. 北京：中华书局，1975：1338.
③ ［宋］司马光 . 资治通鉴（第 292 卷）［M］. 北京：中华书局，2007：2574.
④ ［宋］欧阳修 . 新五代史（第 74 卷）［M］. 北京：中华书局，1974：912.
⑤ 周伟洲 . 唐代党项［M］. 西安：三秦出版社，1988：103.
⑥ ［宋］薛居正 . 旧五代史（第 125 卷）［M］. 北京：中华书局，1976：1645.

劫之，执其使者，卖之他族，以易牛马。"① 这也表明马匹的贸易成为党项的经济结构中非常重要的一部分，对于党项而言利润非常丰厚，迫切需要用马匹等畜牧业产品交换其他用品。同时，马匹贸易也使得五代时期中原王朝拥有了庞大的马匹数量，后唐明宗对于国内马匹数量之充足，曾经有所感叹，"明宗问延光马数几何，对曰：'骑军三万五千。'明宗抚髀叹曰：'吾兵间四十年，自太祖在太原时，马数不过七千，庄宗取河北，与梁家战河上，马才万匹。今有马三万五千而不能一天下，吾老矣，马多奈何！'"② 虽然三万五千匹马对于唐代的马匹数量仍然显得少，但是对于五代时期，则实属难得。五代时期党项的马匹等畜牧业产品不断商品化，而马匹等商品化又刺激了养马业的发展，为马匹贸易提供了良好的基础。

第四节　中原王朝与西域多国及私人的马匹贸易

西域地区有着众多的少数民族政权，西汉时期有三十六国，逐渐发展为五十六国，唐初为西突厥势力范围，各国都受到西突厥的奴役。不久唐打败东突厥，并采用讨伐与招抚并用的方法，先后打败高昌，归服伊吾，平定焉耆，招服于阗等国。唐统一西域后，在东部设立伊、西、庭等三州，西部则采用羁縻州的形式进行管理。这一地区地域广阔，草场面积大，畜牧业资源非常丰富，多产马、牛、羊等牲畜产品，输入内地的尤以马匹最多。长期以来，这里一直是中原地区的马匹供应地之一，供应了非常多优良的马匹，其中最著名的莫过于大宛马和乌孙马。《史记·大宛列传》称："大宛多善马，马汗血，其先天马子也。"据说此马"蹋石汗血，汁从前肩膊出如血，号一日千里"③。乌孙马则是乌孙人培育的优良马种，这种马毛色润泽，骨骼高大，经久耐用。此外，这一地区的高昌马、龟兹马、焉耆马、疏勒马、于阗马等都受到广泛的认同。沿着丝绸之路，大量中亚的马匹也流入中原，"中国感兴趣不仅在于来自西方

---

① ［宋］欧阳修. 新五代史（第 74 卷）［M］. 北京：中华书局，1974：912.
② ［宋］欧阳修. 新五代史（第 51 卷）［M］. 北京：中华书局，1974：577.
③ ［汉］司马迁. 史记（第 123 卷）［M］. 北京：中华书局，2013：3808.

的彩色玻璃和其他'异国情调'的产品，而且在于来自中亚充足的马匹供应（这里定居着大量的养马部落）"。①

一、中原王朝与西域多国的马匹贸易

唐代在将西域诸国纳入版图以后，以其强大的军事力量和友善的民族政策，获得了西域诸国的认同。随着唐代大一统政权的逐渐建立，西域诸国也积极前往长安朝贡，史载"万国来朝""职贡不绝"，大量的贡使通过丝绸之路前往长安。据《册府元龟》记载，焉耆、龟兹、疏勒、于阗、康国、安国、曹国、史国、何国、石国、米国、吐火罗、突骑施、拔汗那等西域诸国都曾前往长安朝贡。武德到贞观（618年—649年）年间的朝贡次数有72次之多。永徽到先天（650年—712年）年的朝贡次数有30次，而次数最多是的开元—天宝（713年—755年）年间，朝贡次数达到了115次之多。朝贡活动不仅频繁，而且使团规模大，朝贡物品特别多。有些朝贡活动一次就有千人之多，如贞观四年，高昌王麴文泰来朝，受其影响，西域诸国家也都派人前往，"甲寅，高昌王麴文泰入朝。西域诸国咸欲因文泰使入贡"，"今借使十国入贡，其徒旅不减千人"，② 可见当时贡使的规模。于阗国王也曾经较大规模地前往长安朝贡，"上元初，身率子弟酋领七十人来朝"。③ 由于西域诸国大多都比较小，且远离长安，这么国家时常结队而行，一起朝贡，"天宝三载七月大食国、康国、史国、西曹国、米国并遣使献马及宝"。④ 也正是由于数国一起朝贡，西域诸国向唐朝贡马匹的数量多且优良。

《唐会要》卷七十二载："康国马……是大宛马种，形容极大。武德中，康国献四千匹，今时官马，犹是其种。"⑤ 四千匹的数量对于康国而言，已算庞大。也正是这数千匹优良的马为唐代官营监牧系统注入了新鲜的血液，也带来牧马业的兴盛。西域诸国不仅贡马数量多，而且次数频繁，马匹质量优越。

---

① Werblowsky R. J. Z. "Contacts of Continents：the Silk Road"［J］. *Diogenes*，1988，36（144）：52—64.

② ［宋］司马光. 资治通鉴（第193卷）［M］. 北京：中华书局，2007：2343.

③ ［元］马端临. 文献通考（第337卷）［M］. 北京：中华书局，1986：2643.

④ ［宋］王钦若. 册府元龟（第971卷）［M］. 北京：中华书局，1960：11411.

⑤ ［宋］王浦. 唐会要（第72卷）［M］. 北京：中华书局，1955：1306.

"贞观二十一年八月十七日，骨利干遣使朝贡，献良马百匹，其中十匹尤骏。太宗奇之，各为制名，号曰十骥。其一曰腾云白。二曰皎雪骢。三曰凝露白。四曰元光骢。五曰决波騟。六曰飞霞骠。七曰发电赤。八曰流金马瓜。九曰翔麟紫。十曰奔虹赤。"① 这也显示马匹质量得到了太宗的高度肯定。史料有明文记载的贡马活动，仅康国就有五次，册府元龟载"四月康国王乌勒遣使献侏儒一人、马狗各二""四月新罗七月大食国康国……遣使献马及宝""康国王咄曷遣大首领未野门献马十匹及方物"，② 坚昆国、吐火罗国、拨那汗国、石国、骨咄国等都献马四次以上。可见这一时期西域诸国通过朝贡的形式向唐提供了很多优良的马匹。

唐为了羁縻西域诸国，在朝贡活动中，对西域诸国也非常优待，经常以"计价酬答，务从优厚"的方式对于朝贡活动予以回馈。高宗时期"七月于阗国王伏阇信来朝，拜右卫大将军。又授其子叶护玷为右骁卫将军，并赐金带锦袍、布帛六千段并宅一区，留数月而遣之"。③ 另外朝贡中，唐还经常赐以爵位。天宝三载，康国、西曹国等国家"遣使献马及宝"，玄宗予以一定的封赐，"曹国王号为怀德王，米国王为恭顺王，康国王为钦化王"④ 事实上西域诸国的首领也深刻地认识到朝贡活动实际是一次贸易。《册府元龟》卷999载：开元七年，"其月庚午康国王乌勒伽遣使上。表曰：臣乌勒伽言臣是……今谨献好马一，波斯骆驼一，马娄二。如天恩慈泽，将赐臣物，谓（请）付臣下使人将来，冀无侵夺"⑤。可见进行朝贡也是有目的的，经济和政治上的回馈对于西域诸国都比较重要。

唐代虽然与西域诸国并无明文规定的互市，但是间接还是有一些马匹的互市，关于与突厥的互市贸易，唐玄宗就曾说"中阇苏农贺勒兼领坚昆马来"，认为突厥卖的马匹中有坚昆马，坚昆正是西域诸国之一。同时，唐在西受降城等地区设立互市地点，西域诸国也常前来贩马。但是唐代西域诸国贩马更多地是以民间贸易的形式进行，官方互市仍然较少。

---

① ［宋］王溥. 唐会要（第72卷）［M］. 北京：中华书局，1955：1302.
② ［宋］王钦若. 册府元龟（第971卷）［M］. 北京：中华书局，1960：11407.
③ ［宋］王钦若. 册府元龟（第974卷）［M］. 北京：中华书局，1960：11475.
④ ［宋］王钦若. 册府元龟（第965卷）［M］. 北京：中华书局，1960：11349.
⑤ ［宋］王钦若. 册府元龟（第999卷）［M］. 北京：中华书局，1960：11722.

五代时期虽然丝绸之路已经并不通畅，中途时常受到党项、吐蕃等劫掠，但是西域诸国还偶有前往中原朝贡。天福二年，"回鹘可汗又遣使李万金进马一百疋，驼十二头"，[①] 这一时期的马匹朝贡非常少，并不是中原王朝重要的马匹来源。

二、官私马匹贸易

在唐代周围还存在一些规模较小或距离较远的少数民族政权，这些少数民族虽然也常常通过朝贡的形式向中原王朝提供马匹，但是所提供的马匹数量并不多，在整个马匹贸易的规模中并不占主流。这些地区中高丽、渤海、南诏是产马相对较优良的地区，其产出的高丽马、渤海靺鞨马、南诏马都是当时的名马，这些民族主要是以朝贡的形式提供马匹，互市的相对较少。特别是渤海和高丽，在朝贡中时有贡马："渤海大首领遣使知蒙来朝并献方物马三十匹"，"六年正月高丽国王王昭遣其臣王子佐丞王兢、佐尹皇甫魏光等来进名马及织成、衣袄、弓剑、器甲等"。渤海国单在唐代有史类记载的朝贡就有 128 次之多，[②] 唐在朝贡贸易中也对于这些民族予以丰厚的回馈。五代时期，前蜀高祖为骑将出身，非常重视马匹供应："建本骑将，故得蜀之后，于文、黎、维、茂州市胡马，十年之间，遂及兹数。"[③] 蜀地离云贵等地很近，这些少数民族地区所产的马匹虽然体格比较小，远比不上北方的良马，但是在马匹紧缺的情况下，也是一个重要的来源。王建曾检阅骑兵于星宿山下，有官马八千，私马四千，可见其拥有的马匹也比较多。

此外，在五代时期，还有一种特殊的进贡活动。五代时期各国实力并不一样，一些割据政权时常以贡献马匹的形式同后梁等政权缓和关系。后周世宗时，南唐李景就曾经"进金酒器、御衣、犀带、金银、锦绮、鞍马等"，这些朝贡大多具有政治上的目的，献马并不是为了经济利益，而是为了政权的安宁。"在五代时期诸镇有定期向朝廷贡马或进献马价的规定，仅据《册府元龟》卷一六九《帝王部·纳贡献》的记载，五代自后唐以来，诸镇共向朝廷

---

① ［宋］王钦若. 册府元龟（第972卷）［M］. 北京：中华书局，1960：11424.
② 程妮娜. 唐代渤海国朝贡制度研究［J］. 长春：吉林大学社会科学版，2013（3）.
③ ［宋］司马光. 资治通鉴（第264卷）［M］. 北京：中华书局，2007：3287.

贡马达65次之多，一次贡献，多者数千匹，少者数匹，总计达11161匹"。①

同时，政府对于民间的马匹，也时常有购买的行为，唐代民间养马业比较发达。唐在立国后，对于各类功臣进行了封赏，赏赐了很多土地、马匹等，这些王公贵族都拥有充足的资源进行养马。据载，天宝后，"王侯、将相、外戚牛驼羊马之牧布诸道，百倍县官，皆以封邑号名为印自别；将校亦备私马"，②睿宗也曾下令"诸王公主家马印文，宜各取本号"。③ 这些史料显示，唐代私人拥有大量的马匹，太平公主曾经有"陇右牧马至万匹"，④ 一些富人也常常养马。《太平广记》卷436《畜兽三》说："邺中富人于远者，性奢逸而复好良马，居第华丽，服玩鲜洁，拟于公侯之家，常养良马数十匹。"⑤

民间养马业在玄宗于开元九年发布诏书后得到了快速的发展，"天下之有马者，州县皆先以邮递军旅之役，定户复缘以升之。百姓畏苦，乃多不畜马，故骑射之士减曩时。自今诸州民勿限有无荫，能家畜十马以上，免帖驿邮递征行，定户无以马为资"，"若要须供拟，任临时率户出钱市买"。⑥ 这一诏令减轻了民间养马的负担，要求以后政府如果需要马匹，也需要"率户出钱市买"，不允许无偿征用。此后养马业更加繁荣。民间养马业的快速发展，为唐代的马匹贸易提供了更广阔的空间，政府在需要马匹时，时常向私人购买。由于西北地区马匹价格非常低廉，唐政府也曾派人，甚至在西州等地区设立机构进行购马，《唐开元十九年（731年）虞候镇副杨礼宪请预付马料麸价状》⑦ 就记载了西州进马坊为即将东运的马匹请求饲料的情况。

1. 进马坊　状上

2. 供进马□价大练叁拾疋杨宪领

3. 右□□令于诸步砲坊料麸贮纳待赵内侍

---

① 杜文玉. 五代时期畜牧业发展状况初探 [J]. 唐史论坛，2008.

② [宋] 宋祁，欧阳修. 新唐书（卷50）[M]. 北京：中华书局，1975：1338.

③ [宋] 王溥. 唐会要（第72卷）[M]. 北京：中华书局，1955：1305.

④ [宋] 宋祁，欧阳修. 新唐书（第83卷）[M]. 北京：中华书局，1975：3651.

⑤ [宋] 李昉. 太平广记（第436卷）[M]. 北京：中华书局，1961：3543.

⑥ [宋] 宋祁，欧阳修. 新唐书（第50卷）[M]. 北京：中华书局，1975：1338.

⑦ 唐长孺. 吐鲁番出土文书（第10册）[M]. 北京：文物出版社，1988：19.

4. □□马者，其马今见欲到，其麸并不送价直。

5. 若不预付，即恐临时阙饲。请处分。谨状。

6. 牒件状如前，□牒。

7. 开元十九年六月　日虞候镇副杨礼宪牒

8. 虞候府家

9. 取卅疋练，分付

10. 诸砲家，即收麸

11. 纳。廿十二日

　　这一文书是一件"进马坊状"文，文书中的西州进马坊就是专门为政府购买马匹的机构之一，此类机构和人员在唐代时常有设置和派遣。唐代曾经设置"市马使""印纳使"等，开元、天宝年间，宦官刘元尚还曾以"大食市马使""骨利干市马使"的头衔，远至阿拉伯、西伯利亚等地方进行购马，"解褐拜掖廷监作大食市马使。燕王市于骏骨，伯乐顾之龙马，遂使三军迎送，万里循环，荣宠是加，超公内寺伯也。复为骨利干市马，崎岖百国，来往三春，追风跃而奔腾，逐日回而来献，遂加公谒者监"。[1] 可见唐代市马活动非常积极。唐在西州设置的进马坊可能不是一个常设机构，只是一段时间内为了买马而设立。文中的赵内侍是朝廷派来，专门进行马匹的购买，所买的马匹需要在西州集中后再运往内地，但是在运送之前，需要对这些马匹进行饲养，这一文书就是在申请买饲料。文件由兵曹参军批准后，由虞候镇副杨礼宪领 30 匹练去购买麸料以喂养马匹。进马坊的马匹多数是在西州本地购买，以 30 匹练购麸料，可见当时进马坊的马匹数量不在少数。《唐西州都督府牒为请留送东官马填充团结欠马事》[2] 中"所市得马欲送向东""七十匹请留州市"等语可以说明，政府在这一区域买马的规模相当大，购买的马匹不仅东运，还有一部分用于本地。西州周边的一些强大少数民族就经常与唐西州都督府等机构交易马匹，阿斯塔那 188 号墓所出《唐西州都督府牒为便钱酬北庭军事事》[3] 和同墓所出

---

① ［清］董诰. 全唐文（第 403 卷）[M]. 北京：中华书局，1983：4118.
② 唐长孺. 吐鲁番出土文书（第 8 册）[M]. 北京：文物出版社，1988：82—83.
③ 唐长孺. 吐鲁番出土文书（第 8 册）[M]. 北京：文物出版社，1988：86.

《唐译语人何德力代书多亥达干收领马价抄》① 就记载了突骑施与唐交易马匹的情况。突骑施有非常发达的养马业，据《西域境域志》记载："他们的财富是马匹、羊只、帐篷与毡房。"② 唐与突骑施的马匹贸易也比较活跃，使得大量货币流入突骑施，正是由于买马负担较重，西州政府才在买马使不得不使用"便钱"。《唐便钱酬马价文书》记载："前后便钱总玖拾……一贯便将酬马价。"③ 同样由于买马负担沉重，杜暹才拒绝与交河公主互市，可见买马负担沉重是一个长期的问题。

　　除了唐朝廷会购买马匹以外，各地的地方官员也时有购马，特别是边境地区的官员会进行购马，王忠嗣任河东、朔方节度使时就曾经大量购马。唐代《唐上李大使牒为三姓首领纳马酬价事》④ 就记录了政府官员前往市马的情况。

　　（前缺）

1.　　　　　九日

2. 三姓首领胡禄达干马九匹，

3. 三姓首领都担萨屈马六匹，匹别 各□□□

4. 右检案内去十一月十六□得上件

5. 牒请纳马，依状检到前官 □□□

6. □□牒上李大使，请牒

（后缺）

　　文中的李大使应该是政府官员，据学者分析，此处的李大使可能是甘州使团里面的一个官员，这也表明边境地区的官员会利用其独有的条件进行市马。

　　唐天宝六载，河西节度使就曾经购买民间马匹，《唐天宝十三载（754）敦煌郡会计账》（P.3359+3664 号）中就记载了此事："天六载，节度使（买）

① 唐长孺. 吐鲁番出土文书（第8册）[M]. 北京：文物出版社，1988：82—83.
② 佚名，王治来译. 世界境域志 [M]. 上海：上海古籍出版社，2010：80.
③ 唐长孺. 吐鲁番出土文书（第8册）[M]. 北京：文物出版社，1988：85.
④ 唐长孺. 吐鲁番出土文书（第8册）[M]. 北京：文物出版社，1988：84.

马壹百匹，当绢二千伍百匹，于武威郡和籴物，留充市四戍上件马价填入。"①
这表明当时河西节度使为了补充四戍马匹，用武威郡所提供的和籴物，在敦煌
地区向民间购马一百匹。唐德宗建中元年（780），也曾经在关辅地区买马，
令"市关辅马三万实内厩"②，这次在关辅地区购买民间马匹 3 万，数量也是相
当庞大，这表明民间马匹是唐政府马匹的一个重要来源。后期随着战争日渐频
繁，马匹数量越来越紧缺，唐政府又开始时常征调或掠夺民间的马匹，这直接
破坏了民间的马匹交易。

到五代时期，官方的马匹贸易更加多样化，特别是西北地区，在敦煌等商
业贸易活跃的地区，官方也在市场上出售和购买大批马匹，《丁未年（947）
六月都头知宴设使宋国清等诸色破用历状并判凭》中第三件就记载有："宴设
司伏以今月十七日，何宰相马群头看马胡饼贰拾枚，𫗦饨拾枚。"③ 这位何宰
相显然并不是归义军的官员，很有可能就是周边的某一个政权派往敦煌并带着马
匹等畜牧产品进行商业贸易的。为了增强军事力量，内地政府也常常在民间购买
马匹。同光元年乙丑，后唐制定诏令"北京及河北先以袄褐未平，配买征马，如
有未请却官本钱，及买马不迨者，可放免"。④ 这一诏令实则也是一种马匹贸
易。此外，在面临战争时，政府常进行和市，和市还带有一定的强制性，并不
算公平的贸易。同光三年六月，"诏下河南、河北诸州和市战马，官吏除一匹
外，匿者坐罪"。⑤ 除了官吏允许留一匹马以外，民间的马匹全部要和市，这
严重侵害了民众的利益，也不利于民间养马业的发展。有时甚至是一年多次下
令买马，反映了五代时期政府缺马严重。汉天福十二年八月，"遣使诸道和市
战马"⑥。九月，"诏天下州府和买战马"⑦，一些边境地区将帅也常常购买马
匹以增强军事实力，"灵武自唐明宗已后，市马籴粟，招来部族，给赐军士，

① 唐耕耦. 敦煌社会经济文献真迹释录（第 1 辑）[M]. 书目文献出版社，1986：464.
② [宋] 宋祁，欧阳修. 新唐书（第 50 卷）[M]. 北京：中华书局，1975：1339.
③ 唐耕耦，陆宏基. 敦煌社会经济文献真迹释录（第 3 辑）[M]. 北京：书目文献出版社，
1986：612.
④ [宋] 薛居正. 旧五代史 [M]. 北京：中华书局，1976：416.
⑤ [宋] 王溥. 五代会要 [M]. 上海：上海古籍出版社，1978：208.
⑥ [宋] 薛居正. 旧五代史 [M]. 北京：中华书局，1976：3083.
⑦ [宋] 王溥. 五代会要 [M]. 上海：上海古籍出版社，1978：209.

岁用度支钱六千万"。① 因此朝廷对于这样的情况非常警惕。后周广顺四年九月辛卯，诏曰："而道军镇藩部经过不得与之市买鞍马器仗。"② 五代及宋都汲取了晚唐时期藩镇割据的教训，严格限制将领实力的膨胀。"在边境地区的将领往往建立基于自身利益和个人关系的政治关系。由于交通和通讯的落后，将领很少因为国家权力而建立基于种族或宗教的忠诚"，③ 这也是宋代完全垄断马匹贸易的一个重要原因。当然五代时期的这种官府向民间买马的情况仍然相对有限，政府更大程度上是以抄借等方式获得马匹，民间的养马业受到的冲击非常明显。

第五节　官方马匹贸易的价格

唐五代中原王朝与回鹘、突厥等民族的马匹贸易持续了相当长的时间，政府以各种各样的形式购买了大量的马匹，从李渊起事起就不断地在向民族地区购买马匹。学术界的研究普遍认为，唐代的官方互市马匹价格在每马四十绢左右，特别是与回纥的马匹价格比较固定，唐代政府无法单方面地改变。但是实质上马匹的价格与贸易的形式、时间、民族都有着密切的关系，不同的情况下，马匹价格也有所调整，并没有做到完全固定。虽然一马四十绢的价格可能是中原王朝与强大少数民族之间约定俗成的一个价格，但买卖双方会根据不同的环境对价格做一定的调整。当中原马匹极为紧缺时，价格自然会有所上涨，面对实力弱小的少数民族时，其价格就会有所下降。此外出土文献中记载的西北军府、驿站等机构在当地所购买的马匹价格就低于四十绢，西北当地买马的价格更接近于市场价，少数民族从中获得的优惠并不多。因此，本节所讨论的官方马匹价格是指中央政府与少数民族大规模朝贡贸易、互市贸易时的价格。

---

① ［宋］欧阳修. 新五代史（第49卷）［M］. 北京：中华书局，1974：554.

② ［宋］王钦若. 册府元龟（第66卷）［M］. 北京：中华书局，1960：743.

③ Skaff J. K. "Survival in the Frontier Zone: Comparative Perspectives on Identity and Political Allegiance in China's Inner Asian Borderlands during the Sui-Tang Dynastic Transition（617—630）"［J］. *Journal of World History*，2004，15（2）：117—153.

一、唐代官方马匹贸易价格

隋代政府也与少数民族有着非常密切的马匹贸易，政府为了吸引少数民族也曾给予特别优待，给财政带来很大的压力。学者杨胜敏认为"在隋代，公元610年，一匹马交换价值为十万币，这样算，一匹马等于一百匹绢"。① 当然，这样高价的买马非常少见。也正是因为如此，李渊在起事时，深刻认识到不能高价频繁购马。当时窦建德等都在重金求取突厥的马匹，河北地区本来就适宜养马，"冀州产健马，下者日驰二百里，所以兵常当天下"，② 但其仍然"重赂突厥，市马而求援"；③ 即便是远在洛阳的王世充也为了补充马匹，把宗女嫁给突厥可汗，还与突厥互市沟通买马的渠道。④ 虽然李渊也深刻认识要到起事成功，必须获得足够的马匹，其谋臣裴寂、刘文静等也认同这一点，"今士众已集，所乏者马，蕃人未是急需"，⑤ 但是当始毕可汗派康鞘利等"送马千匹来太原交市"时，李渊认识到不能够满足突厥的贪欲，"虏饶马而贪利，其来将不已，恐不能市也。吾所以少取者，示贫，且不以为急故也，当为汝赏之，不足为汝费"，⑥ 高价向突厥购马只会后患无穷，才"择其善者，止市其半"。少数民族在与中原政权的交往中认识到，要利用交易机会，多卖马，且高价销售马匹，特别是当中原急需马匹时。李渊指出的"其来将不已，恐不能市也"情形，在唐与回鹘的马匹贸易中就出现了，因此中原王朝与少数民族之间的官方马匹贸易并不是自由市场经济，其价格也显著高于市场价格，这种情况由来已久，一些统治者对此也有着深刻的认识。

唐政府在与强大少数民族官方互市中，马匹价格变化并不明显。唐在开元年间与突厥进行互市时，曾经涉及了支付绢帛的问题。开元二十三年，唐在与突厥进行互市时，发现突厥违背旧例，"一年再市"，"纳马多倍"，其总数达

---

① 杨圣敏.回纥史（维吾尔版）[M].乌鲁木齐：新疆人民出版社，1998：225.转引自：买力叶木古丽·吐逊.汉代西域诸部至唐回鹘经济史 [D].中央民族大学 2015 年硕士学位论文，42.
② [唐] 杜牧.樊川文集（第5卷）[M].上海：上海古籍出版社，1978：86.
③ [唐] 温大雅.大唐创业起居注（第3卷）[M].上海：上海古籍出版社，1983：53.
④ [宋] 司马光.资治通鉴（第188卷）[M].北京：中华书局，2007：2269.
⑤ [唐] 温大雅.大唐创业起居注（第1卷）[M].上海：上海古籍出版社，1983：10.
⑥ [宋] 司马光.资治通鉴（第184卷）[M].北京：中华书局，2007：2216.

到了一万四千匹。玄宗为了维护与突厥的关系，特意多留，"十退其二"，付物五十万匹。十退其二，购马的数量约为一万一千二百匹，这样以五十万匹的总价计算，每匹马大约为44.6匹。唐在与突厥在西受降城进行互市时，每年也支付绢数十万匹，"仍许于朔方军西受降城为互市之所，每年赍缣帛数十万匹就边以遗之"，而唐每年与突厥进行互市的马匹数量不过数千匹，① 开元二十三年两次互市，共购马一万一千两百匹，可见唐与突厥的互市马匹数量可达五千六百匹左右，而以每匹马44.6匹绢计算，则为二十四万余匹绢，这也与"每年赍缣帛数十万匹就边以遗之"相吻合。可见唐代在与突厥进行互市贸易时，每匹马的价格大约就是四十余匹绢。

唐与回鹘的绢马贸易交易量远远超过与突厥的贸易，在与回鹘的贸易中，马匹的价格与每马四十余绢的价格也非常一致。《旧唐书·回纥传》载："自乾元之后，屡遣使以马和市缯帛，仍岁来市，以马一匹易绢四十匹，动至数万马。"可见唐与回鹘在进行绢马贸易时，每马大约也在四十匹绢左右。《全唐文》中的《与回鹘可汗书》也明文记载了唐与回鹘绢马贸易的情况，原文引用如下。

达览将军等至，省表，其马数共六千五百匹。据所到印纳马都二万匹，都计马价绢五十万匹。缘近岁以来，或有水旱，军国之用不免阙供，今数内且方圆支二十五万匹，分付达览将军，便令归国，仍遣中使送至界首。虽都数未得尽足，然来使且免稽留，贵副所须，当悉此意。顷者所约马数，盖欲事可久长，何者？付绢少，则彼意不充；纳马多，则此力致歉。马数渐广，则欠价渐多，以斯商量，宜有定约，彼此为便，理甚昭然。②

从上文来看，唐在这次绢马贸易中共应支付五十万匹绢，而实际只支付了绢帛二十五万匹，至于这一次买马的数量，学界有不同的认识，有的认为是六千五百匹，有的认为是二万匹，也有学者认为是一万匹。以五十万匹绢的总价计算，六千五百匹马，则单价为76.9匹绢，二万匹马，则单价为二十五匹绢，这样的价格都离每马四十绢的价格太远，可信度实在不高。而学者马俊民在其

---

① 《全唐文》所载《敕突厥可汗书》一文说："每年纳马不过三、四千匹。"
② ［清］董诰.全唐文（第665卷）［M］.北京：中华书局，1983：6760.

《唐与回纥的绢马贸易——唐代马价绢新探》① 一文中认为，出处的"二万匹"很可能就是"一万匹"之讹，如果是一万匹马，则每马的价格为五十匹绢，与元和四年白居易所作《阴山道》一诗中"草尽泉枯马病羸，飞龙但印骨与皮。五十匹缣易一匹，缣去马来无了日"相吻合。元和三年这一次的绢马贸易原本约定买马的数量为六千五百匹，"顷者所约马数"可以印证这一点，但是回鹘并未遵守这一约定，后文中才有"宜有定约，彼此为便，理甚昭然"，要求回鹘遵守双方的约定。回鹘前往互市的马匹数量远多于此，唐最终印纳马一万匹，"印纳"一词表明唐接收了这一批马。唐在与少数民族进行马匹贸易时，一般在马匹上打上官印就表明收买了，不同的民族有不同的印。胡三省说："所谓印马者，回纥以马来与中国互市，中国以印印之也。"② 因此，唐最终买马一万匹，每匹马的价格为五十匹绢。

总之，唐代在与少数民族进行官方马匹贸易时，价格一般不会低于市场价格，这也反映了唐代的羁縻思想和对待少数民族的政策。许多边境的将军也践行了这一思想，在边境高价购马，不仅壮大军队实力，而且缓和边境局势。"忠嗣之在朔方也，每至互市时，即高估马价以诱之，诸蕃闻之，竞来求市，来辄买之。"③ 至于唐通过高价买马的手段获得了多少马匹，并无史料明文记载，但是仅与回鹘的马匹互市贸易数量就极为庞大。据推测回纥卖马的数量可能在一百四十余万匹以上，用绢数量在五千八百余万匹以上④，如果算上朝贡贸易和其他少数民族马匹贸易的数量，则这一数目会更加庞大。可以想象唐在提高马匹价格的情况下承受了多大的经济损失，也正是因为购马对于唐的沉重负担，才使得唐与回鹘之间的马匹贸易受到了广泛的争议。

二、五代时期的官方马匹贸易价格

到五代时期时，由于中原地区长期战乱，民间养马户经常受到政府无偿征马，或者低价购马，民间马匹市场严重萎缩。且官方养马机构无力为中原王朝

---

① 马俊民. 唐与回纥的绢马贸易——唐代马价绢新探 [J]. 中国史研究动态，1984（1）.
② ［宋］司马光. 资治通鉴（第233卷）[M]. 北京：中华书局，1956：7504—7505.
③ ［后晋］刘昫. 旧唐书（第103卷）[M]. 北京：中华书局，1975：3201.
④ 马俊民. 关于唐代"胡马"引进及其历史作用 [J]. 天津师范大学学报，1988（4）.

提供足够的马匹供应，使得中原王朝在进行马匹贸易时显得更加迫切。后梁明宗时期，宰相奏报："党项之众竞赴都下卖马，常赐食禁廷，醉则连袂歌其土风。凡将到马无驽良，并云上进国家，虽约价以给之，而计其馆给赐赍，不啻倍价，耗蠹国用，请止之。"而明宗并不这样看，认为"国家常苦马不足，今番官自来中国，锡赐乃朝廷常事，不足言费"。① 可见梁明宗正是因为缺乏马匹才愿意以这样的方式购买马匹。五代时期由于严重缺乏马匹，明宗问延光马数几何，对曰"骑军三万五千"。这与唐代军队动辄数万马规模相差非常远，"天宝后，诸军战马动以万计"。② 五代时期政府所控制的马匹数量最多的时期也不过十几万匹，后唐长兴四年是五代时期马匹数量最多的阶段，朝廷所管理的马匹有五万匹，③ 如果算上全国的总数，可能在十几万匹。这个数目也离唐代监牧动辄数十万匹很远，唐代官方监牧的马匹数量有二次高峰，第一次是自唐太宗至高宗时期，"用太仆少卿张万岁领群牧。自贞观至麟德四十年间，马七十万六千"，第二次是玄宗开元、天宝年间，"命王毛仲领内外闲厩……马稍稍复，始二十四万，至十三年乃四十三万"。即便是晚唐时期，各地藩镇的马匹总数也超过了五代时期，据《旧唐书·地理志》统计，安西、北庭、河西、朔方、河东、范阳、平卢、陇右、剑南九个节度使拥有的战马数量高达135550匹。因此，五代的马匹紧缺程度远超唐代，这也使得五代时期的马匹价格也远高于唐代，"（长兴）三年正月，三司奏，从去年正月至年终，收到诸番所卖马，计六千余匹，所支价钱及给赐供费约数四十万贯"，④ 以四十万贯的总价计算，每匹马的价格约为 66.6 贯，这样的价格远高于唐代四十匹绢的价值。同时五代时期在马匹贸易上所花费的金钱也不少，在明宗天成年间，每年买马花费都需要五六十万贯，直到财力枯竭，才逐渐下降到四十万贯。

　　从上文的分析来看，中唐以前，唐拥有大量的马匹，监牧能够为军队、驿站等提供充足的马匹，内部的马匹价格甚至低至一马一绢。但是这一时期，唐在与周边实力强大的少数民族进行马匹贸易时，多给予一定的优惠，马匹的价

---

① ［元］马端临．文献通考（第334卷）［M］．北京：中华书局，1986：2623.
② ［后晋］刘昫．旧唐书（卷50）［M］．北京：中华书局，1975：1338.
③ ［宋］王溥．五代会要（第12卷）［M］．上海：上海古籍出版社，1978：208.
④ ［宋］王钦若．册府元龟（第621卷）［M］．北京：中华书局，1960：7482.

格也高于市场价格，买马的数量上进行严格的控制，使得总的花费在财政支出中尚可以承受，具有非常强的政治色彩，目的主要在于安抚少数民族，并不在于获得马匹。而到了晚唐五代时期，监牧受到严重冲击，战争频发，马匹严重紧缺，这使得购马的价格也有所上升，同时在与少数民族进行马匹贸易时，羁縻的色彩明显下降，而公平的市场贸易色彩则日渐显现，"国家虽约其价以给之"，① 在贸易中基本是按照接近市场的价格执行，没有中唐以前那么明显的政治色彩。

---

① ［宋］薛居正. 旧五代史［M］. 北京：中华书局，1976：549.

第五章　唐五代丝路沿线的民间马匹贸易

唐五代的官方马匹贸易虽然波澜壮阔，受到学术界的广泛关注，但是这一时期的民间马匹贸易更加活跃，特别是丝路沿线的民间马匹贸易，各民族在这一区域大量开展马匹贸易，促进了唐五代马匹贸易的蓬勃发展。丝路沿线地区的马匹贸易有着悠久的历史，"在起源久远的西北古代商品交换过程中，最具特色而且影响久远者则应是汉唐'丝路'贸易及西北与中原间的'茶马'、'贡市'贸易"，① 在唐五代时期也占据非常重要的地位。这里官方和民间的马匹贸易都很活跃，大量政府机构都派员在此地购马，各类商人也大量贩卖马匹，西北也正是因为马匹交易量大，才成为全国马匹贸易的中心。同时西北大量出土文献的发掘，为丝路沿线的马匹贸易的研究提供了第一手的资料，使后世得以管窥当时全国的马匹交易状况。

唐五代时期，是我国马匹贸易史上非常重要的一个阶段，这一时期的贸易规模大，范围广，影响大，特别是中唐以后唐与回鹘的官方马匹贸易，持续时间长，贸易规模大，影响非常深远。但是唐五代时期的马匹贸易并不只有官方贸易，还有极其活跃的民间马匹贸易，特别是西北地区的民间马匹贸易，即便在规模上、影响上远不如官方马匹贸易那么大，但也是唐五代马匹贸易的一个重要组成部分。

这一时期，虽然政府对于贸易进行了诸多限制，但是随着政府马匹拥有量的不断增加，商品经济的不断发展，西北的民间马匹贸易也日渐活跃，特别是政府放松民间养马业控制以后，养马业的蓬勃发展为民间马匹贸易的活跃创造

① 王致中，魏丽英．中国西北社会经济史研究 [M]．西安：三秦出版社，1996：316．

了良好的基础。马匹交易不仅在中原地区频繁，在西北地区，马匹贸易更加成熟和活跃。这一区域适合养马且多民族聚居，丝绸之路贯穿此地，沿途有多处商贸中心，如敦煌、西州等地，这些地区的商业贸易吸引了大量商人前往进行交易，其辐射非常之远。据唐代的文献记载，唐代周边远至阿拉伯的商人都曾前往长安进行商贸，天竺、狮子国、真腊、骠国、泥婆罗等国家也加强了与唐朝的友好往来，许多胡商甚至在长安定居。唐从外国买来的马匹中就有以"昭陵六骏"为代表的什伐赤波斯红马，当时的贵族也从游牧民族中学到很多管理马匹的经验，经常从境外高薪聘请养马师和驯马师等，这些都显示多民族间的马匹贸易已经达到了一个高峰。

但是即便是民间的商品贸易，政府仍然有一定的介入，并没有完全的自由交易，一些地区的贸易市场还由政府进行严格管理，政府也时刻掌握市场上马匹价格的变化，其中唐代交河郡出土的市估文书就证明了这一点。交河郡市估文书中记载了各类物品的估计，远至河南府的丝织品都贩往西北交易，可见地处边陲的商贸市场辐射之远、影响之大，周边的少数民族也依靠此市场将牲畜等交换为各类生活用品。

同时，历代的学者虽然对于唐五代马匹贸易的研究很多，主要对于唐与回鹘的官方马匹贸易研究着墨较多，对于马匹的价格则研究较少，对马匹贸易的数量以及实际价格没有进行过一个全面的梳理和分析。本章从这一点入手，认真分析和探索唐五代西北马匹贸易的规模、形式、价格等因素，以求对唐五代时期的马匹贸易有一个更加全面的了解。

第一节　丝路民间马匹贸易

在唐五代时期，官府与周边少数民族进行了大量的马匹贸易，政府也是市场上购买马匹的大户，主要优良马匹都被政府以各种形式占有。在购买各类马匹上，政府也占据有利地位，以行政权力干预马匹贸易，但是民间私人间的马匹贸易规模同样不容忽视。特别是在丝路沿线地区，这里畜牧业较为发达，马匹资源丰富，地域广阔，经济较为繁荣，交通运输业对于马匹的需求量也比较大，使得民间的马匹贸易非常活跃。如龟兹、西州、敦煌、沙州等地都是非常重要的马匹交易中心，"龟兹地区是唐与西突厥进行绢马贸易的重要场所"。①北方的政治、经济中心都居住着大量的达官贵人，这些贵族需要养育大量马匹，如太平公主、郭子仪等人就拥有大量的马匹，私人拥有大量马匹为民间交易创造了条件。此外西北许多地区农牧相间，从事农耕和游牧的民众之间，形成了一种较牢固的产品互补关系，"特别是农耕民族居住的绿洲地区，大量的需要游牧民族提供的畜产品，这两种经济类型间基本上彼此互为产品消费市场"，② 区域内部也有发展马匹贸易的客观需要。

唐代在马匹的使用上有一定的限制，《大唐传载》载："贞元中（785—805），禁未仕不得乘大马。有人言于执政：'大马甚多，货不得，举人不得骑，当尽为河北节制所得耳。'"③ 说明一直到贞元年间，仍然是禁止乘坐大马的。《唐会要》卷三一载太和六年（832）六月敕及七月三司奏文"三司官典及诸色场库所由等，其孔目……门官等"，"不得乘毛色大马"，其中"有正官"者可"乘小马"，"未有正官"者只能"乘蜀马"。④

唐代对于马匹的使用管理非常严格，这些规定很大程度上是出于对封建社会的等级制度的维护，实质上并没有禁止马匹的私人贸易。《唐律疏议》规定："买奴婢、马牛驼骡驴等，依令并立市券。两和市卖，已过价讫，若不立券，过三日，买者笞三十，卖者减一等。若立券之后，有旧病，而买时不知，立券后始知者，三日内听悔。三日外无疾病，故相欺罔而欲悔者，市如法，违者笞四十；若有病欺，〔二五〕不受悔者，亦笞四十。令无私契之文，不准私券之限。"⑤ 这一规定明确了马匹可以私人贸易，但是需要立市券。政府也利用贩马商以满足自身利益，不仅是从贩马商手中购买马匹，而且为贩马商创造条件开拓市场，唐与党项等民族之间的民间贸易就受到政府的支持。《旧唐书》也记载了关于西北地区此类马匹贸易的情况："（元和）十五年十一月，

① 刘安志，陈国灿 . 唐代安西都护府对龟兹的治理 [J]. 历史研究，2006（1）.

② 贺卫光 . 中国古代游牧民族经济社会文化研究 [M]. 兰州：甘肃人民出版社，2001：98.

③ 佚名 . 大唐传载，唐五代笔记小说大观（上）[M]. 上海：上海古籍出版社，2000：885.

④ ［宋］王溥 . 唐会要（第 31 卷）[M]. 北京：中华书局，1955：576.

⑤ ［唐］长孙无忌 . 唐律疏议（第 26 卷）. 北京：中华书局，1983：500.

命太子中允李寮为宣抚党项使。以部落繁富，时远近商贾，赍缯货入贸羊马。"① 随着元和年间太子进行宣抚，双方关系改善后，大量商人进行马匹的贸易。不仅如此，在唐代出使回鹘的使团中间，就有人曾借机进行马匹贸易："贞元中，咸安公主降回纥，诏关播为使，而憬以御史中丞副之，异时使者多私赍，以市马规利入，独憬不然。"② 可见这一时期，马匹的贸易仍然是非常有利可图，很多人都愿意介入其中，以至于官员愿意冒险进行贩马。

一、唐代丝路沿线的民间马匹贸易

西北地区马、陀、牛等牲畜在市场上买卖非常多，如高昌国虽然是边陲小国，但是政府通过从市场上购马、强制民众养马等措施，就保有大量的马匹。据《唐会要》卷九五"高昌"条记载，麴氏高昌在灭亡之际有户 8046，口 37738，马 4300 匹，几乎两户人家有马一匹。隋代，河西等地的民间马匹贸易就非常活跃，外籍商人也通过丝绸之路，首先在河西地区与当地居民、商人就行交易，③ 也正是由于这一区域成为中外商人交汇之所，隋炀帝才令裴矩"于武威，张掖间往来"，④ 促进了这一地区的商贸发展。同时，西北地区的商品经济繁荣也促进了马匹的贸易，显然在唐代以前，这一地区的牲畜买卖就已经很活跃，到唐代后，随着政治局势的逐渐安定，唐在周边国家中的政治、经济影响力日渐扩大，也让丝绸之路周边地区更加活跃，马匹贸易的规模不断扩大。

出土的文献中也证明唐代的西北马匹贸易是非常活跃的，在吐鲁番出土的唐代文书中，就存在大量当地的马匹买卖文书，如《唐贞观二十三年西州高昌县武城乡范欢进买马契》⑤《赵文同买马契》《某人辩辞为买鞍马事》⑥ 等文书，现将文献整理如下：

---

① ［后晋］刘昫. 旧唐书（第 198 卷）［M］. 北京：中华书局，1975：5293.
② ［宋］宋祁，欧阳修. 新唐书（第 150 卷）［M］. 北京：中华书局，1975：4811.
③ ［宋］司马光. 资治通鉴（第 180 卷）［M］. 北京：中华书局，2007：2176.
④ ［宋］杜佑. 通典（第 191 卷）［M］. 北京：中华书局，1988：5198.
⑤ 唐长孺. 吐鲁番出土文书（第 5 册）［M］. 北京：文物出版社，1988：105.
⑥ 陈国灿. 吐鲁番出土唐代文献编年［M］. 台北：新文丰出版公司，2002：97.

《唐代开元二十一年（公元733年）石染典买马契》①

1. 马壹疋骝敦六岁

2. 开元二十一年正月五日，西州百姓石染典交用大练拾捌

3. 疋，今于西州市，买康思礼边上件马。其马

4. 及练，即日各交相分付了。如后有人寒

5. 盗识认者，一仰主保知当，不关买人之事。恐

6. 人无信，故立私契。两共和可，画指为记。

7. 练主

8. 马主别将康思礼年三十四

9. 保人与胡罗世那年四十

10. 保人与胡安达汉年四十五

11. 保人西州百姓石早寒年五十

此处的马主康思礼，将骝敦六岁马，以大练十八匹的价格卖给石染典。此处的大练也是丝织品的一种，在西北地区较为流行，天宝年间，大练一匹在西州大约值铜钱460文。②此处的"骝"表示赤鬃黑色毛的马，出卖的马匹，质量也较好，于西州地区购买。石染典收买这一马匹也并不为了自己使用，而是贩往其他区域，《唐开元二十一年（733）染勿等保石染典往伊州市易辩辞》③就记载了他将马匹、奴婢等贩往伊州的情况："染勿等保石染典在此见有家宅及妻儿亲等，并总见在所将人畜，并非寒諕等色。如染典等违程不回，连（保）之人，并请代承课役，仍请准法受罪……石染典人肆，马壹，□驴拾壹。"可见石染典是一名贩卖人口、大牲畜的商人。此处的康思礼、石染典极可能就是当地的胡人。属于昭武九姓胡人，唐代也确实对于当地的胡人给予了一定贸易上的自由，敦煌出土的S.1344号《开元户部格残卷》对于番人的贸易有一定的说明："垂拱元年八月廿八日敕云：诸蕃商胡，若有驰逐，任于内地兴易，不得入蕃，仍令边州关津镇戍，严加捉搦。其贯属西、庭、伊等州府

---

① 唐长孺. 吐鲁番出土文书（第9册）[M]. 北京：文物出版社，1981：48.

② 赵丰. 唐代西域的练价与货币兑换比率 [J]. 历史研究，1993（3）.

③ 唐长孺. 吐鲁番出土文书（第9册）[M]. 北京：文物出版社，1988：44.

者，验有公文，听于本贯以东来往。"① 唐代允许西州、庭州、伊州等三州的胡人在本地进行自由的贸易，需要公文才能够前往内地进行贸易。特别是善于经商的粟特人，在西北地区大量从事马匹贸易，"公元 8 世纪中叶，居住在吐鲁番的粟特人仍然从事丝绸和马匹生意"，② 在所出土的过所文书中，就存在这样的情况，《唐代开元二十一年（733）西州都督案卷为勘给过所事》③ 就记载了马匹的贩卖。

171. 岸头府界都游弈所　　状上州

172. 兴胡史计思 作人史胡煞　羊二百口　牛陆头 别奏石阿六作人罗伏解　驴两头

173. 右件羊牛等，今日从白水路来，随状送者。

174. 史计思作人安阿达支

175. 右件作人过所有名，点身不到者。

176. 牛一头　马一疋

177. 右件牛马见在过所上有膀，今随状送者。

178. 以前得游弈主帅张德质状称，件状如前者。史计思等既是兴胡，

179. 差游弈主帅张德质领送州听载者。谨录上。

180. 牒件状如前谨牒。

181. 开元廿一年二月六日典何承仙牒。

182. 游弈都巡官宣节校尉前右果毅要籍摄□□□□□□□元

183. 付司斛斯示

184. 二月八日录事受

185. 功曹摄录事参军　思 付

186. 连元白

从这一文书来结合整件文书来看，这一商队是从北庭由白水涧途经岸头府

---

① 唐耕耦，陆宏基. 敦煌社会经济文献真迹释录（第 2 辑）[M]. 书目文献出版社，1986：570.
② 吴芳思著，赵学工译. 丝绸之路 2000 年 [M]. 济南：山东画报出版社，2008：52.
③ 唐长孺. 吐鲁番出土文书（第 9 册）[M]. 北京：文物出版社，1988：51—69.

到西州进行交易的，运送的大牲畜也比较多，羊有200头，吐鲁番文书中有许多此类过所文书，还有前往长安进行马匹交易的，唐垂拱元年（685）康尾义、罗施等请给过所案卷，① 就有康尾义、罗施从西州贩运马匹等牲畜前往长安进行交易的记录。这些文书显示民间的马匹贸易非常旺盛，交易范围也很广阔，从西北地区一直扩展到长安等中原核心区域。

马匹的交易不仅仅是活马，甚至死马也可以进行交易。《唐贞观廿三年公元六四九年赵延济送死官马皮肉价练抄》② 就记载了官马死后，马肉出售上报的账目。

1. 廿三年十二月十二日赵延济送死官马皮
2. 肉价练叁匹。典张德颖领

从文中可见，死马的皮、肉皆可卖钱，这一次马匹交易换得练三匹，所属的马匹是官方，但是马肉却卖给了私人，换得绢帛。而唐代驿站坊、监牧、军府等都拥有大量的马匹，且马匹损耗非常大，每年的死去的马匹数量必然也极为可观。因此可以判断，唐代死马的数量必然会非常多，《唐总章二年（669）至咸亨元年（670）西州长行坊死马价及皮价帐》就记载了当时死马的价格等，其中的数量非常之多。这还仅仅是两年间一地的死马贸易，以唐代驿站等机构的规模来看，每年唐代的死马贸易的规模非常大。吐鲁番出土文书中就记载了军府出卖死马的情况，《唐军府文书为卖死马得价直事》③ 中有大量死马被出卖。

（前缺）
1. □□□得银钱陆文
2. □□□银钱肆文
3. □□□得银钱壹拾文

---

① 唐长孺. 吐鲁番出土文书（第7册）[M]. 北京：文物出版社，1988：88—94.
② 唐长孺. 吐鲁番出土文书（第5册）[M]. 北京：文物出版社，1988：33.
③ 唐长孺. 吐鲁番出土文书（第7册）[M]. 北京：文物出版社，1988：60.

4. 被曹司帖称□□□疋出卖市司□

5. 当马主帅相监卖□□□尳尾，还付主帅

6. 心等自

7. （中缺）

8. 七日行判无稽

9. □无稽失

10. 死付市相监出卖　　得价直判

从这一文书来看，唐代军府、长行坊等机构拥有大量的马匹，马匹难免因各种原因死亡，这些机构也需要将马匹予以出卖。马匹的出卖也有一套非常完整的程序，在确认为死马后，必须由市相监予以出卖，获得的银钱再予以返还，这一批军府死马的价格在银钱 4 文到 10 文不等。不仅军府和驿站等官方用马大户出售大量死马、马匹，少数民族常常出售马皮等产品，《辛巳年（981 年）十二月十三日周僧正于常住库借贷油面物历》就记载了壬午年八月"十五日，连面伍斗，达怛边买野马皮用"，① 可见相关的马皮、马乳等产品的买卖也比较活跃。在王毛仲管理监牧时，每年监牧的死伤马匹都予以出售，而且获利不菲，"及时出售死伤牲畜皮肉，每年仅此一项即可收入八万余匹绢"，② 以唐监牧的规模，其在河西、陇右之地死伤马匹的交易也极为可观。

在西北的马匹贸易中，也有许多人买马并不是为了进行贸易的，而是为了自身的各种需要，如军队的士兵也常自行购买马匹。由于唐代推行的是府兵制度，府兵番上、征行须自备马匹等作战用品，这就需要士兵在市场上购买一定量的马匹。征行中的六驮马、十驮马等都需要府兵自行购买，关于六驮马，《唐六典》卷五兵部就记载了相关规定："凡差卫士征戍镇防，亦有团伍，其善弓马者为越骑团，余为步兵团，主帅已下统领之。火十人，有六驮马（注无马乡，任备驴、骡及牛）。"③ 设六驮马的目的在于运送士兵的各项重物。

① 唐耕耦，陆宏基. 敦煌社会经济文献真迹释录（第二辑）［M］. 北京：书目文献出版社，1986：240.

② 李清凌. 西北经济史［M］. 北京：人民出版社，1997：176.

③ ［唐］李林甫. 唐六典（第 5 卷）［M］. 北京：中华书局，1992：156.

《大唐卫公李靖兵法》就记载了十驮马的规定："诸营除六驮外，火别遣买驴一头，有病疹，拟用搬运。如病人有偏并，其驴先均当队驮；如果队不足，均抽比队比营。"① 这里所说的六驮之外，每火需买驴一头，也可以是马，目的在于运送受伤、患病的士兵。由于六驮马、十驮马并不是由个人使用，经常出现团体集资购马的情况，《安末奴等纳练状》② 就出现了集资购十驮马的情况。

1. 载初元年三月廿四日，卫士安末奴、赵阿阇利、
2. 赵隆行、王勋记、马守海、韩熹有、李隆德、康
3. 知毗、张大师、樊孝通等，其中安末奴、韩熹有、
4. 赵阿阇利等三人，先有十驮，余外柒人无驮。
5. 广 □□□□□□□练负康知毗奴师子
6. （王勋）记一驮、练一匹付团 负练人马守海妻康
7. □□□□□□□□ 负练人赵隆行
8. □□□□□□□ 负练人李隆待妻
（后缺）

文书中所记载的人名都是卫士，这些卫士的名称在大谷文书 3026 号、3030 号、3025 号等中皆有出现。此十名卫士正好为一火，其文中所说的"其中安末奴、韩熹有、赵阿阇利等三人，先有十驮，余外柒人无驮"，是说安末奴等三人事先已有十驮马的份额，其余七人并无十驮马份额，这一文书实质是卫士欠十驮马价立下的欠据凭证。根据这一文书来看，他们所买的马匹价格为十匹练，每人需支付练一匹。而与唐代十驮马相类似的六驮马，则规模更大。六驮马是每一火配备马匹六匹，以驮负卫士的资装、军器等，这些六驮马也需要士兵自行购买。有些时候六驮马、十驮马是由百姓交钱给折冲府，由折冲府统一购买马匹进行分配，但这种马匹贸易仍然属于民间的马匹买卖，"折冲府每火六驮马或八驮马或十驮马是百姓提供的，其来源不是卫士自备，不是折冲府

---

① ［唐］杜佑.通典（第149卷）［M］.北京：中华书局，1992：3822.
② 陈国灿.唐代行兵中的十驼马制度——对吐鲁番所出十驮马文书的探讨［J］.魏晋南北朝隋唐史资料，2003（20）：187—189.

司或县司购买，其来源是百姓"。① 吐鲁番出土文书中有大量关于处分买十驮马事的文书，如《武周军府牒为请处分买十驮马事》②《武周军府牒为请处分买十驮马欠钱事》③ 等。可见在实行军府制度后，士兵自行购马的情况有多么普遍。以唐代军队的规模计算，六驮马、十驮马的贸易规模也极为可观。

此外，卫士也常需要自行买马，《唐贞观二十三年（公元六四九年）西州高昌县范欢进买马契》④ 就是卫士进行买马。

1. 贞观廿三年□□□
2. 乡卫士范欢□□□
3. 于蒲州汾阴□□□
4. 骟父八岁□□□
5. 草一仰□□□
6. 诲者，□□□□□ 有政法，民□□□
7. 书指为□。
8. □□□练主范欢进
9. □□□马主王□□□
10. □□□知见葛垣曲
11. □□□知见李降传
12. □□□知见党积善

在这一马匹买卖契约中，练主范欢进身份是一名卫士，这名范欢进属于吐鲁番经济水平较高地区的居民，在吐鲁番出土文书中，他不仅雇人上烽，还纳课支付仗身钱，从而免去充当折冲府副职右果毅（都尉）仗身的杂役，可见随着经济水平的改善，富裕农民有购买马匹的条件。但是这一契约并未注明马

---

① 王永兴. 唐代经营西北研究［M］. 兰州：兰州大学出版社，2010：420.
② 唐长孺. 吐鲁番出土文书（第7册）［M］. 北京：文物出版社，1988：285.
③ 唐长孺. 吐鲁番出土文书（第7册）［M］. 北京：文物出版社，1988：287.
④ 唐长孺. 吐鲁番出土文书（第5册）［M］. 北京：文物出版社，1988：105.

匹的价格，在同样是贞观年间的契约中，同墓所出的《唐贞观某年某人买马契》① 中涉及了马匹的价格。

1. 贞观□□□
2. 宁太乡人□□□
3. 买卖价白练五□□□
4. 患将马□□□

（后缺）

这一契约中，马匹的价格不过白练五匹，可见贞观末年当时马匹价格之低，当然，这也与当时唐代监牧拥有大量马匹有一定的关系。如果政府是市场上重要的购马方，在自身马匹供应充分的环境下，市场马匹价格自然受到冲击，"一马一绢"的价格直接拉低了整个市场的马匹价格。

随着多民族的融合，少数民族常汇聚到附近商业中心进行马匹贸易，他们在卖马以后多数需要就地采购各类生活用品。吐蕃占领敦煌时期，就曾经产生许多汉族与少数民族的马匹贸易，如敦煌所出 P. T. 1297《购马契约》② 中就有关于马匹买卖的情况。

羊年春，尚腊桑与尚……等在将军衙署……比丘和尚张本嘉从蔡多部落甲杂腊赞处购马一匹，毛色、纹理为：儿马，白额，马身有叶状与骰点斑纹。若因此马发生任何大小纠纷，唯腊赞是问。为免发生其他官司，立此购马之约：马身如无残无缺，立即交与和尚本嘉，此马在夏季毛色如改变，纹理有增减，立即找到证人填换契文。如此交易，若被认可，向售马人交付成色足（银）五两，如腊赞被派支王差或不在家，照前所应若找到中人（说和人）甲杂部落的洛宗木和彭岱苏赞。说和证人：论腊桑腊顿、论腊桑多子、吴高戎、周达来、哈华华、蒙达错、蒙尚结诸人立契约盖印，马主和应诺人按指印，旧契有和尚本嘉掌握。牙登苏赞（盖章）

① 唐长孺. 吐鲁番出土文书（第 5 册）[M]. 北京：文物出版社，1988：107.
② 王尧，陈践. 敦煌古藏文文献探索集 [M]. 北京：中国古籍出版社，2008：289.

这一文书是吐蕃占领敦煌时期的文书。吐蕃786年占领敦煌直到848年结束，跨度达到62年，此处的羊年可能是791年或者是803年，处于晚唐时期。以五两纯银购买马一匹，卖马人是蔡多部落甲杂腊赞，此人就是一个少数民族人。此外，在P1297/5号文书中也记载了和尚交易马匹的情况："虎年冬，从色通人（se tong pa）［部落］的郭央勒（skyo yang-legs）处，张灵贤和尚（ceng leng-hyeng）买母马一匹；后来央勒要借用这匹母马。"① 这一契约中张灵贤和尚购买了马匹，而原售马者在卖出马匹后又向张灵贤和尚借马，虽然是一份借马契，但是包含了马匹买卖的信息。这也显示晚唐五代时期，僧人不仅养马，还从市场上购买马匹。P1297/3号文书虽然也是一件买马契，"比丘张本查从上赞部落的查家拉赞处买马一匹"，② 这件文书并未马匹的价格。当然，吐蕃占据敦煌时期，也有汉人之间进行马匹贸易的情况。《龙年购马契》就有记载："龙年夏，常四奴从论孔热属民李钻钻处购得马一匹，……八两购马纯银。"③ 也显示当时汉人之间的马匹贸易仍然时有发生。

不仅在西北畜牧业发达地区，在内地的马匹贸易也较为活跃，只是缺乏出土文献加以验证。《太平广记》载："邺中富人于远者，性奢逸而复好良马，居第华丽，服玩鲜洁，拟于公侯之家，常养良马数十匹。忽一日，有人市中鬻一良马，奇毛异骨，人争观之。远闻之，酬以百金。"④ 邺中的富人自身养马数十匹，当市场上有人出售良马时，愿意以百金购马，可见唐代内地民间市场上有马匹出售，而且买卖活跃。当然，以百金购马的情况还比较少见。《唐天宝十三载（754）敦煌郡会计账》中就记有"天六载，节度使买马壹百匹，当绢二千五百匹"⑤，这一节度使是在民间购马，一次就购买马匹一百匹，可见当时民间马匹市场的规模之大，当地养马户养马数量之多。

除了个人需要以外，军队也是马匹需求的大户，军队除了通过监牧等途径

---

① 武内绍人著，杨铭，杨公卫译. 敦煌西域出土的古藏文契约文书［M］. 新疆人民出版社，2016：207.

② 武内绍人著，杨铭，杨公卫译. 敦煌西域出土的古藏文契约文书［M］. 新疆人民出版社，2016：32.

③ 郑炳林，黄维忠. 敦煌吐蕃文献选辑社会经济卷［M］. 北京：民族出版社，2013：10.

④ ［宋］李昉. 太平广记（第436卷）［M］. 北京：中华书局，1961：3543.

⑤ 唐耕耦，陆宏基. 敦煌社会经济文献真迹释录（第1辑）［M］. 北京：书目文献出版社，1986：464.

获得马匹以外，还有一个重要的途径就是自行在市场上购买。特别是西北马匹充足之地，驻扎当地的军府也时常就地买马，《唐代神龙三年和满牒被问买马事》① 就记载了军队在当地买马的情况。

（一）

1. □壹拾叁疋

2. 问今付上件练充马壹疋直□□□

3. 得以不者，但前件练依□□□

4. 被问依实谨牒。

5. 神龙三年二月　日和荡

6. 附□仁日

7. 一日

（二）

1. 马一疋骝敦七岁，大练壹拾叁□□□

2. □蕃中将前件马至此□□□

3. 马请准例处分，谨牒

4. 神龙三年二月　日领客使别奏和□□□

5. 依注付司定□□

6. □□□□□　一日

7. □□一日录事使

8. 录事摄录事参军

9. 检案敬仁白

10. 一日

这是一件唐代军府自行购马的官方文书。军府是唐代用马的大户，驻扎西州等地的军队由于要直接面对少数民族的骑兵，军事压力非常大，必须配备大量的骑兵，特别是西北驻军就曾从监牧中获得马匹，玄宗时曾命李延昌取监牧

---

① 唐长孺. 吐鲁番出土文书（第 8 册）[M]. 北京：文物出版社，1988：67—68.

马以充实军队:"宜取朔方后军兵,及前年朝堂应募健儿等,总十万人,群牧马四万匹。"① 有时也从闲厩马中取马:开元二年二月为了进攻默啜,就曾命灵武军从内外闲厩取马:"灵武军兵加满十万人,旧马既少,宜于内外闲厩抽壮马添满六万匹,原、夏等州要害处亦量加马,其后军兵六万人,马二万匹,先来点定。"② 可见,军队中有大量的马匹,而且相当一部分马匹是从监牧、内外闲厩等官营机构中取马。但是这并不代表着军府不会从民间市场中购马。毕竟西北军队从市场购买远比从监牧取马更为方便,吐鲁番文书也证明军府仍然会利用西北马匹低廉的条件进行购马以充实军队。虽然政府与少数民族不时进行大规模的马匹互市,但是在西北,军府等政府机构仍然从市场中自行购马。这与官方互市并不冲突,"西北军马和普通羊驼一样,大都是通过集市零星购买的,它从一个角度刺激西北各族人民养马的积极性",③ 大量的出土文书也证明了这一点,许多买马契约就是在这样的背景下产生的。

除了军府的士兵需要集资以购买马匹以外,还有一种集资购买的情况,民众需要集资购马交付给驿馆等机构。为了应对驿馆的需要,唐代建立了非常发达的传驿制度,遍布全国各地。唐制规定,每三十里设一驿,全国有 1638 驿,形成了一个覆盖全国的传驿网络。庞大的驿传系统必然需要有充足的马匹。为了解决驿馆的马匹需要,驿站会在民间进行马匹的征集等。出土文献中记载了唐在西州等地征集马匹的情况,有一定资产的居民需要提供马匹,以备征用。可是也有交钱进行集资购买的情况,《武周如意元年(公元 692 年)里正李黑收领史玄政长行马价抄》就反映了当地进行集资购马的情况。

1. 史玄政付长行马价银钱贰文,准铜

2. 钱陆拾肆文。如意元年八月十六日里正

3. 李黑抄。其钱是户内众备马价,李黑记

钱由里正李黑收集,收取史玄政一户的户备马价的费用,文中注明是为了

---

① [清] 董诰. 全唐文(第 21 卷)[M]. 北京:中华书局,1983:244.

② [清] 董诰. 全唐文(第 253 卷)[M]. 北京:中华书局,1983:3564.

③ 李清凌. 西北经济史 [M]. 北京:人民出版社,1997:209.

解决长行马的征集。唐代驿站用于公文传递、载运使臣、官吏等，用于长途行走的，一般称为长行马。以货币代替实物的方式，为驿站提供马匹，这是集资购长行马的一种变通的做法。唐代驿站规模庞大，西州等地虽然畜牧业发达，但很难做到家家养马，因此，西州等地方就会出现付钱给里正，再由里正将钱上交驿站，驿站在市场上统一进行购马以解决需求。以西州所属长行坊的规模来看，这种购马行为也不在少数，唐代西北驿站每年运输任务很重，常年消耗大量马匹，驿传系统每年需要补充的马匹数量也非常多，其中必然有相当一部分需要在市场上进行购买。在整个西州马匹贸易市场，除了各类的商人、富裕农民等私人购买马匹，还有长行坊等政府机构在市场上购买马匹，这也表明当时马匹贸易之活跃。吐鲁番出土文书也记载了西州长行坊等购买马匹的情况，《唐天宝十四载交河郡某馆具上载帖马食历上郡长行坊状》就记载了长行坊的买马情况："二月廿八日，新市长行马壹拾柒匹"，"三月三日新市长行马贰拾叁匹"。长行坊买马的对象仍然是胡商、少数民族等，而且每次买马的数量要多于一般民众，这也表明长行坊的规模之庞大，管理机构在马匹减耗之后，需要大量在市场上购马。

唐代买卖马匹的人员有相当一部分是少数民族，买马进行贩卖的有昭武九姓胡人、粟特人等，也有少数民族养马进行贩卖的，《唐译语人何德力代书突骑施首领多亥达干收领马价抄》[①]就记载了唐代少数民族突骑施卖马的情况。

（前缺）

1. □钱式拾贯肆伯文

2. 右酬首领多亥达干马叁匹直

3. 十二月十一日付突骑施首领多亥达

4. 干领。

5. 译语人何德力

突骑施是西突厥的一个部落之一，一度非常强大。西突厥离西州等地并不

算远，其首领多亥达干，用三匹马换得钱二十贯四百文。这次交易实际是凉州都督郭元振派甘州刺史李汉通前往西州市马的。[1] 在此卖马的部落除了突骑施以外还有西突厥的其他部落，如"三姓首领胡禄达干马九匹""三姓首领都担萨屈马六匹""首领延莫达干""禄俟斤"等[2]。这些部落的首领都属于西突厥，这表明在西北马匹贸易中，逐渐形成一些贸易的中心。阿斯塔那 188 号墓所出《唐开元十九年康福等领用充料钱物等抄》中，可以发现各地派往西州的市马使，如"使西州市马官天山县尉留聿""伊吾军市马使权斟""陇右市马使傔三人"等[3]。各地的市马使都驻扎西州进行买马活动，说明当时西州是西北地区非常重要的一个马匹贸易场所，除此以外，还有许多城镇进行市马活动，《唐年初未详（8 世纪）于阗新市乌陀马账》就有关于当地市马情况的记载。

1. （前缺）
2. 支付仍账次准式者（？）
3. 新市乌陀马一匹留敦八　主畅大意使酬　钱肆仟文　马一匹
4. 马一匹青骢七主张璿使酬钱叁　　阡文　　马一匹
5. 马一匹瓜敦六主□因安使酬钱　　贰仟文捌
6. 马一匹瓜敦八
7. （后缺）[4]

这一账目是关于政府购马的清单，"Tahg 麻扎出土的文书是关于"乌骆"马的提供者（当时主要是汉人）及使用马所付报酬的一份清单"，[5] 这也显示了唐政府在西域征收、购买马匹范围之广，证明了当时各民族间马匹买卖之

①　刘安志：敦煌吐鲁番文书与唐代西域史研究［M］. 北京：商务印书馆，2011：111.
②　唐长孺. 吐鲁番出土文书（第 8 册）［M］. 北京：文物出版社，1988：88—90.
③　唐长孺. 吐鲁番出土文书（第 10 册）［M］. 北京：文物出版社，1988：29.
④　［日］荒山正晴. 唐代于阗的"乌陀"——以 tagh 麻扎出土有关文书的分析为中心［J］. 西域研究，1995（1）.
⑤　［日］荒山正晴. 唐代于阗的"乌陀"——以 tagh 麻扎出土有关文书的分析为中心［J］. 西域研究，1995（1）.

活跃。

二、五代时期丝路沿线的民间马匹贸易

五代时期，西北的马匹贸易一直都在正常进行，但是私人马匹买卖的情况少于唐代，这也与五代时期政府频繁的括马等有关系，民间养马业受到了严重的冲击，使得马匹贸易的规模日渐缩小，《后晋时代净土寺诸色入破历算会稿》就记载了当时马匹交易的情况："布四伯四拾玖尺，粟四十四石一斗，司空患时还马价付众僧用"，"布四六十尺，粟四十四石一斗，付当寺僧司空患时马价用"①。文中就是向寺院购买马匹的纪录。《年代未详（十世纪）龙勒乡百姓曹富盈牒》② 一文记载龙勒乡百姓有八岁马一匹，被其叔父所卖，但是叔父并不返还马价："都衙累年当官，万物闰于舍中，富盈虽沾微眷，久受单贫而活，如斯富者欺贫，无门投告。"这一经济纠纷文书年代不详细，可能是五代时期，可见，这一时期的马匹买卖仍然存在，只是远不如唐代频繁且规模庞大。中原地区的由于战争频繁，民间的马匹贸易受到了严重的冲击，政府在民间毫无顾忌地抄借和括马，使得民间养马业受到严重冲击，马匹贸易市场自然远不如前期活跃。

唐五代的官吏、贵族仍然以各种形式介入马匹贸易之中，如河北的何明远等："定州何明远，大富，主官中三驿。每于驿边起店停商，专以袭胡为业，资财巨万。家有绫机五百张。远年老，或不从戎，即家贫破。及如故，即复盛。"，③ 何明远等官员正是在安禄山的庇护下，才能够违反朝廷法令大规模地进行民间贸易，将丝织品输送出境，与北方一带的少数民族进行贸易。这种情况在唐代并不少见，以"善贸易之善"之名而坐镇泽三路节度使的刘从谏，就充分利用其政治权力进行敛财，还怂恿其子"岁榷马，征商人，又熬盐，货铜铁，收绢十万"，④ "岁榷马"说明当时其子利用权力进行马匹的专卖以谋取

---

① 唐耕耦，陆宏基. 敦煌社会经济文献真迹释录（第3辑）[M]. 北京：书目文献出版社，1986：455—511.

② 唐耕耦，陆宏基. 敦煌社会经济文献真迹释录（第2辑）[M]. 北京：书目文献出版社，1986：313.

③ [唐] 张鷟. 朝野金载（第3卷）[M]. 北京：中华书局，1979：75.

④ [宋] 宋祁，欧阳修. 新唐书（第214卷）[M]. 北京：中华书局，1975：6015.

财产。

更有官员直接进行贩卖马匹的行动，特别是当中原地区与少数民族地区马匹差价过大时，一些官员就利用出使的机会进行贩马活动："向时使者多私赍，以市马规利入，独憬不然。"① 在这次出使中使者多私赍，可见利用出使贩马比较普遍，《乙未年六月索胜全换马契》一契中就记载了押衙索胜全在乙未年六月换马一事："乙未年六月六月十六日立契，押衙索胜前次着于阗去，燧于翟押衙面上，换大马父马壹匹，其于阗使命到来之日，更还手绢壹匹，熟绢壹匹。"② 这一契约一般认为是公元 995 年的文书。为归义军时期的文书，归义军的押衙索胜全在出使于阗前向同僚换取一匹马，自于阗回来后，归还生绢、熟绢各一匹。这一契约中的索胜全很可能就是要借助出使于阗的机会进行经商，以赚取两地的差价。这种现象非常普遍，《谒金门·开于阗》一文中就记载了敦煌和于阗之间丝织品流通情况："开于阗，绵绫家家总满。奉戏生龙及玉碗，将来百姓看。尚书座客典，四塞休征罢战。但阿郎千秋岁，甘州自离乱。"③ 文中显示自从敦煌开通了与于阗的往来后，就绵绫家家总满，由此可见，于阗是敦煌非常重要的一个丝织品供应地。因此索胜全换马所得的绢很可能就来自于阗，两地间的畜牧业、手工业产品的往来买卖非常活跃，这也是商品经济发展的客观需要，证明民间的商品自由贸易有其强大生命力。

西北马匹贸易另外一个非常活跃的领域在于与马匹有关的手工业产品。在北方少数民族地区，畜牧业经济发达，对于马匹的皮、乳等利用水平较高，少数民族将马乳等提炼为酪，将乳汁加工制作成一种乳饼，使得奶酪发酵制成类似今日酸奶的"浆水"等。④ 西北少数民族还创造性地生产出"马乳发酵的乳酒"。⑤ 这些产品和技术也大量输入内地，并逐渐在中原地区流行。中原地区也利用马匹的骨骼、筋、皮等资源生产大量的相关产品，并输往其他地区。围

---

① ［宋］宋祁，欧阳修. 新唐书（第 150 卷）［M］. 北京：中华书局，1975：4811.

② 俄罗斯科学院东方研究所. 俄藏敦煌文献（第 9 册）［M］. 上海：上海古籍出版社，1998：45.

③ 中国社会科学院历史研究所. 英藏敦煌文献（第 6 册）［M］. 成都：四川人民出版社，1992：43.

④ 《食疗本草译注》卷中，上海：上海古籍出版社，1992. 转引自：魏明孔. 西北民族贸易研究：以茶马互市为中心［M］. 北京：中国藏学出版社，2003：173.

⑤ ［美］谢弗著，吴玉贵译. 唐代的外来文明［M］. 北京：中国社会科学出版社，1995：309.

绕着马匹等牲畜，各民族的民众都充分利用智慧，发掘相关的手工业产品，改善生活水平。

第二节　民间市场上的马匹价格

唐五代时期，官方马匹贸易的价格一般要高于民间马匹贸易的价格，民间的马匹贸易更多地是由市场决定价格，而官方马匹贸易虽然也受到市场上马匹价格的影响。但是还受政治、军事、习惯等因素的影响，唐五代时期的民间马匹贸易价格波动性也远大于官方马匹贸易价格。不同地方、不同品种的马匹，其价格也差距明显，在西北等地区其马匹价格就远低于内地。在唐出使回鹘的使团中，使臣也利用特殊的地位，进行私自贩马行为："贞元中，诏以咸安公主降回鹘，憬以本官兼御史中丞为副。前后使回纥者，多私赍缯絮，蕃中市马回以规利，独憬一无所市，人叹美。"由此可见，即便唐政府没有特意提高马匹购买价格，西北少数民族的马匹价格仍然非常低廉，足以吸引官员贩卖马匹。至少在贞元年间，中原地区的马匹价格要远远高于西北养马之地，西北大量贩马活动的存在也证明了这一点。

一、唐代丝路沿线的马匹价格

唐代贞观年间监牧拥有大量的马匹，马匹价格达到了"一马一绢"的低位，这是秦汉以来少有的价格。作为马匹的重要购买方，当唐自身拥有大量马匹，且政府对百姓用马有一定限制时，中原自然会减少对于少数民族马匹的采购，这也直接拉低了市场上马匹的价格。同期西北地区的马匹价格并不算高，唐贞观年间的马匹买卖契约显示，马的价格不过五匹练。当然，此后随着唐代监牧的不断衰弱，丝织品的大量输出，马匹价格也有所上涨。

从出土文献来看，高昌延昌年间到唐神龙年的 6 世纪到 8 世纪初的一百多年中，吐鲁番地区的马匹价格波动不大，普通的马匹一般一匹价值银钱 32 文—37 文，比较优良的驮马大约一匹值银钱 50 文。但是随着中原与西北地区的商贸往来日渐密切，马匹价格也开始逐渐有所上涨。神龙二年，《唐译语人何德力代书突骑施首领多亥达干收领马价抄》① 中记载的马匹价为"钱贰拾贯肆伯文"，到神龙三年时，一匹骝敦七岁则价值大练十三匹："马一疋骝敦七岁，大练壹拾叁。"② 开元二十一年同样的骝敦，马六岁，则价值大练十八匹："马壹疋骝敦六岁，开元二十一年正月五日，西州百姓石染典，交用大练拾捌疋。"③ 而《唐天宝二年交河郡市估案》中所记载的天宝二年的马匹价格则与开元二十一年间差距不大，其文录如下：

突厥敦（马壹匹）　　（次上直大练贰拾匹），次拾捌匹，下拾陆匹
　　　　　　　　　　次上直（小练贰拾贰匹），次贰拾匹，下拾捌匹
（草）马壹匹　　　　次上直大练玖匹　次捌匹　下柒匹④

晚唐时期，吐蕃占领敦煌以后，马匹买卖曾以白银计价，P. T. 1297（3）《购马契约》中所记载的马价为五两纯银，而 BD16099《龙年购马契》⑤ 中记载的马价为八两纯银。这些价格主要是西北出土文献所记载的马匹市价，内地一些地方也常有马匹买卖发生，其价格与西北地区的马匹价格有着密切的关系。

唐代内地的马匹价格可从《唐律疏议》的记载中可窥见一斑。《唐律疏议》卷6《名例》记载："假将私马直绢五匹，博取官马直绢十匹。"《厩库》："假有杀马，直十五疋绢。"⑥ 可见在《唐律疏议》一书编撰之时，马匹的价格大约在五到十五疋绢之间。而《唐律疏议》一书编写于高宗永徽二年，而与这一时期相近的时期，西北地区的马匹价格也与此相近。可见由于唐代前期自身拥有充足的马匹等牲畜，对于西北地区的马匹需求并不强烈，中原地区与游牧地区的马匹差价并不大。后期马匹供应不足后，内地的马价远高于西北

①　唐长孺. 吐鲁番出土文书（第8册）[M]. 北京：文物出版社，1988：87.
②　唐长孺. 吐鲁番出土文书（第8册）[M]. 北京：文物出版社，1988：68.
③　唐长孺. 吐鲁番出土文书（第9册）[M]. 北京：文物出版社，1988：48.
④　池田温：中国古代帐籍研究 [M]. 北京：中华书局，1984：453. 转引自胡如雷：隋唐五代经济史稿 [M]. 北京：社会科学出版社，1996：169.
⑤　郑炳林，黄维忠. 敦煌吐蕃文献选辑社会经济卷 [M]. 北京：民族出版社，2013：10.
⑥　[唐] 长孙无忌. 唐律疏议（第6卷）[M]. 北京：中华书局，1983：127.

地区。

据《唐天宝二年交河郡市估案》所载马价录文，不同的马种，其价格有一定的区别。① 可见马匹种类、性别、年龄等不同，马匹的价格也有所区别，评判马匹价格的一个很重要标准就是马匹的质量，良马的价格远高于驽马。

从所发现的部分资料来看，西北地区的民间马匹价格在唐代呈现上涨态势，从每马五匹练逐渐增加到每马十余匹练。支付的手段则以绢、练等丝织品为主。吐蕃占领敦煌时期，曾以金银等贵金属支付，这与吐蕃自身金银使用较多有一定关系，"吐蕃时期最主要的货币应是黄金，应属黄金货币区域，白银则是辅助性的货币"。② 也有学者认为白银的作用更大，"吐蕃的贸易交换中最为重要的媒介物是银子，银子行使着货币的职能"。③ 因此，以白银买马在吐蕃占领敦煌期间是正常的贸易行为。唐代的马匹价格从贞观年间一直到晚唐时期，出土文献都有一定的记载，以吐蕃占领敦煌时期的马匹交易价格来看，分别为五两纯银、八两纯银，平均约为 6.5 两。晚唐时期的白银价格很难予以考证，以一两白银一贯钱来计算，则过于低，与晚唐时期缺马的程度并不相符。这一时期敦煌文书对于白银价值有一定的记载，P. 2049 号《后唐同光三年正月沙州净土寺直岁保护手下诸色入破历算会牒》记载"麦叁硕，张兵马使买银壹量，打碗用"，"粟肆硕，张兵马使买银壹量，打碗用"，④ 银一两大概需要麦三到四硕。

德宗建中元年，初定两税的时候，粟价较以前贵得多，每斗只卖钱一百文。《李文公集》卷三《进士策问》第一道说："初定两税时，钱直卑而粟帛贵。粟一斗价盈百……，到了兴元元年，因为蝗虫害稼，粟价又复上涨，每斗卖钱三百文。"《白氏长庆集》卷三《捕蝗诗》说："捕蝗捕蝗谁家子？天热日长饥欲死。兴元兵久伤阴阳，和气盅蠹化为蝗。始自两河及三辅，荐食如蚕飞

① ［日］池田温. 中国古代籍账研究, 北京: 中华书局, 1984: 453. 转引自胡如雷《唐天宝二年交河郡市估案》中的物价史料, 隋唐五代社会经史论稿, 北京: 中国社会科学出版社, 1996: 163、169.

② 张云. 唐代吐蕃史与西北民族史研究 [M]. 北京: 中国藏学出版社, 2004: 156.

③ 才让. 吐蕃史稿 [M]. 兰州: 甘肃人民出版社, 2010: 253.

④ 唐耕耦, 陆宏基. 敦煌社会经济文献真迹释录（第 3 辑）[M]. 北京: 书目文献出版社, 1986: 347.

似雨。雨飞蚕食千里间，不见青苗空赤土。河南长吏言忧农，课人昼夜捕蝗虫。是时粟斗钱三百，蝗虫之价与粟同。"因此德宗年间的麦粟价格在每斗150钱左右，由此估算，6.5两白银可以换得麦约19.5到26硕，合钱29.3贯到39贯之间，可换得绢十余匹。可见唐代民间马匹贸易价格经历了一个由低到高的过程，唐代民间马匹价格的逐渐上涨，直到稳定在十到二十匹之间，这表明贞观年间低廉的马匹价格并不是一种常态。随着唐自身马匹数量的减少，与北方少数民族之间的贸易日渐繁荣，马匹的价格也逐渐稳定在十到二十匹之间。

二、五代时期丝路沿线的马匹价格

到五代时期，民间市场的马匹以绢帛计价明显下降，每匹马的价格不过数匹绢，这样的价格远低于唐代。这也表明五代时期虽然官方马匹贸易的价格要高于唐代，但是民间马匹贸易的价格按绢帛计算反而比唐代低。以绢帛计价，五代时期的马价低于唐代，这在很大程度上是由于商路受阻，内地的绢帛难以运往西北边疆地区，导致绢帛价值远高于以往。西北地区以往将绢帛作为货币的情况甚至也发生了改变，"唐朝中期，多数地区仍是钱帛兼行，绢帛既是商品，也是货币。吐蕃占领敦煌后情况也有所改变，在商品交换中，绢帛已不起一般等价物的作用，而以粮食和布匹作为价值尺度"。① 归义军时期，绢帛的输入有所缓解，但仍远不如盛唐时期。晚唐五代时，敦煌等地买卖马匹多以粮食等计价，这与当地农牧业不受商贸影响有一定关系，"吐蕃占领敦煌后，遵约不迁徙当地居民，且又实行计口授田，故其农牧业可以保持不衰"。② 正是因为这一地区的农牧业发展受到的影响不大，"虽然现在尚难找到一种可以相信为等价物的商品，但这种等价物在当时当地可能为小麦"。③ 以粮食计算晚唐五代时期这一区域的马匹价格较为合适。

五代时期绢价和粮价对于马匹价格有着重要影响，不同的等价物，其形成

---

① 杨际平．杨际平中国社会经济史论集（第三卷）［M］．厦门大学出版社，2016：598.
② 杨际平．杨际平中国社会经济史论集（第三卷）［M］．厦门大学出版社，2016：602.
③ ［俄］丘古耶夫斯基．8—10世纪的敦煌，法国敦煌学精粹［M］．甘肃人民出版社，2011：183.

的价格也有所不同。五代时期的民间马匹贸易文书相对较少，以敦煌藏经洞的文书为主。从这些文书来看，五代时期的马匹价格较唐代有所上涨，P.3257《后晋开运二年（945）十二月河西归义军左马步押衙王文通牒及有关文书》记索佛奴"其叔进君贼中偷马两匹，忽遇至府，官中纳马壹匹，当时恩赐马价，得麦粟壹拾硕，立机细伍匹，官布伍匹"，① 其中的立机细和官布统一折算成粮食。立机细是晚唐五代敦煌使用非常普遍的一种棉布，每匹细的长度在24 到 25 尺之间。敦煌文书中并无立机细的具体价格，只能够以其他文书中的价格予以换算。P.3051《丙辰年（956）僧法宝贷绢契》、P.3627《壬寅年（942）龙钵略贷绢契》、P.2453《辛丑年（941）十月二十五日贾彦昌贷生绢契》等文书都明文记载借贷一匹生绢的利息为一匹立机细，而 P.2504《辛亥年（951）康幸全贷生绢契》载："贷白丝生绢壹疋，长叁丈玖尺，幅宽壹尺玖寸。其绢利利头鍻鑑壹个。"② 至于鍻鑑价格，据 S.2899 号文书记载，为粟肆硕伍斗，P.3501《戊午年（958）康员进贷生绢契》也是借贷生绢一匹，其利息是麦肆硕，"其绢断偿利头，见还麦肆硕"③。因此，若借贷周期一致，立机细的价值很有可能是麦四硕左右。至于官布的价值则很难判断，据敦煌文书，P.2912《丑年正月已后入破历稿》④ 记载："教授送路布十五匹，准麦六十七石五斗。都头分付慈灯布十匹，准麦四十五石。与宋国宁布两匹，［准］麦九石，都计一百廿一石五斗。□斋傃布一匹四石五斗，□ □藏□斋傃布一匹四石二斗。□众傃布……石九斗。布一匹四石二斗。"帐中除两匹以 4.2 石出卖外，其余皆以 4.5 石出卖，可知官布的价值也在麦 4.5 石左右，因此后晋开运二年的马匹价格约为 52.5 石麦。P.2504《年代未详（十世纪）龙勒乡百姓曹富盈牒》所载马匹价格为两匹生绢，其文书中记载"内一疋断麦粟廿七石"，因此两匹生绢为 54 石，马的价值为麦粟 54 石。

---

① 唐耕耦，陆宏基. 敦煌社会经济文献真迹释录（第 2 辑）［M］. 北京：书目文献出版社，1986：295.

② 唐耕耦，陆宏基. 敦煌社会经济文献真迹释录（第 2 辑）［M］. 北京：书目文献出版社，1986：124.

③ 唐耕耦，陆宏基. 敦煌社会经济文献真迹释录（第 2 辑）［M］. 北京：书目文献出版社，1986：126.

④ 唐耕耦，陆宏基. 敦煌社会经济文献真迹释录（第 3 辑）［M］. 北京：书目文献出版社，1986：55.

由此可知，五代时期的马匹价格在 54 石麦左右，唐代的马匹价格若以绢计算则高于五代时期，若以粮食计算则低于五代时期。唐代粮食价格起伏较大，以天宝年间计算，天宝五载（746）"海内富实，米斗之价钱十三，青齐间斗才十三钱，绢一匹钱二百"①，以这样的价格计算，一匹突厥马在 24.6 石到 30 石米之间。而米价要高于麦价，据宰相陆贽在《请减京东水运收脚于缘边州镇储蓄军粮事宜状》中记载："其有纳米者，每米六升，折粟一斗。"② 而麦粟价格之比，高启安先生在《唐五代至宋敦煌的量器及量制》③ 一文中，认为"一斗麦约等于 1.44 斗粟"的价值，因此，唐代马匹的价值折合成麦约为28.4 石到 34.7 石，若以粮食计算，唐代的马匹价格低于五代时期。

表 5.1　唐代民间马匹价格

时间	价格	来源
贞观某年	五匹练	吐鲁番出土文书第 5 册，第 107 页。
永徽二年	假将私马直绢五匹，博取官马直绢十匹，假有杀马，直十五疋绢	《唐律疏议》卷 6
咸亨二年	阚佑洛、田阿波六驮马价练陆疋，张欢相练叁疋，张惠照练叁疋半，	《敦煌资料》第一辑，北京：中华书局，1961 年版，第 453 页。
神龙二年	三匹马，钱贰拾贯肆伯文	吐鲁番出土文书（第 8 册）第 87 页。
神龙三年	马一疋骝敦七岁，大练壹拾叁	吐鲁番出土文书（第 8 册）第 68 页。
8 世纪	乌陀马骝敦八岁，钱肆千文	唐年代未详（8 世纪）于阗新市乌陀马账

① ［宋］宋祁，欧阳修. 新唐书（第 51 卷）［M］. 北京：中华书局，1975：1346.

② ［唐］陆贽. 陆贽集（第 18 卷）［M］. 北京：中华书局，2006：598.

③ 高启安：唐五代宋初敦煌的量制及量制［J］. 敦煌学辑刊，1999（1）.

（续表）

时间	价格	来源
开元二十一年	马壹疋骟敦六岁，交用大练拾捌疋	吐鲁番出土文书（第9册），第48页
天宝二年	突厥敦马，次上直大练贰拾匹，次拾捌匹，下拾陆匹草马，次上直大练玖匹，次捌匹下柒匹	池田温：中国古代帐籍研究［M］.北京：中华书局，1984年版，第453页
天宝六年	二十伍匹绢	敦煌社会经济文献真迹释录（第1辑）第464页。
791或803年	五两纯银	P.T.1297（3）《购马契约》
龙年	八两纯银	BD16099《龙年购马契》
后晋开运二年	麦粟拾硕、立机绌五匹、官布五匹	敦煌社会经济文献真迹释录（第2辑）第295页。
后晋	布四伯四拾玖尺，粟四十四石一斗，	敦煌社会经济文献真迹释录（第3辑）第455—511页
十世纪	两匹绢	敦煌社会经济文献真迹释录（第2辑）第313页
995年	生绢、熟绢各一匹	俄藏敦煌文献第9册，第45页

此时马价的高昂可能与五代时期的军事形势有关。五代时期战争频繁，政府多次在民间进行括马，晚唐五代时期，政府在民间随意征用马匹，直接伤害了养马业的发展。僖宗时期，由于需要镇压农民起义，官吏采取各种措施补充马匹数量，以增强军事力量，监军"趣亲吏入民舍夺马，凝乘门望见，麾左右捕取杀之，由是不敢留，然益储畜缮完以备贼，贼至不能加"。① 在晚唐时期，此类随意掠夺民间马匹常常发生。到五代时，北方战争频发，而且这些地区又正好多属于适宜养马地区，政府自身饲养的马匹数量不足，就经常下令掠夺民间的马匹，这就使得本已十分衰落的养马业进一步受到严重的摧残。《五代会要》载："梁开平四年（910）十月，颁夺马令，冒禁者罪之"，"晋天福九年

---

① ［宋］宋祁，欧阳修. 新唐书（第143卷）［M］. 北京：中华书局，1975：4694.

（944）正月，发使于诸道州府，括取公私之马"。① 这些措施直接伤害了民间养马的热情，使得民间市场上的马匹数量严重不足。民间养马业受到严重的冲击，同时西北作为重要的马匹来源地，军事冲突也较为频繁，使得畜牧业经济的发展受到一定的影响。另外五代政府为了增强军事力量，也有意识地提高官方购买马价格，以吸引少数民族进行贩马，这也直接推高了马匹的市场价格。五代时期丝绸之路受到很严重的冲击，马匹的贸易也受到影响，商路的受损使得更北方的马匹难以输入，回鹘等地的马匹价格要远低于党项等地，但是甘州回鹘等在运送马匹的过程中时常被少数民族政权劫掠，这使得廉价马匹的供应受到阻碍，自然导致五代时期的马匹价格高于唐代。

总体而言，唐五代西北地区的马匹价格经历了跌宕起伏的变化，这与中原的马政管理、游牧地区军事安全、商路的通畅等有着密切的关系。前期马匹价格稳定而且低廉很大程度在于唐自身拥有充足的马匹，同时商路畅通，使得西北马匹市场的供应足以满足需求。此后价格则不断上涨，据孟宪实所著《唐西州马价考》一文就认为西州的马价以铜钱计算从高宗到天宝初处于上涨阶段。② 到晚唐五代时期，马匹的需求量越来越大，而马匹的供应却越来越少，西北地区的马匹价格以粮食计价自然不断上涨。

唐五代时期，官方马匹价格和民间马匹价格之间存在一定的区别，中原政府在与与周边少数民族，特别是北方实力强大的少数民族进行马匹互市贸易时，马匹的价格一般会高于市场价格。但是这并不代表着唐在进行各类马匹贸易时，价格就不会有所变化。当回鹘逐渐趋于衰弱，其在政治、军事上的影响力严重下降，且唐政府对于马匹的紧缺程度有所缓解时，其马匹价格就低于每匹四十绢。李德龙先生所写的《敦煌遗书 S8444 号研究——兼论唐末回鹘与唐的朝贡贸易》一文中，通过出土文献中的价格对比，认为回鹘在 894 年至 904 年间向唐朝贡的马匹，唐给予了回赐，每匹马的回赐大约为 23.75 匹，这样的价格远低于四十匹绢的价格。894 年至 904 年间，正是唐与回鹘都处于衰弱的时期，唐无心也无力羁縻回鹘，回鹘牵制吐蕃的作用也大大下降，马匹贸易在

---

① ［宋］王溥. 五代会要（第 12 卷）［M］. 上海：上海古籍出版社，1978：208.
② 孟宪实. 唐西州马价考［J］. 新疆师范大学学报（哲学社会科学版），2016（3）.

唐与回鹘关系中间的作用也有所下降，所以马匹的价格也明显下降。这也表明唐代官方贸易中，马匹的价格并不是一成不变的，价格很大程度上受到唐对于马匹的需求程度、少数民族政权对于唐的重要性、马匹的质量等因素的影响。同时边境地区的一些军队、驿站在民间市场上购马仍然采用市场价，当与少数民族马匹互市价格远高于市场价时，中原政府也会意识到其中的问题，因此受政治扭曲的官方马匹价格仍然受到民间马匹市场价的制约。

第六章　唐五代马匹贸易的演变

唐五代的官方和民间马匹贸易发展非常之快，马匹贸易的规模和范围在我国马匹贸易史上都达到了一个高峰，官私马匹贸易的活跃为其发展和演变创造了良好的条件。马匹贸易在这一时期经历过较大的变化，发展过程波澜壮阔，特别是中唐时期的波动和变化为其演变创造了条件。可以说唐五代时期的马匹贸易起到了承上启下的作用，其产生的演变也给此后中国社会、经济的发展带来了深远的影响。

第一节　唐五代马匹贸易的演变

唐五代马匹贸易所发生的演变主要体现在以下几个方面：由绢马贸易向茶马贸易的转变、马匹贸易中政治导向逐渐让位于客观需要、贸易管控更加严密。

一、茶马贸易的逐渐兴起

首先是由绢马贸易向茶马贸易的转变。在唐以前，由于少数民族手工业不发达而畜牧业经济发达，中原王朝的丝织业则较为发达，中原王朝在与周边少数民族开展贸易时，多以丝织品作为支付手段，这是由内地与北方少数民族之间产业结构的不同所决定的。也正是社会分工的不同，农耕经济与畜牧业经济之间产业贸易的必然性，才使得马匹贸易有其发展的客观性。中原王朝在进行马匹贸易时，支付方式主要集中在绢帛、金银等各类手工业品，此类贸易一般被称为"绢马贸易"，持续时间非常长，也是中原王朝与少数民族开展贸易时的主要形式。西汉时期，西北地区所养育的汗血马，隋代，大宛所养的狮子骢等，中原王朝在购买这些马匹时，都不得不支付数量可观的丝织品，发展到唐代，甚至出现了马价绢。绢马互市曾经对繁荣农牧业经济、改善农耕民族与游牧民族的生产生活起到了积极的作用，更促进了多民族间的交流和和平，使得中国的丝织品以贸易的形式输往更远的其他国家，产生了深远的影响。

随着唐五代马匹贸易的不断发展，原有的绢马贸易逐渐开始向茶马贸易转变，茶马互市首先兴起于西北地区，这与西北地区的经济结构、少数民族的生活状况有着密切的关系，西北地区多为亦农亦耕地区，农牧相间，这样的地区必然需要开展大量的贸易，特别是畜牧业产品的贸易。同时，自从西汉时张骞通西域，丝绸之路在民族贸易中的地位就越来越重要，历代马匹贸易的重点都是在西北地区，这一地区又多为苦寒之地，游牧民族对于茶叶在生活上有着客观的需要，这些因素直接促成了茶马贸易首先产生于西北地区。

我国史书中对于茶叶的记载比较早，早期茶叶并没有流行开来，特别是将茶叶作为饮品。直到中唐以后，茶叶才开始逐渐成为与人们生活息息相关的一种产品，"茶古不闻食之，……至开元天宝（713年—756年）之间，稍稍有之，至德大历（756年—779年）遂多，建中（780年—783年）以后盛矣。"① 据《封氏闻见记》所记载，晚唐时期南方的产茶和饮茶已经非常普遍，"茶为食物，无异米盐，于人所资，远近同俗"，② 饮茶这种习惯逐渐流行开来，甚至北方少数民族渐渐开始流行饮茶。开元年间，唐与吐蕃建立了非常密切的贸易关系，双方在赤岭、陇州等地进行互市，一些学者就认为唐在与吐蕃的互市中曾交易茶叶，"茶马互市已经是汉蕃民族之间经济往来的一项比较重要的内容中"，③ 晚唐时期，吐蕃的一些贵族就对于茶叶非常了解，唐德宗建中（780—783年）年间，朝廷遣使至吐蕃：

常鲁公使西蕃，烹茶帐中。赞普问曰："此为何物?"鲁公曰："涤烦疗

---

① ［唐］杨华.膳夫经手录，感峰楼，转引自：苏小丹.从千利休看安土桃山时期的茶道文化，2012 年郑州大学硕士学位论文.

② ［后晋］刘昫.旧唐书（第173卷）［M］.北京：中华书局，1975：4504.

③ 魏明孔.西北民族贸易述论——以茶马互市为中心［J］.中国经济史研究，2001（4）.

渴，所谓茶也。"赞普曰："我此亦有！"遂命出之，以指曰："此寿州者，此舒州者，此雇渚者，此蕲门者，此昌明者，此滹湖者。"①

从这一材料来看，吐蕃的贵族开始饮茶，甚至各类茶叶的产地也相当熟悉，拥有的茶叶种类也不少，"吐蕃赞普本人就储存过汉地各种名茶，且派专人负责经营汉藏茶叶贸易，当时有称为'汉地五茶商'的茶叶经纪人"。② 此外，这一史料也证明最早流入吐蕃的茶叶极有可能不是通过官方的贸易得到，而是以民间贸易的形式得到。党项也曾用马匹等交易茶叶："唐中叶后党项亦驱羊马于边市易茶等日用品。"③ 在我国吐鲁番地区也发现了茶叶的痕迹："从阿斯塔那 187 号墓出土的围棋仕女图绢画中有捧茶侍女的图画来分析，至迟在公元 7 世纪茶叶就被胡商贩运到吐鲁番等西域各地。"④ 这也说明茶叶作为一种易贩易销的轻货，正逐渐向少数民族地区销售，并得到少数民族民众的认可。

至于具体最早茶马贸易开始的时间，学术界则有不同的观点，有人认为是开元十九年（731）唐蕃在赤岭互市，也有人认为是唐代中叶，"时回纥入朝，始驱马市茶"，更有人认为起源于宋代，宋代在与契丹进行马匹贸易时，曾经以茶叶进行过支付，"……自今以布帛、茶及它物市马"。⑤ 这三种说法中，唐与吐蕃的马匹贸易中是否以茶叶买马并无明确的史料证明。唐代虽然与吐蕃建立了非常密切的贸易关系，吐蕃曾经多次请求开展互市，武则天时期在益州、唐玄宗时期曾在赤岭、宪宗时期曾在陇州等地区进行互市，双方虽然互市频繁，但是史料中唐与吐蕃的各类贸易中，并未出现茶叶。至于部分史料中表明吐蕃有茶叶，可能是吐蕃在以贸易或者其他手段获得，并不能够证明吐蕃曾经用马匹交换过茶叶。

反而第二种说法则有明确的史料作为支持，唐代的《封氏闻见记》曾记载："往年回鹘入朝，大驱名马，市茶而归。"⑥ 这是唐代有明确史料记载的茶

① ［唐］李肇 . 唐国史补（下卷）［M］. 上海：上海古籍出版社，1979：66.
② 尕藏才旦 . 吐蕃文明面面观［M］. 兰州：甘肃省民族出版社，2001：101.
③ 王致中，魏丽英 . 中国西北社会经济史研究［M］. 三秦出版社，1996：329.
④ 李明伟 . 隋唐丝绸之路［M］. 兰州：甘肃人民出版社，1994：238.
⑤ ［宋］李焘 . 续资治通鉴长编（第 24 卷）［M］. 北京：中华书局，1992：599.
⑥ ［唐］封演 . 封氏见闻录（第 6 卷）［M］. 北京：中华书局，2005：52.

马贸易之始，以唐代马匹贸易的规模、后期唐财政收入的状况、茶叶经济的发展水平等因素来看，唐在与回鹘进行马匹贸易时以茶叶进行支付是可能的。当然，这一时期的茶马贸易与绢马贸易相比，仍然处于萌芽阶段，丝织品仍然被广大少数民族所认同，特别是回鹘等民族通过绢马贸易获得大量绢帛后输往更西的国家和地区。而茶叶才刚刚在内地流行起来并没有在少数民族间广泛流行，少数民族对于茶叶的需求量也不大，因此这一时期的茶马贸易还没有形成规模，只是零星的贸易，多数在民间贸易中产生。这也是为什么说"往年回鹘（纥）入朝，大驱名马市茶而归，亦足怪焉"，可见当时的回鹘以马易茶还不是常见的现象。但是随着唐与回鹘的交往日益密切，回鹘对于茶叶的了解也更加透彻，出现了千匹良马易《茶经》的故事。唐代后期极为缺少马匹，当唐与回鹘商谈市马事宜时，回鹘使者表达了愿意以一千匹良马交换一部由陆羽撰写的《茶经》的愿望，唐只好四处搜寻此书，此时诗人皮日休献出了其拥有的《茶经》手抄本，最终换回了唐所急需的马匹。这一故事也反映了唐代后期，茶叶在回鹘牧区已经比较流行了，这也表明随着中原地区与少数民族地区之间交流的日益深化，茶叶也越来越得到认同，为茶马贸易的开展创造了良好的条件。

五代时期的茶马贸易继续发展。后梁开平二年，契丹应楚王马殷的要求，在汴、荆、襄、唐、郢、复诸州置"回图务"，以便湖南等地"运茶河之南北，以易缯纩战马"。[1] 南方政权在实力弱小的情况下，以茶叶进贡中原并不少见，特别是南方一些地区茶叶经济发展迅速，多次以茶叶交换马匹。长兴三年，荆南就曾"贡银茶于唐，以求战马"[2]。南唐的茶叶生产量也非常大，但是其辖地适宜放牧之地非常少，马匹的供应则更为紧缺。南唐末年，国力衰弱后，也曾以茶易马，向北宋贡献茶叶及其他物品，北宋每年也给予一定的回馈，"馈羊万口，马三百匹，橐驰三十"[3]，实际上这也是一种茶马贸易。南唐还曾与远在北方的契丹进行过茶马贸易，契丹以羊马入贡，"别持羊三万口，马二百匹

① ［清］吴任臣. 十国春秋（第 67 卷）［M］. 北京：中华书局，1983：937.

② ［清］吴任臣. 十国春秋（第 101 卷）［M］. 北京：中华书局，1983：1440.

③ ［清］吴任臣. 十国春秋（第 16 卷）［M］. 北京：中华书局，1983：234.

来鬻，以其价市罗、纨、茶、药"。① 此后契丹多次派遣人员到南唐，以马匹等牲畜交易茶叶，南唐也遣人去契丹进行贸易，还在契丹派驻有专门主持贸易和政治事宜的"长直官"。五代时期以茶易马的方式在宋代逐渐趋于完善，到宋代时，随着茶叶逐渐得到广泛的认同，茶马贸易的发展水平不断提高，并在北方地区形成比较大的规模，这一时期茶马贸易逐渐取代了绢马贸易，成为贸易的主要形式。

二、马匹贸易的羁縻色彩逐渐淡化

马匹贸易中政治导向逐渐让位于客观需要。在唐五代时期，特别是中唐以前，马匹贸易具有非常强烈的政治导向，虽然买马客观上是为了提升自身的军事实力、改良马种等，但是随着唐代监牧不断完善，马匹数量的不断提升，政府在马匹贸易上更加从容，是否买马、买多少马很大程度上是基于政治考量，只有当监牧马匹数量严重下降时，政府才急于满足实际需求。在安史之乱以后，马匹贸易更大程度是为了解决实际的需要，这一点在五代甚至宋代更加明显。中唐以前，唐拥有数十万马匹，特别是唐代的监牧系统，在太宗和玄宗时期，马匹数量都达到了高峰，军队的马匹动辄数万匹。《通典》中引用《李靖兵法》中，以一道行军两万人为例，分析了唐代军队中各类士兵的组成情况："诸大将出征，且约授兵二万人，即分为七军，如或少临时更定。中军四千人，内取战兵二千八百人，计五十六队。……马步通计，总当万四千，共二百八十队当战，余六千人守辎重。"② 骑兵在整个队伍中占的比例接近百分之三十，军队按照一定的比例配给马匹，以唐代军队的数量计算，所拥有的马匹数量不在少数。《太白阴经》卷三《马将篇》称："一军征马二万五千匹，其无马者，亦如五支，令以两匹为率一人征马副大将，军中择善牧养者任。二人征马总管副偏将，军中择善牧养者任。八人征马子将军，军中择明闲牧养者任。五十人征马押官定见，军中择善牧养者任。五百人群头善乘骑者任，一云百人

---

① ［宋］陆游. 陆游全集校注（第 12 册），南唐书（第 18 卷）［M］. 杭州教育出版社，2011：415.

② ［唐］杜佑. 通典（第 148 卷）［M］. 北京：中华书局，1988：3792—3793.

群头签，亦群头中择取一千人马子军外差，又云五百人马子签马在内。"① 唐代驿站等机构也拥有相当数量的马匹，自身不缺马匹，能够在前期开展马匹贸易时更多是从政治的角度进行。而到晚唐五代时期，政府自身养马不多，相当一部分需要靠购买，随着统治疆域的缩小，马匹贸易的对象也不断变少。唐代中原王朝实力强大，活动范围极为广阔，周边的少数民族也非常多，这一时期的马匹贸易多对象达数十个，中原王朝与远至大食的诸多国家都曾经进行过马匹贸易，宦官刘元尚以"大食市马使"的职位前往阿拉伯进行马匹贸易。唐代在西至阿拉伯，东至朝鲜，南至印度，北至西伯利亚的广大范围内进行了各种各样的马匹贸易，所交换的马匹数量不仅庞大而且品种各式各样。据学者马俊民研究，唐代以各种形式获得马匹品种达到83种之多，"北部地区有骨利干马、结骨马、悉密马、拔曳固马、同罗马、薛延陀马、仆骨马、阿跌马、契马、芯羽马、突厥马、蹄林州匐利羽马、廻纥马、俱罗勒马等28种，西部有康国马、吐火罗马、高昌马、龟兹马、安国马、东安国马、吐谷浑马、大食马、沙陀马、石国马、东曹国马、于阗马等34种，东北则有契丹马、奚马、高丽马、室韦马等8种，南部地区则有南诏马、吐蕃马、夭竺马等3种"②。可见当时唐代的马匹贸易范围广阔，马匹贸易对象非常多。而五代以后，中原王朝的实力严重下降，在马匹贸易中也相对被动，不仅马匹贸易的规模严重下降，贸易的对象也逐渐变少。五代时期，中原王朝主要与党项、契丹、回鹘等几个少数民族有着密切的马匹贸易关系，当然，这也与五代时期战乱频繁，商路不畅等有着密切的关系，总之，五代时期中原王朝买马的范围和对象都有所缩小。到宋代时，宋政权面临周边少数民族严重的军事威胁，买马的对象也不多，西北的购马商路受到西夏等势力的阻碍，主要与契丹、党项、吐蕃等有马匹贸易关系，而且后期主要从吐蕃获得马匹，马匹贸易的对象远少于唐代。这使得政府外购马匹来源日渐紧迫，自身实力的下降也使政府无力在马匹贸易中进行政治羁縻，马匹贸易的政治色彩逐渐变淡，买马很大程度上就是为了解决其实际的需要。

---

① ［唐］李筌. 太白阴经全解［M］. 北京：中华书局，1985：57—58.
② 马俊民. 关于唐代"胡马"引进及其历史作用［J］. 天津师大学报（社会科学版），1988（4）.

　　中国作为一个多民族国家，北方长期面临强大的游牧民族的威胁，历代统治者都面临如何处理与周边少数民族关系的问题。中原王朝在对待周边少数民族时基本都采取了军事斗争与羁縻并行的策略，而且羁縻政策采取的时间更长，影响也更深远。唐以前，中原王朝就采取和亲、贸易等多种手段安抚周边少数民族，特别是实力强大的少数民族，如突厥等。隋代初期，双方就开始了互市等经济联系，《隋书》载"突厥尝与中国交市，有明珠一筐，价值八百万"①。双方的马匹互市规模也非常大，"开皇八年（公元588年），突厥部落大人相率遣使贡马万匹，羊二万只，驼牛各五百头，寻遣使请缘边置市与中国贸易，诏许之"②。隋以互市等方式与突厥等民族建立了非常密切的经济联系，突厥通过贸易的形式，以马、骆驼、牛、羊、兽皮、木材、土特产来换取中原地区的盐、粮食、布帛、丝织品、衣服、农具、金属制品、药材和各种装饰品等。由于双方经济结构的不同，畜牧业经济对农耕经济具有天然的依赖性，"游牧经济不等于畜牧业经济，它的正常运行，需要有商业贸易、狩猎业、种植业、手工业等经济种类的密切配合。特别是其中的商业贸易，在整个游牧经济结构中，占有举足轻重的地位和作用"。③ 正是因为游牧民族产业的单一，隋以贸易的方式使得与突厥的关系得到缓和，北方获得一个比较安宁的生产环境。

　　唐代建立之初，在打败北方突厥后，北方的军事威胁明显减小，在处理与周边少数民族关系时，更多地采用羁縻的方式，而且取得了良好的效果。唐代先后在边境地区开设了多个互市的地点，建立了非常紧密的贸易关系，与突厥、回纥、吐谷浑、吐蕃等都有非常庞大的马匹贸易，这一时期的马匹贸易就具有非常明显的政治色彩，主要目的并不在于解决唐代马匹缺乏这一问题。中唐以前马匹贸易的政治色彩在朝贡贸易中色彩最为浓厚。唐王朝实力强劲，在周边民族政权中具有非常高的声望，多数国家在开展朝贡贸易时，主要目的在于改善与唐的关系，或有所祈求。开元七年，安国王就提出了自己的请求："从此年来，被大食贼每年侵扰，国土不宁。伏乞天恩慈泽，救臣苦难，仍请

————————————

　　①　[唐] 魏征. 隋书（第36卷）[M]. 北京：中华书局，1973：1108.
　　②　[唐] 魏征. 隋书（第84卷）[M]. 北京：中华书局，1973：1871.
　　③　贺卫光. 中国古代游牧民族经济社会文化研究 [M]. 兰州：甘肃人民出版社，2001：200.

救下突厥施，令救臣等，臣即统领本国兵马，计会翻破大食。伏乞天恩，依臣所请。今奉献波斯马娄二、拂菻绣氍毹一、郁金香三十斤、生石蜜一百斤。臣今借紫讫，伏乞天恩赐一员三品官。又臣妻可敦奉进柘必大氍毹二、绣氍毹一，上皇后。如蒙天恩慈泽，请赐臣鞍辔器仗袍带，及赐臣妻可敦衣裳妆粉。"① 在这次朝贡中，安国王提出了政治上的请求，因为经常被大食侵扰，希望唐能够救下突骑施去拯救安国王，还希望获得三品官等其他赏赐，可见安国王进行朝贡的主要目的不在于经济利益，而在于政治利益。

同年康国王也送来马匹等，希望唐能够帮助康国抵御大食的入侵："伏乞天恩知委，送多少汉兵来此，救助臣苦难。其大食只合一百年强盛，今年合满，如有汉兵来此，臣等必是破得大食。今谨献好马一、波斯骆驼一、马娄二。如天恩兹泽，将赐臣物，请付臣下使人将来，冀无侵夺。"② 周边的民族政权在朝贡贸易中，虽然也能够获得一定的经济利益，但是主要目的还是在政治上改善关系，获得唐的支持。

中唐以前，唐在朝贡贸易中，主要也不是为了解决自身的马匹需求问题，更大程度上是为了树立万国来朝的政治形象，维护自身政治统治的需要。因此，中唐以前，唐在朝贡贸易中对于马匹并不显得急迫。高宗时期就曾有退回吐谷浑马匹的事例："高宗永徽二年闰八月，吐谷浑河源郡王慕容诺曷钵遣使献骏马，帝问其马之种性，对曰：臣国者所以献之，帝曰：良马人之所欲！岂可辍彼不足而加我之有余哉，乃命还之。"③ 其高宗的一句"岂可辍彼不足而加我之有余哉"，显示出唐在马匹朝贡贸易中并没有特别在意马匹的供给。

在边境互市上也是如此。唐在开展互市时也是出于安抚少数民族的目的，具有非常明显的政治上笼络、羁縻周边少数民族政权的意图。唐代就曾将互市作为奖赏，与突厥进行马匹贸易："（开元）十五年，小杀使其大臣梅录啜来朝，献名马三十匹。时吐蕃与小杀书，将计议同时入寇，小杀并献其书。上嘉其诚，引梅录啜宴于紫宸殿，厚加赏赉，仍许于朔方军西受降城为互市之所，

---

① ［宋］王钦若. 册府元龟（第 999 卷）［M］. 北京：中华书局，1960：11722.
② ［宋］王钦若. 册府元龟（第 999 卷）［M］. 北京：中华书局，1960：11722.
③ ［宋］王钦若. 册府元龟（第 168 卷）［M］. 北京：中华书局，1960：2025.

每年赍缣帛数十万匹就边以遗之。"① 唐正是因为小杀并没有与吐蕃一起侵扰唐，而对突厥予以一定的嘉奖，允许在西受降城进行互市。唐玄宗开元某年《敕突厥可汗书》就谈到，"此度所纳，前后一万四千，缘儿初立可汗，朕又约为父子，恩义相及，不可却回，所以总留，计物五十万匹"。② 唐在这一时期开展这么大规模的马匹贸易也不是为了解决自身的马匹需要，不然也不会指出"比来和市，常有限约，承前马数，不过数千"，中唐以前的马匹贸易主要是唐的政治工具，次要是为了解决其实际需要。

安史之乱以后，情况则大不一样，唐自身的马匹非常紧缺，因此宰相李德裕声称"朝廷比来所乏，最在戎马"。马匹的严重缺乏使得政府出现"时刺史有马，州佐已下多乘驴"的状况，因此唐在这一时期开展马匹贸易时更加急迫，也更加现实，在朝贡贸易中的政治色彩不断下降，而经济色彩则逐渐浓厚。唐乾元年间，"元年建卯月，制诸道贡献除马畜供军之外，其余鹰鹞狗奇禽异兽并不得辄进"③，这一命令实际也是为了解决马匹的需求问题。敦煌所出的S.8444 文书中也记载了回鹘朝贡马匹而唐予以回赐的情况，回鹘进贡马 16匹，按学者李德龙的研究，唐代对于每匹马的回赐大约为大绢 23.75 匹④，这样的价格相比前期唐与突厥、回鹘在马匹贸易中一匹马四十匹绢的价值而言，明显降低，与市场的实际价格也比较接近。可见唐在朝贡活动中开始日渐注重经济性和实用性，其政治目的则有所下降。在互市中，唐也开始根据需要买马了。元和十一年正月，宪宗买马"以讨吴元济，命中使以绢万匹，市马于河曲"⑤。虽然在互市中，唐买马价格仍然过高，但是晚唐五代时期的政府开始有所调整，大历八年的一次绢马贸易体现了这一点："回纥赤心请市马万匹，有司以财乏，止市千匹。子仪曰：'回纥有大功，宜答其意，中原须马，臣请

---

① ［后晋］刘昫. 旧唐书（第 194 卷上）［M］. 北京：中华书局，1975：5177.

② ［清］董诰. 全唐文（第 286 卷）［M］. 北京：中华书局，1983：：2903.

③ ［宋］王钦若. 册府元龟（第 168 卷）［M］. 北京：中华书局，1960：2026.

④ 李德龙. 敦煌遗书 S.8444 号研究——论唐末回鹘与唐的朝贡贸易［J］. 中央民族大学学报（社会科学版），1994（3）.

⑤ ［宋］王溥. 唐会要（第 72 卷）［M］. 北京：中华书局，1955：1304.

内一岁俸，佐马直。'"代宗"命有司量入计许市六千匹"①，正是由于中原需要马匹，而财政又特别困难，代宗才买马六千匹，并没有将一万匹马全部买下。到五代时期时，在处理党项等民族的马匹贸易时也根据经济上的承受力调整了政策。后唐明宗曾说："尝苦马不足，差纲远市，今蕃官自来，何费之有，外蕃锡赐，中国常道。"② 因为缺乏马匹，而采取了以往中原王朝特别优待外蕃的做法，以吸引更多的马匹供给，当财政压力实在过大后，"乃诏吏就边场售马给直，止其来朝"，③ 这一做法反映出，晚唐五代时期的中原王朝不再一味地注重政治目的，更多地以实际马匹需要和经济利益为考量。

三、马匹贸易的管控日益严格

马匹贸易的管控更加严密。虽然唐代在民族贸易管理上有着非常严格的限制，凡是唐境内的商人要与周边少数民族从事马匹贸易，都需要获得政府的批准，对于内地商人也有着非常严格的控制。但是唐代边境贸易仍然非常活跃，贸易限制措施受到客观需要的严重挑战，特别是中唐以后，政府也多次重申此类法律。有大量的商人与周边少数民族从事马匹贸易，在贸易活跃的西北地区，商人大量贩运马匹。元和十五年（820年），唐宪宗命太子中允李寮为宣抚党项使，"以部落繁富，时远近商贾，赍缯货入贸羊马"④，商人大量参与其中，出土的文书也显示唐代西州、敦煌等地区，民族间的马匹贸易非常活跃。

但是到五代及宋时期，政府制定了严密的马匹贸易制度。"五代之初，回鹘入贡中原，皆由官方主持办理，不准在民间交易"，⑤ 虽然后周一度允许私市，但到宋代时，又予以禁止。宋代茶马贸易的制度开始日渐完善，还专门设置都大举茶司，统一管理征榷、运输、销售、买马等事宜，在多地设置了买茶场、卖茶场、买马场等，政府管控着茶马贸易的每一个环节，马匹的走私活动虽然时有发生，但并不占据主流。宋所建立的茶马贸易制度也被后代所借鉴，

---

　　① ［宋］欧阳修，宋祁．新唐书［M］．北京：中华书局，1975：4607．［后晋］刘昫．旧唐书．北京：中华书局，1975：5207．

　　② ［宋］王钦若．册府元龟（第170卷）［M］．北京：中华书局，1960：2057．

　　③ ［宋］欧阳修．新五代史（第74卷）［M］．北京：中华书局，1974：912．

　　④ ［后晋］刘昫．旧唐书（第198卷）［M］．北京：中华书局，1975：5293．

　　⑤ 杨圣敏．回纥史［M］．桂林：广西师范大学出版社，2008：209．

并延续了数百年。五代及宋时期，政府对于马匹贸易管控严格，商人开始逐渐较少地参与其中，马匹贸易以政府、地方藩镇等为主，中央政府对于藩镇买马也非常警惕。后周广顺四年九月辛卯，"诏曰：西道军镇藩部经过不得与之市买鞍马器仗"。① 特别是宋代，民族间的马匹贸易基本完全由政府掌控，史书所记载的马匹走私、盗马等并不占据主流，总的格局是马匹贸易处于政府的严格控制下，政府深度介入马匹贸易之中，对于马匹贸易的官方垄断更加严密和细致，不仅有专门的机构进行马匹贸易，而且每年还设定买马目标，马匹贸易成为政府非常重要的工作在唐代，马匹贸易虽然重要，但是政府远没有宋代如此细致地管控马匹贸易。

五代及宋时期，在马匹贸易领域，政府与市场之间出现了此消彼长的情形，政府全面掌控马匹贸易，市场上的马匹贸易则严重萎缩。在唐代，马匹贸易虽然受到政府一些限制，政府深度介入马匹贸易，但民间马匹贸易市场仍然较活跃，政府还时常在民间市场中购马，政府与市场的关系较为正常。五代及宋时期，即便政府全面掌控马匹贸易，试图解决其马匹供应问题，但从来没有真正意义上取得成功，宋一直面临严重的马匹供应短缺，而唐虽然深受回鹘高价卖马的困扰，但只要政府财力充沛，马匹供应并不成问题。政府与市场两者是社会、经济运行的两个重要支柱，二者应互相配合，过分强调一方的作用而忽视另一方的作用，都会带来危害，这一点在唐五代马匹贸易中得到体现。

第二节　唐五代马匹贸易发生演变的原因

唐五代时期马匹贸易产生的演变对于中国古代的民族贸易格局有着深远的影响，但是这种演变产生的原因却少有人论述。中唐以后马匹贸易由绢马贸易向茶马贸易的转变、马匹贸易中政治导向逐渐让位于客观需要、马匹贸易的政府管控更加严密，产生这些转变的原因很多，其中最重要的原因在于缺马程度日益严重和政府财力不断下滑。

---

① ［宋］王钦若. 册府元龟（第 66 卷）［M］. 北京：中华书局，1960：743.

一、晚唐五代的财政压力

安史之乱以前，民间就有少量的茶叶贸易，唐与吐蕃间的一些茶叶贸易就有可能是商人将茶叶贩卖进吐蕃境内，但是这只是零星的行为，在买马时支付方式仍然以绢帛等为主。这一时期政府财政实力强大，且买马数量有限，支付绢帛买马尚可以支撑。但安史之乱以后，政府财政受到严重的冲击，而且茶叶开始逐渐受到少数民族的认同，内地茶叶经济的日渐繁荣也为茶马贸易的发展创造了条件。特别是后期大规模地与回鹘进行马匹贸易，唐政府难以承受支付大量绢帛和金银的压力，政府才有强烈的意愿以茶叶购买马匹。随着唐代饮茶之风向周边民族传播，少数民族贵族开始流行饮茶，"（回鹘）其后尚茶成风，时回纥入朝，始驱马市茶"，① 这一时期的茶马贸易并不普遍，所以才有"往年回鹘入朝，大驱名马市茶而归，亦足怪焉"② 的记载。因此，这一时期的茶马贸易还处于零星的规模，绢马贸易仍然占据统治地位。

也正是由于唐在与回鹘进行马匹贸易时，无力承担庞大的费用，政府才积极地推动以茶叶买马。安史之乱的突然爆发，直接打乱了唐代的财政体系，此后，唐代的财政状况非常恶劣，河北、河南、关内等地经济相对繁华的地区，正好处于叛军与唐军交锋的区域，被双方军队反复践踏，经济满目疮痍。郭子仪曾说："夫以东周之地，久陷贼中，宫室焚烧，十不存一。百曹荒废，曾无尺椽。中间畿内，不满千户，井邑榛荆，豺狼所号。既乏军储，又鲜人力。东至郑、汴，达于徐方，北自覃、怀，经于相土，人烟断绝，千里萧条。"③ 更加严重的是，随着安史之乱而来的是藩镇割据，此后唐所控制的户口和税收区域都大为减少，许多藩镇并不向朝廷上缴税收，"户版不籍于天府，税赋不入于朝廷，虽曰藩臣，实无臣节"。④ 朝廷真正能够控制的赋税明显减少，"史官李吉甫撰《元和国计簿》，……比量天宝供税之户，则四分有一。天下兵戎仰给县官者八十三万余人，比量天宝士马，则三分加一，率以两户资一兵"⑤。

---

① ［宋］欧阳修，宋祁. 新唐书（第196卷）［M］. 北京：中华书局，1975：5612.
② ［唐］封演. 封氏见闻录（第6卷）［M］. 北京：中华书局，2005：52.
③ ［后晋］刘昫. 旧唐书（第120卷）［M］. 北京：中华书局，1975：3457.
④ ［后晋］刘昫. 旧唐书（第41卷）［M］. 北京：中华书局，1975：3838.
⑤ ［后晋］刘昫. 旧唐书（第14卷）［M］. 北京：中华书局，1975：424.

唐政府所倚重的赋税只有江南八道，户仅 144 万，所养的兵马比天宝年间多三分之一，每两户要养一个士兵，财政的压力显而易见。同时为了防范河朔强藩，唐不得不于"河东、盟津、滑台、大梁、彭城、东平，尽宿厚兵，以塞虏冲，严饰护疆，不可他使"。"六郡之师，厥数三亿，低首仰给，横拱不为，则沿淮已北，循河之南，东尽海，西呬洛，经数千里，赤地尽取，才能应费。"① 这意味着藩镇割据不仅使得中央政府不能够收到足够赋税，还要投入大量的资源对藩镇进行防范。

政府财政只能够倚重于江南和剑南两个重要的财赋供应地，特别偏重于江淮地区。唐代有文人论及这种情况："今国家内畿外诸夏，水陆绵地，四面而远，而输朔该之大贵，根本实在于江淮矣。何者？陇右，黔中，山南以还，浇瘠啬薄，货殖所入，力不多矣，岭南、闽蛮之中，风俗越异，珍好继至，无不赡也，河南、河北、河东已降，甲兵长积，农原自任，又不及也。在最急者，江淮之表里天下耳。"② 不仅仅是赋税所覆盖的面积明显下降。向国家缴纳赋税的人口也明显下降。唐代的财政体系很大程度上依靠自耕农经济，通过籍账制度实现对自耕农的课户和课口的控制。安史之乱以后，唐所控制的课户和课口都明显下降，据《通典·历代盛衰户口》中所记载的数据，安史之乱过后的五年间，唐朝所控制的课口减少了大约五百二十二万，大多课口不是死于战乱，而是逃散四方，脱离了户籍的控制。正是因为唐财政收入明显下降，而开支不断增多，才会有每逢用兵"国力所不支"，"府藏空竭，势不能支"的情况出现。③ 唐代的皇帝因此才采取"间架""除陌"法残酷搜括，"切于财赋，故用聚敛之臣居相位"。④ 晚唐时期的财政状况并不如人意，而五代十国时期，长期战乱，国家财政状况更加混乱，远不如唐代。

除了唐代财政上的压力使得绢马贸易存在很大的压力，绢马贸易难以维系还与唐当时的物价变化有一定关系。绢价的变化对于唐五代马匹贸易的演变影响非常大，唐前期每年运送大量丝绸前往西北，以维护当地的军政机构，这使

①　[唐] 杜牧. 樊川文集（第 5 卷）[M]. 上海：上海古籍出版社，1978：92.
②　[清] 董诰. 全唐文（第 525 卷）[M]. 北京：中华书局，1983：5335.
③　[宋] 司马光. 资治通鉴（第 239 卷、第 242 卷）[M]. 北京：中华书局，2007：2963，2995.
④　[后晋] 刘昫. 旧唐书（第 15 卷）[M]. 北京：中华书局，1975：464.

得当地的绢帛价格并不高。而当唐逐步收缩，退出西北丝路时，当地的绢帛供给受到很大影响，绢价快速上涨，推高了唐买马的成本，"当唐政府运送大量丝绸到中亚以维护其部队和占领官员时，丝绸之路贸易就很繁荣。当国家退出中亚，政府结束了对该地区的大规模补贴（通常以丝绸的形式）。虽然中国政府继续以高价购买西北部的马，当地的丝绸道路交易明显减少"。① 由于中原的绢帛在北方少数民族中得到广泛的认同，特别是在西北地区，绢帛作为货币使用，唐在与突厥、回鹘进行互市时都使用绢帛支付，其马价也同样在四十匹绢左右，出现唐无法承受与回鹘的绢马贸易的一个原因就是绢价的上涨。开元天宝年间的绢价与安史之乱以后的绢帛不啻天壤之别，开元时期，绢一匹不过二百一二文钱，② 即便是在西州等地，绢价也只有 460 文左右。③ 唐代绢帛有几个主要的产区，但是最重要的一些产区都受到战争的影响，"9 个道中，征收丝绸赋税的州府大约有百十个，其中以河南、河北、剑南三个道为最多，是全国丝绸的重点产区"。④ 安史之乱以后，唐政府失去了河南、河北等重要的产绢之地，这使得绢价明显上涨。⑤ "大历中，绢一匹价近四千。"⑥ 虽然唐在买突厥、回鹘的马匹时，支付的都是四十匹绢的价格，但由于此时绢价的上涨，使得唐在交易中付出的代价明显增加。买突厥马时，大约需要 16 贯钱，而买回鹘马则需要支付 160 贯。即便是贞元以后绢价有所下降，仍然远高于开元天宝时期，这也是开元时期高价买突厥马不成问题，而到中唐以后却给财政带来极大负担的一个原因。"唐后期回纥马价若以年 30 万匹绢计，相当于省估38.4 贯，占度支年收入 1500—1600 贯的 2.4%—2.56%，如果我们再考虑到回纥马价相当于度支每年拨给大盈库绢帛总数，回纥马价在国家财政支出中的地位，就更清晰可见了。"⑦ 丝绢的短缺显著推高了马匹价格，"贸易不是导致丝

① Valerie Hansen. "The Impact of the Silk Road Trade on a Local Community: The Turfan Oasis, 500—800" [J]. *Les Sogdiens en Chine*, 2005, 304.

② 杜佑. 通典 [M]. 北京: 中华书局, 1988: 152.

③ 赵丰. 唐代西域的练价与货币兑换比率 [J]. 历史研究, 1993 (3).

④ 康志祥, 李毓秦. 丝绸文化与丝绸之路 [M]. 陕西旅游出版社, 1996 (23).

⑤ 杜希德. 唐末の藩鎮と中央財政 [J]. 史學雜誌, 1965. 转引自: 李锦绣. 中国财政史稿 (下卷) [M]. 北京: 社科文献出版社, 2007: 794.

⑥ 董诰. 全唐文 (第 488 卷) [M]. 北京: 中华书局, 1983: 4981.

⑦ 李锦绣. 中国财政史稿 (下卷) [M]. 北京: 社科文献出版社, 2007: 795.

绸短缺的主要原因，而是政府的腐败起到了重要作用。马匹价格高昂的原因在于中原而不在于回鹘，有缺陷的两税法、货币体系，以及唐中期间的社会不平等等因素使得唐与回鹘的绢马贸易难以承受"。①

中唐以后绢马贸易难以维系，茶马贸易则受到统治者的青睐，以茶叶买马比绢帛买马更符合中原王朝的利益，茶叶经济的发展不仅充分利用了山地等，更为朝廷贡献了大量的税收。绢马贸易时，政府支出的绢是政府的主要财政收入之一，政府此项财政收入是有限的。茶马贸易时，政府以有限的财政支出就可以得大量的茶，因为实行榷茶制度，将茶作为代价支付给少数民族政权时，实际上已加上垄断价格。这种垄断价格与政府取得茶叶的成本之价格差是政府无偿得到的，对于政府来说等于是一笔额外收入。特别是中晚唐时期，在唐与回纥的绢马贸易中，每马的价格高达四十绢，以晚唐时期的财政实力实在无力承担。回纥不仅每年卖马数量多，有时甚至一年五次强求卖马。代宗正是鉴于这样的情况才派遣李涵、董晋等前往回纥交涉绢马互市的问题，对于回纥卖马的问题做了一定的抵制："回纥恃有功，见使者倨，因问：'岁市马而唐归我贿不足，何也？'涵惧，未及对，数目晋，晋曰：'我非无马而与尔为市，为尔赐者不已多乎？尔之马岁五至，而边有司数皮偿赏。天子不忘尔劳，敕吏无得问，尔反用是望我邪？诸戎以我之尔与也，莫敢确。尔父子宁，畜马蕃，非我则谁使！'"② 唐与回纥的绢马贸易持续达数十年之久，根据马俊民、王世平先生《唐代马政》中所做的估计，从乾元元年（758 年）到开成五年（840 年）八十余年间，唐共花费绢 5800 余万匹，购得回纥马匹有 214 万匹之多，即使打去三分之一的折扣，也有 140 万余匹。

此外，回鹘在卖马一事上，也缺乏销售渠道，大量的马匹只能够运往中原进行销售，周边的民族和政权都无力或不需要向回鹘买马，因此，唐在与回鹘进行马匹贸易时并不会一味地满足回鹘的要求，当一马四十绢的价格严重不利于唐时，唐也有意识地维护自身利益，尽可能地少量买马、以茶叶买马、拖欠绢帛、支付劣质绢帛等，白居易的《阴山道》一诗中说："缣丝不足女工苦，

---

① Tan M. A. "Exonerating the Horse Trade for the Shortage of Silk: Yuan Zhen's 'Yin Mountain Route'" [J]. *Journal of Chinese Studies*, 2013.

② ［宋］宋祁，欧阳修. 新唐书（第 151 卷）［M］. 北京：中华书局，1975：4819.

疏织短截充匹数；藕丝珠网三丈余，回鹘诉称无用处。"① 白诗中所说的绢帛，很可能出自江淮盐利匹段，"故慢其货而苟得焉"，"货慢则滥作，而无用之物入矣"。② 学者李锦绣认为，盐运使将滥作匹段上缴度支后，度支以其支付回鹘马价，认为这也是唐政府减轻负担的一个做法。但学者马俊民等则并不认同此观点，认为白氏诗中所反映的情况只是局部性问题，当回鹘提出马价绢质量问题时，"元和二年不仅'内出金帛酬马直'，而且下诏要江淮马价绢保证质量，'从此不令疏短绢'，若把这长达八十余年的绢马互市从全局上概括为'彼此俱是贪诈行之'，未免言之过重"。③ 虽然以劣质绢帛进行买马很可能只是短期、局部的行为，但这也表明唐政府试图采取措施减少绢马贸易的支出。

当唐发现以茶叶买马更有利时，自然会积极推动以茶买马。五代时期，财政更加困顿，周边少数民族在卖马一事上更严重依赖中原的马匹需求。随着中原王朝买马规模不断萎缩，少数民族间在卖马上也会有激烈的竞争，大量的畜牧产品争相销往中原，如回鹘与党项在往中原卖马上就存在竞争关系。同时随着中原地区茶叶经济的不断发展，茶叶在市场上的买卖也日渐活跃，少数民族不仅可以自身消费茶叶，而且可以用茶叶购买其他物品，这自然使得少数民族以马换茶的意愿增强。

正是因为唐后期财政日渐困难，而马匹需求量又特别大，以茶叶买马又比较合算，以茶买马更能促进茶叶经济的发展，才使得唐与回鹘的茶马贸易有了发展的动力。回鹘久居游牧地区，民众长期肉食，需要茶叶去除油脂，因此回鹘在贸易中愿意接受茶叶作为支付手段。唐代的茶叶经济又快速发展，社会上饮茶成风，茶叶的供应量也足以支持仍在萌芽状态的茶马贸易。

二、军事上垄断马匹贸易的需要

唐五代时期的马匹贸易管控日渐严密，政府对于马匹贸易有着严格的管控，这种控制带有浓厚的政治色彩，唐境内的居民前往外国非常困难，必须持有政府发放的"过所"等文书，申请过所需要提供各类材料，度关超过一个月

---

① 白居易. 白居易集（第4卷）[M]. 北京：中华书局，1979：81.
② 白居易. 白居易集（第4卷）[M]. 北京：中华书局，1979：1317.
③ 马俊民，王世平. 唐代马政 [M]. 西安：西北大学出版社，1995：140.

者，需及时更换政府所发放的"行牒"才有效，否则会受到法律制裁。① 政府对于贸易进行了一定的控制，并制定了严刑峻法，但是民间的马匹贸易仍然一直存在，有时还成为边贸的主要形式。唐与吐蕃、党项之间就有着大量的民间马匹贸易，这里多民族混居，大量商人在这一区域进行马匹贸易，将各类物品贩往吐蕃、党项等少数民族地区。

北方部分藩镇出于各种原因，也有意识地鼓励马匹贸易等，特别是河北等地实力较为强大的藩镇，如唐开元年间安禄山就曾经鼓励与少数民族进行贸易，"潜于诸道商胡兴贩""每商至，遂令群胡于诸道潜市罗帛"。② 正是由于安禄山在其所管辖区域并不限制贸易，才为其厉兵秣马创造了良好的条件。其下属官员何明远就因边境的贸易而致富："定州何明远，大富，主官中三驿。每于驿边起店停商，专以袭胡为业，资财巨万。家有绫机五百张。远年老，或不从戎，即家贫破。及如故，即复盛。"③ 何明远正是由于作为"三驿"的官员，有着与少数民族贸易的有利条件，因此才会"专以袭胡为业"，最终通过贸易达到了资财巨万。河北藩镇与周边少数民族间的贸易中，马匹自然是其中重要的商品。中唐以后，政府对于实力强大的藩镇管控能力更弱，自然无法限制其进行马匹贸易。五代时期，政府深刻认识到这一问题的严重性，政府对于边境地区的官员进行马匹贸易非常警惕。明宗时期，康福居"灵武三岁，岁常丰稔，有马千驷，蕃夷畏服。言事者疑福有异志，重诲亦言福必负朝廷。明宗遣人谓福曰：'我何少汝而欲负我'"。④ 朝廷显然对于边境官员拥有大量马匹非常警惕，晚唐时期的藩镇割据使得五代政府对于官员拥有马匹等军事力量比较反感，后晋时期的灵武节度使冯晖安抚党项拓跋彦昭部，"市马籴粟，招来部族，给赐军士，岁用度支钱六千万，自关以西……彦超既留，而诸部族争以羊马为市易，期年有马五千匹。晋见晖马多而得夷心，反以为患，徙镇静难，又徙保义"。⑤ 后晋朝廷正是对冯晖拥有大量马匹而且与少数民族关系紧密有

① ［唐］长孙无忌．唐律疏议（第8卷）［M］．北京：中华书局，1983：172.
② ［唐］姚汝能．安禄山事迹［M］．北京：中华书局，2006：83.
③ ［唐］张鷟．朝野佥载（第3卷）［M］．北京：中华书局，1979：75.
④ ［宋］欧阳修．新五代史（第46卷）［M］．北京：中华书局，1974：515.
⑤ ［宋］欧阳修．新五代史（第49卷）［M］．北京：中华书局，1974：555.

所忌惮，为防范其有异心，才将其调往异地。后周政府更明文规定藩镇不得购买马匹等军事物资，后周广顺四年九月辛卯，"诏曰：西道军镇藩部经过不得与之市买鞍马器仗"。① 五代时期的马匹贸易基本都是由政府进行，民间贸易受到了极大的限制。到宋代时，这样的情况更加严重，马匹的来源越来越少，而军事上对于马匹的紧缺却日渐严重。宋代政府为了保障军事上的马匹需要，马匹贸易事实上开始转向官方垄断，政府高度垄断了与少数民族间的马匹贸易。

这一转变除了受制于政府严重缺乏马匹的影响外，还受制于五代以后中原王朝面临严重的外部威胁，特别是北方契丹、党项的威胁。五代时期的缺马状况很严重，而宋代因为缺乏良好的牧场，马匹拥有量也不算乐观，失去北方的一些牧场后，情况更为严重。军事上威胁使得五代以至宋都缺乏唐代的大气，不敢随意放松马匹贸易市场，宋代直接禁止民间马匹贸易。即便开展马匹贸易有利于商业贸易的发展，但是商人无法左右国家的政策法令，"大商人的财产即使被用于大规模的活动，在政治上仍然是无足轻重的"，② 虽然由商人进行自由的马匹贸易更有效率，但是自由贸易并不利于政权统治，"产权的创建和实施又与国家相关。国家有着双重目标。而且，这两个目标不完全一致。一般而言，由于稀缺性和竞争的存在，更有效率的组织形式将替代无效率的组织形式。但统治者的利益会使这个过程不一定发生。假如来自内部或外部较有效率的组织形式对统治者的生存产生威胁的话，那么相对无效率的组织形式将存在下来"。③ 五代以后的中原政权，既要购买马匹以加强自身的军事力量，同契丹、党项等少数民族相对抗，又要利用周边少数民族对中原地区的经济依赖性，以经济弥补军事上的不足。在这样的大环境下，产生官方垄断的马匹贸易是顺应了政治局势的发展。

---

① ［宋］王钦若．册府元龟（第66卷）［M］．北京：中华书局，1960：743.
② ［美］魏特夫．东方专制主义［M］．中国社会科学出版社，1989：310.
③ ［美］诺思．经济史中的结构与变迁［M］．上海：上海三联书店、上海人民出版社，1994：21.

第七章 唐五代马匹贸易的影响

　　唐五代的马匹贸易深受学界的关注不仅仅因为这一时期马匹贸易所产生的演变，更因为这一时期马匹贸易所产生的外在影响。唐五代时期的马匹贸易并不是孤立的商业贸易活动，随着马匹贸易范围的不断扩展，马匹买卖的日渐活跃，不仅对区域经济产生了非常大的影响，还带动了其他行业经济的发展和提高。通过马匹贸易，大量优良马种得到引进，养马业的发展水平得到提高，皮毛加工业、交通运输业都从中受益非浅；特别如唐代传驿不仅拥有大量马匹，而且由于传驿事务较多，每年有大量的死马，这些死马也大量流入市场，为手工业、食品业提供了大量原料；另外，唐代军事力量比较强大，军队规模庞大，对于甲革制造业等行业都有着非常大的依赖，而马匹贸易的开展则为制革业提供了充足的原料；中原所购买的相当部分马匹也进入了交通运输业，为唐代交通运输业的发展创造了基础。

　　马匹贸易的活跃也为少数民族地区甚至是域外国家经济的发展创造了条件。随着中原大量购买马匹，少数民族地区的畜牧业经济受到极大的刺激，大力推动养马业的发展。部分生产技术的输出也促进了少数民族经济的改善，农业、手工业生产技术的进步使得部分少数民族开始逐渐定居。一些少数民族通过马匹贸易获得大量的丝绸、茶叶等产品，再将其贩运往更西的民族和国家，"回鹘统治者将从唐朝取得的大量丝绸交给粟特买办，通过他们贩卖给印度、波斯和东罗马人，然后从印度人手中收买珍珠和珊瑚，从波斯人和东罗马人手中收买波斯重锦、白氎、宝石、香药、琉璃器。或供回鹘统治者享用，或输往唐朝境内转售"，① 这使得回鹘、粟特等民族在中西之间进行广泛的商贸往来，特别是唐代与吐蕃间多年的交战使得通往西域之路受到冲击，不得不改行回鹘道，而回鹘等民族也从商贸中获益极大。商品经济的发展对少数民族的游牧经济产生了很大的影响，为了适应商品经济发展的需要，一些游牧民族开始逐渐走上定居之路，城市经济逐渐发展起来，手工业也有一定的进步。少数民族对于向中原卖马逐渐形成严重的依赖性，一旦中原马匹购买量有所变化时，则对少数民族经济有较大的影响，通过畜牧业贸易，中原经济与周边少数民族经济日渐融为一体。

马匹贸易促进了沿线城市经济的发展，随着唐五代马匹贸易的兴盛，在许多地方形成可四通八达的商贸线路和马匹买卖地点，在商路沿线逐渐兴起一些商贸城市，特别是丝绸之路沿线等地区，贸易往来极大地促进了城市经济的发展。有学者认为丝绸之路上的贸易，与沿线城镇的经济发展脱节，对沿线城镇并没有实际利益，这种看法有失偏颇。许多沿线城市不仅发挥着转输作用，同时也是丝路贸易的集散市场。"商品交换乃是社会经济发展的动力，通过长途贩运的丝路贸易，促进沿线城镇商品经济的发展，拉动生产的高涨，对此应该有足够的估计。"② 如西北地区的西州、沙州、敦煌等地，这些地区成为商贸往来的重要中转站，城市经济也逐渐发展起来，后期随着马匹贸易规模的缩小和商贸路线的改变，一些西北地区的城市经济也逐渐趋于衰弱。

第一节 对中原地区其他行业的影响

唐五代时期与马匹贸易联系非常紧密的行业主要有交通运输业、皮毛加工业、食品业等，这些行业都因马匹贸易的活跃而从中获益，特别是交通运输业。

---

① 中国社会科学院考古研究所. 十世纪前的丝绸之路和东西文化交流 ［M］. 新世界出版社，1996：54.

② 段晴. 探索与求真：西域史地论集 ［M］. 乌鲁木齐：新疆人民出版社，2011：279.

一、交通运输业

唐代是中国封建社会的一个鼎盛时期，其版图空前辽阔，也与周边少数民族，甚至是域外国家建立了非常紧密的政治、经济、文化联系。与此相适应，唐代在全国范围建立了完备的交通体系，而这一套交通体系中，马匹起到了非常重要的作用。

唐代政府建立的管驿制度必须配备大量的马匹。河南府的刘彤在《河南府奏论驿马表》中说："臣伏以当府重务，无过驿马，臣到官之日，惟此是图。"[①] 从文中可以发现，刘彤也认为河南府最重要的事务就是驿马，马匹以其快速的特点受到统治者的高度重视，被广泛应用于交通通讯领域。特别是军机要事，都以使用马匹进行消息传递，柳公绰也曾经奏报："自幽、镇用兵，使命繁并，馆递匮乏，鞍马多阙。"[②] 也正是因为马匹在交通运输中具有特别重要的作用，政府的驿馆配备了大量的马匹等牲畜。特别是唐代疆域广阔，其驿站数量也非常多，"凡三十里一驿，天下凡一千六百三十有九所"[③]，一千余所陆驿所需要的马匹数量必然极为庞大。唐代为了保证驿传系统的正常运转，投入了大量的资源。《唐六典》载："凡天下诸州税钱，各有准常。三年一大税，其率一百五十万贯；每年一小税，其率四十万贯，以供军国传驿及邮递之用。"[④] 政府大量资源投入交通运输业之中，在市场上大量购马以保证驿传系统顺畅，同时商队和民间的交通运输也常常需要马匹，这就使得无论官私都对于马匹贸易有一定的依赖，唐代各类组织在市场上购买马匹非常普遍。

政府的驿传系统每年在市场上购马的数量非常多，特别是西北地区的驿馆。西北地区陆域广阔，马匹资源丰富，非常适合马匹等牲畜的交通，西州地区的长行坊就是专门负责交通通讯用马的一个机构，管理境内诸驿马匹的供给、调配等，长行坊正是适应当地的环境，所养的牲畜以马匹为主。吐鲁番所出的《唐天宝十三载（754年）申勘十至闰十一月支牛驴马料帐历》中马匹

---

① ［清］董诰. 全唐文（第301卷）［M］. 北京：中华书局，1983：3053.
② ［清］董诰. 全唐文（第544卷）［M］. 北京：中华书局，1983：5517.
③ ［唐］李林甫. 唐六典（第5卷）［M］. 北京：中华书局，1992：163.
④ ［唐］李林甫. 唐六典（第3卷）［M］. 北京：中华书局，1992：77.

等牲畜最多时，马匹有二百余匹，"廿二日两槽马二百廿六匹，各七升；驴六十五头，各二升；牛一十二头，各四升，计壹拾柒硕陆斗"。① 这里的两槽马只是其中一部分，如果加上西州各地驿所的马匹，西州长行坊的马匹当在千匹以上。长行坊在解决马匹的供给上很重要的一个途径就是从民间购买，《天宝四载（775年）交河郡某馆具上载帖马食带腊历上郡长行坊》就曾提到"二月廿八日，新市长行马壹拾柒匹，食麦捌斗伍胜"，"三月三日新市长行马贰拾叁匹，食麦陆斗玖胜"，"焉耆军新市马壹百匹，准节度转牒，食全科，十一月十五日给"，② 可见西州长行坊买马是一种常见的行为，并不罕见。特别是在西州驿所交通任务特别重的情况下，每年死亡的马匹数量特别多，这自然需要大量从市场中购买马匹。一些驿站基本也成为商旅聚集的中心，在驿馆周围，有许多商人，"粟特人可能在康居与中国北部之间的各驿站都设有代销处和商行"，③ 甚至还开设有手工作坊，如定州的何明远就在驿站周围建立客店，以招待商旅。④ 每个驿站因为其在交通上的便利而成为一个商业中心，"驿站及其附近的私营旅店，是交通要道上过往官吏、百姓、商贾食宿的地方，人烟稠密，各种服务性行业应运而兴，因而驿站往往成为商贸交易繁忙的地方"，⑤ 为商旅和商业活动提供了很大的方便。另外一些商人也需要马匹等牲畜来运输货物，特别是丝绸之路上的大队商旅，主要使用马匹、骆驼、驴等牲畜运送各类货物，一些商人就在市场上买马进行商业贸易。唐代文书《开元廿一年正月—二月西州都督府勘问蒋化明失过所事案卷残卷》中就记载了使用驴子运送货物的情况，⑥ 但是在民间使用马匹等牲畜运送货物应该也会比较多。

二、丝织业和制革业

唐五代马匹贸易影响最为直接的是丝织业，大量向少数民族提供绢帛，直接刺激了丝织业的发展，《阴山道》一诗中"缣丝不足女工苦，疏织短截充匹

① 唐长孺. 吐鲁番出土文书（第10册）[M]. 北京：文物出版社，1988：127—142.
② 唐长孺. 吐鲁番出土文书（第10册）[M]. 北京：文物出版社，1988：55—75.
③ [法] 布尔努瓦，耿升译. 丝绸之路 [M]. 济南：山东画报出版社，2001：165.
④ [唐] 张鷟. 朝野金载 [M]. 北京：中华书局，1979：75.
⑤ 宁可. 中国经济通史（隋唐五代卷）[M]. 北京：经济日报出版社，2007：266.
⑥ 刘俊文. 敦煌吐鲁番唐代法制文书考释 [M]. 北京：中华书局，1989：556.

数"，反映了江淮地区的女工辛苦制造绢帛，以向回鹘买马的情形。随着马匹贸易的日渐活跃，政府每年要运送大量绢帛前往买马，也促进了各地丝织业的快速发展，全唐诗中《昔游》一诗记载："幽燕盛用武，供给亦劳哉。吴门转粟帛，泛海陵蓬莱。"反映了当时安禄山因要进攻奚和契丹，军费消耗非常大，于是从吴门获取粮食和绢帛。这反映了当时长江下游地区的丝织业已经获得快速的发展，在全国已经已经有一定地位，吐鲁番出土的《唐西州高昌县上安西都护府牒稿为录上询问曹禄山诉李绍谨两造辩词事》[1] 文书中记载了粟特胡人曹禄山向官府控告长安商人李绍瑾之事，控告李绍瑾从曹禄山哥哥处借贷绢练本息共计 275 匹，却没有按时归还。一次就借贷绢练 275 匹，也侧面反映了内地丝织业的发达。正是由于丝织业的快速发展，天宝中，全国的赋税收入中，"绢帛约 740 余万匹，绵 185 万余屯"。[2]

即便是晚唐时期，丝织业的发展规模仍然非常可观，元和十四年汴州刺史韩弘入朝，"献马三千匹，绢五十万匹，他锦纨绮缬又三万，金银器千。而汴之库厩，钱以贯数者尚余百万，绢亦合百余万匹"。[3] 虽然这样的物资是多年积累，但是仍然可见当时丝织的快速恢复。当然，这样的发展是建立在民众的痛苦之上的，《秦中吟·重赋》中写道："织绢未成匹，缲丝未盈斤。里胥迫我纳，不许暂逡巡。……缯帛如山积，丝絮如云屯。"官府仓库中积累的大量绢帛都搜刮自民间，政府向回鹘等少数民族提供大量绢帛，客观上也促进了丝织业的发展。

大量的死马和马皮等也得到了充分的利用，出土文书中大量见到死马处理的文书，政府对于马肉和马皮的销售也非常重视，虽然食用马肉在唐五代并不普遍，民间肉食以羊、猪、鸡、鸭等为主，这些牲畜易于养殖，又不违反朝廷禁令，成为大众普遍的肉食来源但是在某些情况下，马肉也是一种重要的食品来源。太宗贞观十八年（644 年）讨伐高丽，为免粮食转运之苦，"故多马牛羊，以充军食"，可见在军队中食用马肉仍然常见。唐代出土文书中也多处见到销售死马和马皮的文书，西北地区的驿所由于长期运行在绿洲、戈壁间，每

---

① 唐长孺. 吐鲁番出土文书（第 6 册）[M]. 北京：文物出版社，1988：470—479.
② [唐] 杜佑. 通典（第 6 卷）[M]. 北京：中华书局，1992：110.
③ [清] 董诰. 全唐文（第 705 卷）[M]. 北京：中华书局，1983：7239.

年死马的数量非常多，《唐总章二年（669）至咸亨元年（670）西州长行坊死马价及皮价账》就记载了总章二年（670年）四月一日到咸亨元年（670年）十二月之间的死马和马皮处理账目，尚存的文书中处理的死马数量有五十九匹，而这仅是文书残缺的一部分，只有部分月份记载了，如果整个文书完全的话，可能死马数量在二百匹左右。不仅是长行坊将其拥有的死马出售换钱，军府也是一样，《唐贞观廿三年公元六四九年赵延济送死官马皮肉价练抄》① 就记载了官马死后所交易的情况。从文中可见，死马的皮、肉皆可卖钱，这一次马匹交易换得练三匹，所属的马匹是官方，但是死马却卖给了私人，换得绢帛。市场上大量销售的死马必然也成为食品业的重要原料，西北的餐饮业会将马肉加工成各种食品，供民众食用。不仅唐代食用马肉时常出现，在五代时期军队遇到粮食缺乏也常常食用马肉："刍粮俱竭，削柿淘粪以饲马，马相啖，尾鬣皆秃，死则将士分食之，……契丹主素闻曾将名，皆慰劳，赐以裘帽，因戏之曰：'汝辈亦大恶汉，不用盐酪啖战马万匹。'"② 不仅是食用马肉，马乳也是重要的加工食品，一些少数民族将马乳制作成为酪，这一技术也流入中原，内地人民也利用购进的马匹和引进的技术制作各种酪，促进了食品加工业的发展。

另外部分销售的马皮也成为唐代制革业的重要原料，唐代官私手工业中相当大一部分原料就来自于牲畜的皮、毛，在唐代少府监所管辖的作场中，就有"皮毛杂作"，吐鲁番出土的《唐永徽元年（公元650年）后报领皮账》③ 中就记载了唐代军队在行军中使用各种马皮制作的吉莫靴、皮鞋等。《唐六典》中记载，唐代的皮革主要被用于制作鞍辔、甲胄、兵器以及部分乘舆器玩，宫中服饰的制造。《新唐书》中记载了大量关于野马皮革的情况，许多州郡都曾经向中央贡献"野马革"和"野马胯革"等，贡献这些物品的州县主要有关内道的灵州灵武郡、会州会宁郡、丰州九原郡和陇右道等的凉州武威郡、瓜州晋昌郡、甘州张掖郡、酒泉郡等地，这些地区大多在西北马匹贸易活跃的地区，正是大量的马皮为马革制作创造了条件。同时，由于对于马皮的需求量大，中

---

① 唐长孺. 吐鲁番出土文书（第5册）[M]. 北京：文物出版社，1988：33.
② ［宋］司马光. 资治通鉴（卷280）[M]. 北京：中华书局，2007：3496.
③ 唐长孺. 吐鲁番出土文书（第4册）[M]. 北京：文物出版社，1988：288—293.

原地区还大量从少数民族地区收购马皮以制作各类手工业产品，"经丝绸之路引进到中国的皮毛制品包括从鄂尔多斯进口的马皮，它用于制作鞍褥、船篷和盔甲，还有从北方各国进口的各种皮毛"。① 可见这一时期内地皮毛加工业已经有一定的规模。

不仅是官营手工业大量使用马的皮毛作为原料，民间手工艺人对于马的皮毛等利用更充分，更多样化。民间的手工艺人有皮裘匠、鞍匠、弓匠、毛织匠、骨匠等，敦煌文书中记载了许多此类工匠，S.6452《壬午年净土寺常住库酒破历》载：三月十三日"李僧正酒壹斗，造鞍匠吃用"；廿九日"同日，酒壹斗，李僧正造鞍局席用"。② p.3878《已卯年都头知军资库官张富高状并判凭》和 P.2641《丁未年宴设司账目》都记载了鞍匠的情况，其中《丁未年宴设司账目》中记载："鞍匠张儿儿等拾人早上馎饦，午各为胡饼两枚，两日供，食断。"③ 仅鞍匠就有十人，可见这一行业的发展已有一定规模。P.2155《陀马牛羊皮领得历》就记载了马皮的加工情况，另外大量的敦煌文书中也记载了缝皮匠、靴匠、皮匠的情况。

第二节　唐五代马匹贸易演变的影响

在唐五代马匹贸易的这些演变中，以茶马贸易的产生影响最为深远，从唐至清，茶马贸易显示了其强大的生命力，产生了深远、持久的影响，不仅仅和谐了民族关系，而且显著改善了中国古代的经济结构。

一、促进了茶叶经济的发展

这种改变首先体现在改善了茶叶和马匹产区的生产生活状况。特别是在实施茶马贸易最核心的区域，如甘肃、青海、四川、陕西、西藏等地区，这里成为茶叶、马匹等货物的调集、贩卖的中心。在唐代，"东南地区与中国西部首

---

① ［］Frances wood 著，赵学工译. 丝绸之路 2000 年［M］. 济南：山东画报出版社，2008：64.
② 唐耕耦. 敦煌社会经济文献真迹释录（第 3 辑）［M］. 北京：书目文献出版社，1986：224.
③ 唐耕耦. 敦煌社会经济文献真迹释录（第 3 辑）［M］. 北京：书目文献出版社，1986：611.

都长安发生了活跃的地区间贸易，茶叶贸易的主要动脉是大运河，人工修建的水路几百公里长，连接了长江和黄河。由南方茶商发货，他们的商品通过大运河向北，然后向西沿黄河到长安"。① 中国北方随着贸易的扩展，茶马贸易所贸易的物品不仅限于茶叶和马匹，还有其他物品被贩卖，这也扩大了这些地区的经济影响力。

从宋代开始，绢马贸易逐渐被茶马贸易所取代，在一些边境区域出现了专门以茶马贸易为生的少数民族居民。北宋崇宁三年（1104 年）有官员反映："黎州南蛮及吐蕃部落惟仰卖马为生。"② 明代作为茶马贸易的顶峰阶段，这种情况更加普遍。明太祖时礼部主事高惟善上言曰："番民所处，老思冈（刚）之地，土瘠人繁，专务贸贩碉门乌茶……则此辈衣食皆仰给于我，焉敢为非？"③ 明代正是鉴于此开展此类贸易，既有经济上的利益，又有政治上的保障，才非常乐于推动茶马贸易的开展："岩州既立仓易马，则番民运茶出境，倍收其税，其余物货至者必多。"④ 随着茶马贸易规模的不断扩大，其影响的区域也不断增多，由于贩茶有利可图，湖广地区的茶叶也大量输往西北地区，鉴于此，天顺三年明英宗对于贩卖私茶严格限制，"禁湖广军民人等，不许交通番僧贩鬻私茶，违者治罪"。⑤ 可见发端于唐代的茶马贸易发展到明代覆盖面已经非常广泛且深入，成为经济结构的重要组成部分，中原地区在茶马贸易中也获益良多。

正是由于绢马贸易转为茶马贸易，茶叶经济不断发展，政府从中获益颇多，唐代茶税增加明显，宋代茶税更成为政府财政的重要来源，宋榷蜀茶以后，仅仅官方每年输出到吐蕃地区的的茶叶就达到了 500 万斤。吕陶认为："蜀茶岁约三千万斤（原注：元丰七年二千九百一十四万七千斤。八年二千九

① LD Ligt . "Taxes, Trade, and the Circulation of Coin: The Roman Empire, Mughal India and T'ang China Compared" [J]. *Medieval History Journal*, 2003, 2nd.

② ［清］徐松. 宋会要辑稿（第 84 册）[M]. 北京：中华书局，1957：3314.

③ "中央研究院" 历史语言研究所. 明太祖实录（第 188 卷）[Z]. 台北："中央研究院" 历史语言研究所，1965：2825—2826.

④ "中央研究院" 历史语言研究所. 明太祖实录（第 188 卷）[Z]. 台北："中央研究院" 历史语言研究所，1965：2826.

⑤ "中央研究院" 历史语言研究所. 明英宗实录（第 305 卷）[Z]. 台北："中央研究院" 历史语言研究所，1965：6437.

百五十四万八千斤），除和买五百万斤入熙河外，尚有二千五百万斤，皆属商贩流转。"① 明代输出的茶叶数量也非常多，宣德五年就曾经因为军队缺乏马匹，而一次就运送茶叶五万斤以进行购马。② 可见当时茶叶消耗量之大。庞大的茶叶消耗量也促进了唐以后茶叶经济的发展，茶叶产区不断扩大，茶叶的经济作用不断提高，据傅筑夫研究称："由于茶的运销量大，收入可观，故宋代政府把茶的产销完全收归官营，……并进行统购统销。"③ 茶叶也逐渐成为当时商品市场上的重要等价物，茶叶的生产经营规模、生产技术等都远远超过唐代。

二、推动新商路的开拓和兴盛

茶马贸易的发展推动了新商路的开拓和成熟。在唐五代时期，绢马贸易主要与北方少数民族开展，形成了几条重要的贸易路线。随着茶马贸易的不断发展和活跃。新的商路不断开拓并逐渐成熟。由于在茶马贸易中所供应的茶叶主要来自于四川、陕西、湖北等地，大量的茶叶向西北等马匹产区运送，这就形成南茶北运的格局。在宋代茶马贸易的大发展阶段，形成了以茶马司为中心的货运网。宋代与党项时常进行马匹贸易，特别在建立西夏后，还开通了国信驿道："东起汴梁，经永兴军、鄜延路至保安军，再从保安军向西北……宋代唃厮啰、甘州回鹘的贡使及西域胡商等也走丝路青唐南道，经秦州，再从秦州至汴京。"④ 到明代时，政府为了保障茶马贸易的正常开展，也有意识地开拓道路。明洪武在碉门设立茶马司后，积极在周边开拓道路，"碉门至岩州道路宜令缮修开拓，以便往来人马"。⑤ 明代的茶马商路不断扩展，在洪武年间已形成长达五千多里的茶马运输道路，"设茶马司于秦、洮、河、雅诸州，自碉门、黎、雅抵朵甘、乌思藏，行茶之地五千余里。山后归德诸州，西方诸部

① ［宋］吕陶．净德集（第3卷），丛书集成初编［M］．北京：中华书局，2010：34.
② "中央研究院"历史语言研究所．明宣宗实录（第70卷）［Z］．台北："中央研究院"历史语言研究所，1965：1654.
③ 傅筑夫．中国经济史论丛［M］．北京：生活·读书·新知三联书店，1981：690.
④ 中国公路交通史编审委员会，中国丝绸之路交通史［Z］．北京：人民交通出版社2000：317—327.
⑤ "中央研究院"历史语言研究所．明太祖实录（第188卷）［Z］．台北："中央研究院"历史语言研究所，1965：2826.

落，无不以马售者"。① 茶马贸易的商路广泛且深入，对于丝绸之路的重新开通也有着非常重要的作用。商路的不断发展和活跃也使得道路周边兴起了许多城镇，宋代以保安军和镇戎军为中心形成和发展了大量的城镇，如秦、熙、河、湟、鄯等州。西部地区的打箭炉也从茶马贸易中受惠，"元代的打箭炉充其量只是个小村庄，到明代初期才建成为一座大城镇。这与茶马贸易的发展密不可分"。② 长期以来打箭炉经济非常凋敝，人口稀少，随着茶马贸易扩展到这一地区，这一地区逐渐繁荣起来，"今设兵戍守其地，番汉咸集，交相贸易，称闹市焉"。③ 也正是茶马贸易的拓展，新商路的不断兴盛，使得许多边缘地区的经济得到很大的改善，也加强了边疆和内地人民的经济联系。

三、政府垄断对商贸的限制

马匹贸易逐渐走向官方垄断对于商贸活动也带来了不利的影响。商品经济是社会发展的必然产物，当商品经济不断取得发展，政府就开始逐渐介入其中。唐五代时期，在与少数民族的绢马贸易上，虽然政府在其中占据主导地位，法律上也对商人开展马匹贸易有许多限制，但这并没有妨碍商人大量参与到马匹贸易中。但是，随着晚唐五代时期马匹的紧缺程度不断加深，政府逐渐垄断了茶马贸易。官营垄断作为古代封建政府经常采用的一种管理模式，从盐铁官营逐渐扩展到茶马贸易，既是为了敛财，更是为了政治上维护统治。盐、铁、马等都在军事等领域具有特别重要的意义，正因为此，政府逐渐强化这些领域的垄断，当缺马程度和军事威胁越严重时，政府的垄断程度也就愈加严重，其开展贸易的目的主要集中在政治上，而不是以等价交换的原则开展。

五代时期政府严格限制商人介入马匹贸易，而且自身在开展马匹贸易时，也故意以优惠的价格购马。发展到宋代时，这样的情况更加严重，北宋政府为了维护其统治地位，制定了"结其欢心，啖以厚利"④、"以厚赐足其贪婪，以

---

① ［清］张廷玉. 明史（第 80 卷）［M］. 北京：中华书局，1974：1947—1948.
② ［美］E. 埃利奥特·斯珀林著，王翔译. 15 世纪川藏交界地区的贸易活动［J］. 民族译丛，1993：1.
③ 吴丰培. 西藏志［M］. 拉萨：西藏人民出版社，1982：65.
④ ［宋］李焘. 续资治通鉴长编（第 51 卷）［M］. 北京：中华书局，1992：1122.

抚慰来其情"① 相关政策，这些政策使得宋代在对待茶马贸易上，更多地是从政治、军事的角度来看待。同时，宋代缺马情况更加严重，因此在马匹价格上更加优待少数民族，其财力也足以支持此类的优待，"但是西蕃马价，比常时特与优饶，至于酒馔特设，务令丰足"②，"若国家广捐金帛，则券马利厚，来者必多；若有司惜费，则蕃部利薄，马来浸少"③。为了解决马匹缺乏的问题，宋代在交易中也以非常宽松的态度对待少数民族，吸引少数民族进行贩卖马匹，"裁立中价，随听市色增损"，"蕃部无钱，止以米及银绢、杂物卖钱买茶，乞许博易银、米等物，立限半年易钱"④。宋代垄断下的茶马贸易，以获取马匹为第一要务，尽量调整交易中的价格等因素以满足蕃部的要求。马匹价格不断提高严重伤害了茶叶经济的发展，景祐中，叶清臣上疏曰："草芽木叶，私不得专，对园置吏，……使朝廷有聚敛之名，官曹滋虐滥之罚，虚张名数，刻蠹黎元。"⑤ 彭州知州吕陶言："邛、蜀、彭、汉、绵、雅、洋等州、兴元府三泉县人户，多以种茶为生，有如五谷。自官榷以来，重法拘制，……多有为盗，久为川蜀之害。"⑥ 可见在官方垄断下的茶马贸易对园户造成的损失也非常严重。

到明代时，这种官方垄断的茶马贸易完全成为政府"以茶驭番"的工具，明代以垄断为手段有意识地采取贱马贵茶政策，在交易中并不以公平交易为原则，对少数民族进行强行买卖。明政府这种做法使得少数民族不堪重负，许多少数民族逃亡，"宣德时，罕东卫所部纳马'番民'桑思塔尔等逃往赤斤"⑦，正统七年（1442 年），"阿剌谷等簇负马一千七百余匹，俱贫乏无征"。⑧ 这一时期不仅官方垄断茶马贸易给少数民族带来不利的影响，明政府还在内地利用

① ［宋］李焘. 续资治通鉴长编（第 43 卷）［M］. 北京：中华书局，1992：924.

② ［宋］李焘. 续资治通鉴长编（第 51 卷）［M］. 北京：中华书局，1992：1122.

③ ［宋］李焘. 续资治通鉴长编（第 192 卷）［M］. 北京：中华书局，1992：4643.

④ ［宋］李焘. 续资治通鉴长编（第 289 卷）［M］. 北京：中华书局，1992：7065.

⑤ ［元］脱脱. 宋史（第 184 卷）［M］. 北京：中华书局，1977：4494.

⑥ ［宋］吕陶. 净德集（第 3 卷），丛书集成初编［M］. 北京：中华书局，2010：30.

⑦ "中央研究院"历史语言研究所. 明宣宗实录（第 19 卷）［Z］. 台北："中央研究院"历史语言研究所，1965：511.

⑧ "中央研究院"历史语言研究所. 明英宗实录（第 91 卷）［Z］. 台北："中央研究院"历史语言研究所，1965：1834.

垄断地位，压低茶价，对茶农的茶叶强行买卖："今商茶之外，严禁私卖，又以茶多阻滞，商人不得多中，则将使小民终岁收获置于何地，而衣食之资取办于何所耶？"[①] 正是由于官府垄断茶马贸易以牟利为目的，低买高卖，茶农不堪剥削，多有逃亡，"金州、西乡等县，岁办地亩课茶，俱有定规。迩来园户代有消长，而官多执滞旧册，吏或卖富差贫，致园去课存，户多逃窜"。[②] 垄断下的茶马贸易不仅没给周边少数民族带来利益，还使得内地茶农深受剥削。

　　唐五代以后的马匹贸易逐渐走上了政府垄断的道路，这种管理模式在很大程度上对于中原地区和少数民族地区间的商贸活动带来了消极影响。封建政府借助于少数民族对于中原地区的茶叶有非常严重的依赖性，为了控制马匹贸易，政府将茶叶严格控制在自己手中。宋明政府在开展贸易时，严格限制茶叶等物资以走私的形式流入少数民族地区，特别是在明代时，政府有意识地压低茶马比价，严重剥削少数民族，使得少数民族地区的茶叶价格不断上涨。为了以茶叶控制少数民族，宋明政府还严格禁止茶苗、茶籽等进入少数民族地区，垄断体制下的马匹贸易成为古代中原王朝政治经济管理体制的一个重要部分，其最终的服务目标是维护统治。高度垄断的马匹贸易最终无法适应经济发展的规律，自由贸易的需求一直存在，这也正是宋代走私贸易活跃的原因之一，民间马匹贸易虽然受到政府的各种打压，但是代表了经济的发展规律，官营垄断马匹贸易最终在清代被民间马匹贸易所取代。

第三节　对少数民族地区的影响

　　活跃的马匹贸易不仅给中原地区带来了深远的影响，同时大量绢帛、手工业产品输入少数民族地区和域外国家，也为这些地区经济的发展和转变创造了条件。特别是西北地区的少数民族，占据了丝路之利，与唐朝、中亚诸国、阿拉伯甚至东罗马都有直接或间接的生意往来。通过马匹贸易，中原的各类手工

---

① ［清］梁材. 议茶马事宜疏，明经世文编（第 106 卷）［M］. 北京：中华书局，1962：956.
② "中央研究院"历史语言研究所. 明世宗实录（第 147 卷）［Z］. 台北："中央研究院"历史语言研究所，1965：3406.

业产品进入西北地区，唐朝的货币在这些地区广泛流通，西北地区成为中西交融的一个场所。

一、中原货币畅行西北

丝绸之路沿线地区一直是多种货币并存，"从汉朝崩溃到唐朝光辉的日子，生活在西部地区的人民丝绸之路使用多种并存的货币，粮食、布和硬币，随着政治和或经济环境的变化，这三个项目之一成为主导"。[①] 随着马匹贸易的大量开展，中原地区的货币大量涌入西北地区，成为少数民族通行的货币。在唐高祖武德元年到高宗显庆三年统一西域之前，这四十年间，河西走廊和西域诸国仍然沿袭旧制，使用金钱和银钱，同时以绢帛为辅助。唐代玄奘西行经历中，曾记载："时开讲日，盛有其人，皆施珍宝，散会之日，珍施丰厚，金钱、银钱、口马无数。法师受一半燃灯，余外并施诸寺。……知其不堪远涉亦放还，遂贸易得马一匹。"[②] 文中的货币以金钱和银钱为主，但唐的货币仍然较为少见，可见这一时期唐的货币在这一地区通行并不普遍，其经济也具有较强的独立性，与内地的马匹贸易往来并不频繁，许多贸易并不是直接与中原开展，马匹贸易中使用的多为银钱等。

显庆三年（658 年），唐平定西突厥以后，西北地区相当大的疆域都成为唐政府的统治区域，丝绸之路的东段、中段和西段都归唐控制，马匹贸易的范围更广阔、活跃，内地通行的"开元通宝"和白练随着马匹贸易流入西域，吐鲁番阿斯塔那 4 号墓出土的《唐支用钱练账一》就反映唐货币在西域通行的情况："校尉用四文，籴粜。用钱二文，买弦。更练一匹，曹师边用籴粜……用练半匹，籴米。买婢，缺练一匹，更用钱"，[③] 也正是通过马匹等贸易，将中原的货币输入西北等地区，才使得西北广泛使用唐的货币。此外，输入西北的绢帛涉及全国多数地区，这也反映了当时经济联系之紧密、贸易之旺盛。"从吐鲁番阿斯塔那一处，主要只统计了 1972—1973 年清理的墓葬，所见出土

---

① Trombert E. "The Demise of Silk on the Silk Road: Textiles as Money at Dunhuang from the Late Eighth Century to the Thirteenth Century" [J]. *Journal of the Royal Asiatic Society*, 2013, 23 (pt. 2): 327—347.

② 慧立，彦悰. 大慈恩寺三藏法师传（第 1 卷）[M]. 北京：中华书局，2000：12—13.

③ 唐长孺. 吐鲁番出土文书（第 6 册）[M]. 北京：文物出版社，1988：434—435.

唐代带墨书题记的布、绢，即涉及唐河南道、山南东道、山南西道、江南西道、剑南道。"① 也正是由于贸易往来密切，一些少数民族受到唐货币的深刻影响，如突骑施等在唐的影响下，甚至仿造唐的货币："突骑施钱模仿唐开元通宝，为方孔圆钱，铭文粟特文，可谓唐代东西文化交流的产物。"② 可见随着贸易往来日益密切，唐的货币在西域受到广泛认同，货币呈现逐渐一体化的趋势。货币的一体化也正是经济一体化的体现，西北少数民族地区的经济逐渐与中原互融互通，成为一体，这也是中原地区具有较强向心力的一个重要原因。事实上古人很早就发现可以通过商贸实现货币的外输，从而达到救济民生、控制他国的目的："管子承认商业有一妙用，即'通货'二字也；我人可赖商人使货物之流通，小之藉是得以接济民生，大之可赖此以控御他国，制伏敌人。"③ 货币逐渐一体化，正是国家管控辐射逐渐增强的一个重要体现。伴随经济的一体化，许多西北地区逐渐与内地融为一体，在经济上成为命运共同体。货币一体化的另外一个重要影响在于促进了少数民族商品经济的发展。以往游牧民族以放牧为生，生活主要依靠牛羊等，但是随着货币逐渐一体化，商品市场的范围逐渐扩大，大量的牲畜得以销售到内地，也促进了少数民族自身商品经济的发展，如吐蕃在占领河西后，自身的商品经济水平就得到了极大的提升。

二、对于回鹘政治和经济的影响

西北少数民族利用马匹向中原王朝交换绢帛、茶叶等，除了自己享用以外，还可以大量转售给周边民族和西方各国。这些民族中，回鹘通过与中原王朝之间的马匹贸易获益最多，影响最深远，从回鹘通过开展马匹贸易发生的变化就可以管窥马匹贸易对少数民族所产生的影响。

回鹘通过贸易获益极大，商人长期前往长安等内地经商，一些商人"殖赀产，开第舍、市肆，美利皆归之"，④ 一部分回鹘商人甚至"衣华服"，"诱取妻

---

① 王炳华. 丝绸之路考古研究 [M]. 乌鲁木齐：新疆人民出版社，1993：339.
② 林梅村. 汉唐西域与中国文明 [M]. 北京：文物出版社，1998：366.
③ 唐庆增. 中国经济思想史 [M]. 北京：商务印书馆，2011：269.
④ [宋] 司马光. 资治通鉴 (卷225) [M]. 北京：中华书局，2007：2789.

妾"，逐渐在中原定居，使得唐政府特别明令禁止。① 特别是唐与西域之间的交通由于吐蕃入侵河西等地而中断，战争使得丝绸之路不得不改道北庭，回鹘因此成为丝绸之路上的中转商。回鹘除了少数贵族使用绢帛外，多数牧民都是衣皮食肉，大部分的丝绸都贩运往西方，如大食、印度、罗马等，交易各类商品，这些交易所获得的财富大多被贵族和商人所享用，多数牧民从中获益并不多。

随着商业贸易的开展，回鹘开始逐渐由游牧生活走向定居，汗国内部开始修建城市。据记载，葛勒可汗在位时在色楞格河畔修建了一座富贵城。② 其自身也开始形成一些手工业以进行简单的加工，这也促进了城市的发展。同时大量商业利益获得，使得回鹘内部贫富分化日益严重，内部矛盾逐渐尖锐："初，回纥风俗朴厚，君臣之等不甚异，故众志专一，劲健无敌。及有功于唐，唐赐遗甚厚，登里可汗始自尊大，筑宫殿以居妇人，有粉黛文绣之饰，中国为之虚耗，而虏俗亦坏。"③ 其内部各个阶层间的分化也越来越严重："在此过程中，回鹘贵族在积累了大量财富的同时，也沾染了汉族地主阶级奢侈腐化的不良习气，为了保持对唐的贸易，不断加重对平民的剥削，使得黠戛斯等部叛离。"④ 内部的分化对回鹘构成了极其不利的影响。在回鹘汗国掌握商业利益的粟特商人，逐渐参与到回鹘的政治生活中，使得粟特新贵与传统军勋贵族间的矛盾日益深化，这使得各派系间斗争愈演愈烈，据《旧唐书》记载："开成初，其相有安允合者，有特勒柴革欲篡萨勤可汗。萨特勤可汗觉，杀柴革及安允合。又有回鹘相掘罗勿者，拥兵在外，怨诛柴革、安允合，又杀萨特勤可汗。"⑤ 文中的安允合就是信仰摩尼教的粟特人，可见贸易活动的发展已经影响到回鹘的政治生活。

回鹘的繁荣在很大程度上建立在马匹贸易之上，维持繁荣就必须持续地向中原销售马匹，因此回鹘对中原产生了严重的依赖，这一依赖持续了相当长的

---

① ［宋］司马光．资治通鉴（卷225）［M］．北京：中华书局，2007：2789.
② 林幹．中国古代北方民族通论［M］．呼和浩特：内蒙古人民出版社，1998：197.
③ ［宋］司马光．资治通鉴（卷226）［M］．北京：中华书局，2007：2795.
④ 姚三刚．安史之乱后唐与回鹘绢马贸易之互动影响［J］．和田师范专科学校学报，2015（2）.
⑤ ［后晋］刘昫．旧唐书（第195卷）［M］．北京：中华书局，1975：5213.

时间。在极大的商业利益刺激之下，回鹘对于往中原贩马具有强烈的冲动，希望扩大绢马贸易，得到更多丝绸。南来交市的马匹络绎不绝，而中唐以后的政府并无力支撑这么庞大的绢马贸易，政府财政难以支付，这也是唐代欠回鹘马价绢的一个重要原因。① 正是因为难以支撑马匹贸易，唐与回鹘多次在马匹的贸易量和价格上起争执，但是回鹘只能够向唐大量销售马匹，周边并无替代唐的马匹购买方。一直到回鹘分裂以后，甘州回鹘等都积极地向中原销售马匹。甚至到宋代，回鹘都不远千里进行卖马，"从北宋建隆二年至元丰八年（961—1085 年）的一百多年中，高昌回鹘人民将马匹及其装备品运去开封，源源不绝，而最大的一次要算元丰八年（108 年），其贸易额达 12 万贯钱，折合马匹数最少有 24000 匹"。② 这显示游牧经济对中原经济有较强的依赖性，同时也证明了马匹贸易对回鹘所产生的改变。回鹘在唐代大量从事中转贸易，此后这一习惯也得到保留，"西域和中亚的商人，大多要通过河西，并很大一部分以甘州回鹘名义前来朝贡，这说明甘州回鹘当时在沟通中亚、西域与宋朝经济交往方面，起着重要的中转作用"。③ 回鹘正是在唐代大量从事中转贸易时获利颇丰，才将这一经营习惯予以保留，这种中转贸易的产生也适应了经济发展的客观需要。

其他如吐蕃、党项等民族都因开展马匹贸易而兴盛，同样也因大量马匹贸易的开展而逐渐融入中原经济，两地经济逐渐一体化。吐蕃因开展马匹贸易，商品经济水平得到很大的提升，"东至唐的首府长安，西至天竺、大食，南抵洱海，北到中央亚细亚各国，到处都有吐蕃人的足迹，牦牛驮运，络绎于途，市肆与货摊上的货物，品种多样，为西藏高原以前任何时期所未见"④。可见这一时期吐蕃商品经济已发展到一定水平。党项因大量向中原卖马匹等牲畜而积累实力，逐步立国，后期又因无法正常与宋开展贸易而多次挑起战争。"北宋的禁绝互市政策不仅收效甚微，而且是加剧西夏南侵的直接因素之一。换言之，西夏的军事动机与反经济封锁有着深刻的内在联系。"⑤ 正是因为西夏无

---

① ［宋］司马光 . 资治通鉴（第 227 卷）［M］. 北京：中华书局，1976：2813.
② 程溯洛 . 唐宋回鹘史论集［M］. 北京：人民出版社，1993：292.
③ 杨建新 . 西北民族关系史［M］. 北京：民族出版社，1990：383.
④ 王忠 . 松赞干布传［M］. 上海：上海人民出版社，1961：32.
⑤ 李华瑞 . 贸易与西夏侵宋的关系［J］. 宁夏社会科学，1997（3）.

法正常向中原销售马匹等产品，才多次侵扰宋的边境，掠夺各类物资，力争打破宋的经济封锁，与宋进行商业贸易。马匹贸易的活跃逐渐将少数民族融入中原经济之中，成为一体，一旦遭受封锁，经济的发展就会受到沉重的打击。

三、改变西域经济结构

随着唐代绢马贸易的大量开展，无数绢帛输入西域，对于西域原有的经济结构产生了深远的影响。在丝绸之路被唐政权恢复并兴盛之前，西域一带由于特殊的地理、政治、经济环境，已经形成独有的一套经济结构，以高昌为首的西域政权为了满足西方对于绢帛的需求，其丝织业已获得一个兴盛期。从出土文书及地下出土丝织物考察，高昌地区的丝织业，有过自己的辉煌时期，那就是从西晋末到高昌王国中期，相当于公元4—5世纪。丝织业的这个繁荣期，基本上是在高昌郡建立以后，多方面的因素造就了五凉时期高昌地区丝织业的兴旺。

首先是政治形势出现了重大的变化。晋末以来，整个中国出现了大动乱，统治阶级的内斗，五胡的内迁，使得统一的晋王朝陷于四分五裂，原来盛产丝绸的河、洛、齐、鲁地区，顿成战火持续燃烧的战场。"永宁之初，洛中尚有锦帛四百万，珠宝金银百余斛"①，可是乱事一起，全化为灰烬。史载，都城洛京"士民死者三万余人，遂发掘诸陵，焚宫庙，官府皆尽"②。社会财富大量被毁，人民四散迁徙逃亡。而自武威至敦煌，再到高昌的整个河西地区，在前凉政权治理下，却相对安定，一些中原大族及百姓也由此迁到河西，接着又一批批地迁往高昌盆地。③这些"汉魏遗黎"，④给偏远而又比较宁谧的盆地，带来了财富和人口，也不断将中原的生产技术带来此地，其中包括着蚕桑丝织的知识和技术。所以在建郡之初，蚕桑丝织业就有了很大的发展，以至于人们在经济生活中，常以本地产的毯、锦、绢作为交换手段。⑤在公元四世纪的高昌《随葬衣物疏》中，可以见到"紫练""白练""白絓""缥絓""紫碧裙""绛

①　《晋书》卷26《食货志》[M]．北京：中华书局，1975：783.
②　司马光．《资治通鉴》卷87[M]．北京：中华书局，1956：2763.
③　陈国灿．从吐鲁番出土文献看高昌王国[J]．兰州大学学报(社会科学版)，2003（4）：1—9.
④　李延寿．《北史》卷97《高昌传》[M]．北京：中华书局，1974：3214.
⑤　乜小红．俄藏敦煌契约文书研究[M]．上海：上海古籍出版社，2009：89.

地丝履”等众多的丝织品名，① 这些应该都是在高昌当地织造的。

　　其次是中原丝织业的暂时衰退给高昌丝织业的发展带来了特殊的机遇。汉魏以来，传统的中西丝绸贸易，都是以关中长安，关东河、洛、齐、鲁为基地生产出绢帛丝绸，通过丝绸之路销往西方。晋末中原的战乱，对传统丝绸生产基地的摧残，必然给中、西方丝绸贸易以重大的打击。在敦煌西北长城烽燧遗址出土的西晋末年粟特商团成员纳尼·班达发往撒马尔干主人的信件，述说了西方商人在此事件中蒙受的灾难：“当今天子，据说因为饥馑而逃离洛阳，不久，他那牢固的宫殿和坚实的城池被付之一炬。大火之后，宫殿焚毁，城池荒废，洛阳破坏殆尽，邺城亦不复存在。” 又说他派出的商队“从姑臧启程，六个月后才到洛阳，在洛阳的印度人和粟特人都破了产，并都死于饥馑”。信中还提到“我已为您搜集到成捆的丝绸”。面对社会动乱，商团只有将贸贩的重点转移到河西一线：“我们希望金城至敦煌间的商业信誉，尽可能地长期得到维持，否则，我们将寸步难行，以致坐而待毙。”② 这个以采购丝绸为主的粟特商团，迫于战乱，只有将采购的重点由中原退居到河西。这正表明了由兰州（金城）到敦煌再到高昌这一线，丝绸的生产和贸易新机遇的到来。

　　自张骞通西域以后，中国的丝绸经过西域、中亚，大批输往欧洲，成为西方贵族们华贵的衣料，作为极高的奢侈品享受。③但他们无从生产，只能从中国进口。④ 而当传统的中原丝绸产地一旦缺失、无货可供后，这些从事中、西丝绸贸易的商人只有求之于河西或高昌。他们用携来的西方金、银货币在这里坐地收购绢帛及丝绸产品，“生丝一斤值银一两六钱，金四钱，大大低于罗马的丝价，说明这种贸易有利可图”。⑤这也极大地刺激了高昌地区蚕桑丝织业的生产。姜伯勤先生说：“吐鲁番、敦煌文书及出土文物，表明4至7世纪，在凉州即武威以西，包括敦煌、吐鲁番，曾经存在一个允许流行西域通货的货币特区。拜占廷‘金钱’、萨珊波斯‘银钱’及粟特‘银钱’的流入，不但反映

①　唐长孺. 吐鲁番出土文书（第 1 册）[M]. 北京：文物出版社，1988：3.
②　陈国灿. 敦煌学史事新证 [M]. 兰州：甘肃人民出版社，2002：57—59.
③　张星烺. 中西交通史料汇编 [M]. 北京：中华书局，1977：20.
④　殷晴. 丝绸之路与西域经济——十二世纪前新疆开发史稿 [M]. 北京：中华书局，2007：174.
⑤　田卫疆. 吐鲁番史 [M]. 乌鲁木齐：新疆人民出版社，2004：123—124.

了中国在丝路贸易中的'出超'态势，也折射出两汉至盛唐中国丰厚的国力。"①而公元 4 至 7 世纪允许流行西域通货的货币特区之形成，正反映出了在河西至高昌地区，成为供给西方所需丝绸生产新基地的结果，是在蚕桑丝织业生产大发展的基础上出现的。

再次是中西交通道路的变化。两汉时，中国通向西方的陆路基本上有两条，一条是从敦煌出玉门关至楼兰，沿孔雀河傍天山南麓西行；或出玉门关至车师前王庭往西至焉耆、龟兹至疏勒。另一条是从敦煌出阳关至鄯善西南，沿昆仑山北麓西行。②车师前王庭，虽在吐鲁番盆地，两汉至魏晋时，在政治、经济上尚未形成为重要的地位。那时的西域政治、经济中心，或在渠犁或轮台，如西域都护之所在；或在楼兰之海头，如魏晋间西域长史之所在。晋末以来，吐鲁番盆地人口的增多，农桑业的发展，加之高昌郡的建立，使得高昌地区越来越多地成为中、西商人选择的新路线及其中继站，许多中亚和西方的商人，不再通过楼兰，而是经过这里去往河西内地，然后运载着大批丝织品，又经过这里西去，这必然带来高昌地区经济的繁荣和兴盛。

第四个因素是，丝织物作为交换手段的需求，自"魏文帝罢五铢钱，使百姓以谷帛为市"。③此后直至十六国，绢帛和谷物一直成为人们经济交换的手段，高昌地区常以绢、锦、毯作为价值衡量的标准，这也促进了绢帛、锦毯的生产。

面对国内、境外对丝绸、锦毯需求这种难得的商业机遇，高昌官府采取了各种积极的措施加以面对，其中最重要的是组织民户大力发展蚕桑业。高昌郡时期，桑田大体分为两类，一种是私人拥有者，如前揭前秦建元二十（384）年高宁县都乡安邑里崔奣、张晏的桑田。另一种是官府直接掌控的桑田，由官府择民户给以承佃，哈拉和卓 96 号墓所出《北凉玄始十二年（423）兵曹牒为补代差佃守代事》中，有一起"省县桑佃"的牒文，文摘如下：

---

①　姜伯勤.敦煌吐鲁番文书与丝绸之路 [M].北京：文物出版社，1994：3.
②　[汉] 班固.汉书卷 96 上《西域传上》[M].北京：中华书局，1974：3872.
③　《晋书》卷 26《食货志》[M].北京：中华书局，1997：794

9. □被符省县桑佃，差看可者廿人知，□

10. □以阒相平等殷可任佃，以○游民阒□

11. □佃，求纪识，请如解纪识。①

这是高昌郡兵曹派员下县了解哪些民户能承佃桑田情况后的报告，经调查了解，可以承佃者有二十人，像阒相平等人家资殷实，可以"任佃"。② 在一般情况下，官府土地通常优先分配给贫下户佃种，而此处则相反，要选殷实户才给佃，显然这是为了确保蚕丝能获得高产，能给官府带来好的收益。对于这类承佃的桑田佃户，其所交租自然也是桑田自身的产品——丝，由此也就出现了"租丝"一词。吐鲁番哈拉和卓 91 号墓即出有"严奉租丝"文书，③残缺仅存六字，裴成国氏说："严奉为一人名，'租丝'应当是指充作田租的丝。"④ 在此有必要补充的是，此"租丝"并非指一般农田的田租用丝来抵充者，而是租佃了官府的桑田以后所交纳的租丝。

丝以及丝织物是官府用以外销的资源，也是重要的财源。于是，高昌郡官府采用征收正税以外的办法，来扩大这种资源的基础。西晋十六国的赋税制以田租和户调为基础，正规的户调收丝织物，是"丁男之户，岁输绢三匹，绵三斤，女及次丁男为户者半输"。⑤ 可是户有高下，故"在具体征收时，则'书为公赋，九品相通'。即按赀产多寡，来分九等征收"。⑥ 而这种征收内容，至少在北凉，又有了很大的扩展，即除了征收正规的户调绢、绵之外，还启动了纳"献丝"和"计口出丝"的新名目。吐鲁番新出的《北凉高昌计赀出献丝帐》⑦及《北凉高昌计口出丝帐》⑧就反映出了这种变化。裴成国先生针对此二帐做了研究，认为"计赀出献丝帐所征收的就是户调"，"并非一种临时性的课税，

① 唐长孺. 吐鲁番出土文书（第 1 册）[M]. 北京：文物出版社，1988：30.

② 殷晴. 丝绸之路与西域经济——十二世纪前新疆开发史稿 [M]. 北京：中华书局，2007：170.

③ 唐长孺. 吐鲁番出土文书（第 1 册）[M]. 北京：文物出版社，1988：79.

④ 裴成国. 吐鲁番新出北凉计赀、计口出丝帐研究 [J]. 中华文史论丛，2007（4）：100.

⑤ 《晋书》卷 26《食货志》[M]. 北京：中华书局，1974：790.

⑥ 朱雷. 敦煌吐鲁番文书论丛 [M]. 兰州：甘肃人民出版社，2000：9.

⑦ 荣新江，李肖，孟宪实. 新获吐鲁番出土文献 [M]. 北京：中华书局，2008：278—281.

⑧ 荣新江，李肖，孟宪实. 新获吐鲁番出土文献 [M]. 北京：中华书局，2008：282—284.

而是常规的固定税目"。① 然而，他对何以称为'献丝'，却没有做直接的解释，只是说"北凉政权在口税征收基础之上，复行户调之征收，此种加派的户调实有进行区分之必要，因而被冠以'献丝'之名，以便与第一次的口税相区别"。此说尚可商榷，五凉政权继承魏晋传统，在赋税制度上基本施行的还是田纳粮、户出绢、绵的户调制，并无纳丝一项，也无计口纳物的固定税目。而北凉出现的"计赀出献丝"和"计口出丝"，只能看作是户调制征收之外的新税加征。由于户调制已对农户征收了绢、绵，于是对于额外再增收的丝，名之为"献丝"，即含有义务向官府供献丝之意。② 至于"计口出丝"，也是北凉政权为了扩大征收丝成品，沿用汉代口赋惯例巧立的一种新名目。

北凉除了户调征收以及"献丝""计口出丝"之外，还有其他一些科征，如"按赀配养生马"制就是其中的一种。吐鲁番所出《建□年按赀配生马帐》中，就有"赵士有赀六斛，配生马，去八月内买马贾并……"。③不能将这样一些制外的科征，都算在户调制之内。《北凉高昌计赀出献丝帐》的征收办法，不同于户调制以户为单位的征收，而是以若干家"赀合三百七十斛，出献丝五斤"。④ 至于"计口出丝"虽用类同模式，又微有不同，有"廿五家，口合百六十，出丝十斤"者；⑤ 也有"××家，口合六十八，出丝四斤四两"者。⑥这是不问家口大小老少，按每口出丝一两的做法。后来高昌国时也有沿用过此类多家联合应征的模式，如《高昌计亩承车牛役簿》⑦以若干家占有田"合田四十四半九步"，出车牛一具，如"合田十二亩半一百一十七步"，出车一，若"合田卅一半十二步"，则出牛一，显现出一种临时性科征的特点，北凉的"计赀出献丝"和"计口出丝"，也应属于一种临时性的科征，但恐怕也并非偶尔为之。

北凉政权如此痴迷于对百姓出丝的征收，乃在于丝能满足外销的需求，能扩大官府的财政收入。而这种畸形的税收，又必然反过来刺激蚕丝业的发展，

① 裴成国. 吐鲁番新出北凉计赀、计口出丝帐研究 [J]. 中华文史论丛，2007（4）：82，85.
② 唐长孺. 吐鲁番出土文书（录文本）（第1册）[M]. 北京：文物出版社，1988：5.
③ 朱雷. 敦煌吐鲁番文书论丛 [M]. 兰州：甘肃人民出版社，2000：25—30.
④ 荣新江，李肖，孟宪实. 新获吐鲁番出土文献 [M]. 北京：中华书局，2008：279—281.
⑤ 荣新江，李肖，孟宪实. 新获吐鲁番出土文献 [M]. 北京：中华书局，2008：284.
⑥ 荣新江，李肖，孟宪实. 新获吐鲁番出土文献 [M]. 北京：中华书局，2008：283.
⑦ 柳洪亮. 新出吐鲁番文书及其研究 [M]. 乌鲁木齐：新疆人民出版社，1997：27—29.

它迫使着高昌郡的居民，无家不缫丝，无口不吐丝，整个社会经济都在向蚕桑丝织生产倾斜。

一直到高昌王国初期的阚氏、张氏王朝，仍保持着蚕桑丝织业兴旺的势头。新出的《阚氏高昌某郡彩毯等帐》，①共有七片，第六片 4 行有"三年十□月八日仓曹隗畚"，应是阚伯周立为高昌王的第三年，即公元 462 年仓曹入彩毯帐。②记有诸人户交纳数额不等的綵×疋，毯×张，其中第四片中有"樊伦安毯六张，綵一疋"。"□首兴毯九张了。□沙弥四张了。"是民户□首兴完成交毯九张、□沙弥完成交毯四张义务的记录，表明官府在继续按某种标准对百姓征收丝织品。吐鲁番哈拉和卓 90 号墓所出文书均为阚氏高昌永康年间文书，其中有永康十年（475）官府所下"须绵叁斤半作绵缘……"的记载。③还有同年官府下达将二十五斤丝染色的记载。④这些都表明民间丝织生产的持续。

阚氏高昌是在柔然扶植下建国称王的，有着向柔然统治者贡纳纺织品的义务，如《高昌主簿张绾等传供帐》⑤ 中有"……疋，毯六张半，付索寅义，买厚绢供涞□"；"出行绁五疋，付左首兴，与若愍提勤"；"张绾传令：出疏勒锦一张，与处论无根"；"绁一疋，毯五张，赤违□枚，各付已隆，供鍮头（发）。""出行绁卌疋，主簿张绾传令，与道人昙训"。经钱伯泉先生研究，认为这些受供者，都是柔然国的统治者或高官。⑥也有民间的锦、毯交易，如同墓所出《高昌□归等买鍮石等物残帐》中，记有"……毯百八十张，□诸将绵……"；"钵斯锦系□昌应出……"。⑦贡纳义务和市场买卖的需求，使初立的王国维持着丝织业原有的生产规模和制度，同时还加强了对行绁布的生产。

但是这样的发展趋势随着西域与中原联系日渐紧密，中原发达、先进的丝织业对于西域的冲击也就日渐严重。北魏初立时，并不重视对西域的经营，直到太武帝的太延年间（435—439），才"遣散骑侍郎董琬、高明等多赍锦帛，

---

① 荣新江，李肖，孟宪实. 新获吐鲁番出土文献 [M]. 北京：中华书局，2008：146—149.
② 王素. 高昌史稿·统治编 [M]. 北京：文物出版社，1998：268.
③ 唐长孺. 吐鲁番出土文书（第 1 册）[M]. 北京：文物出版社，1988：118.
④ 唐长孺. 吐鲁番出土文书（第 1 册）[M]. 北京：文物出版社，1988：118.
⑤ 唐长孺. 吐鲁番出土文书（第 1 册）[M]. 北京：文物出版社，1988：122.
⑥ 敦煌吐鲁番学新疆研究资料中心. 吐鲁番学研究专辑 [M]. 1990：98—101.
⑦ 唐长孺. 吐鲁番出土文书（第 1 册）[M]. 北京：文物出版社，1988：125.

出鄯善，招抚九国，厚赐之"。① 表明北魏用厚赐锦帛的手段，对西域诸国广为招徕。经过董、高等人的努力，待到"琬、明东还，乌孙、破洛那之属遣使与琬俱来贡献者十有六国。自后相继而来，不间于岁，国使亦数十辈矣"。② 这种朝贡性质的贸易在某种程度上不可避免地输入大量马匹，而向西域输出丝织品，与诸国国使俱来者，少不了西域诸国的商人，于是又重新开通了中原地区与西域的商贸往来。贸易扩大的结果是从西而来对绢锦、丝绵的采购由高昌转向北魏，丝绸市场重心的转移，使得高昌丝织业再也无法保持向西贸易的垄断地位，向西供给量的减少，必然带来高昌蚕桑丝织业的中衰。

《高昌章和十三年（543）孝姿随葬衣物疏》中记随葬物品中，有"故波斯锦十张，故魏锦十匹，故合鑫大绫十匹，故石柱小绫十匹，故白绢卅匹，故金钱百枚，故银钱百枚，故布叠二百匹。"③所列这些物品，不一定都如实埋入墓中，至少是现实社会中已有的物品。波斯锦，有可能为高昌当地仿造，价值最高，列在首位，其次是"魏锦"，不称张，而称匹，显然来自北魏境内所产，从列位看，也是价值颇高的织物，论质量，比高昌本地产的大、小绫绢要好。这是魏锦在高昌具有优势之所在，也是高昌本地丝织业由盛转衰的主要原因。可见由于内地丝织品的质量更好，得到更广泛的认同，在市场上被普遍接受，内地与西域的绢马贸易也能够开展得更加顺畅。

但是随着唐政府加强对西域的控制，中原的政治、军事、经济力量深入西域一带，对西域经济的结构产生了深远的影响，彻底改变了西州等地的丝织业发展状况。特别是政府在西北驻扎大量军队，每年输送大量绢帛以购买马匹在内的军事物资。学术界往往有一种误解，认为唐西州处于丝绸之路上，其当地的丝织业一直是兴旺的，或以当地墓葬出土丝织物为例加以说明。而从出土的唐代文书及丝织物的考察看，实际情况并非如此。由于内地丝绸产品的大量涌入，西州的蚕桑丝织业已趋向于萎缩。

隋唐时期的中原地区，在全国南北统一的基础上，社会经济有了较大的发展，一些内地传统的丝织业基地，不仅得到了恢复，而且在生产技术和生产规

① 《魏书》卷102《西域传》[M].北京：中华书局，1974：2259—2260.
② 《魏书》卷102《西域传》[M].北京：中华书局，1974：2260.
③ 唐长孺.吐鲁番出土文书（第1册）[M].北京：文物出版社，1988：143.

模上都有了很大的进步，①其丝绸产品的质地远胜过了高昌本地所产。而这些中原产的丝绸绢练，都是此前高昌地区所未见者。②原来社会动乱和国家分裂造成的丝绸之路中断和阻隔，由于北魏以来的经营而得到恢复。到唐灭高昌后，内地的这些新丝绸产品，又通过畅通的丝绸之路，源源不断运至西州，甚至远销到中亚，以至欧洲。吐鲁番所出《唐天宝二年（743）交河郡市估案》，是西州交河郡市司制定的物价表，在其"帛练行"下，列有"大练""梓州小练""河南府生絁""蒲陕州絁""缦紫""缦绯""生绢"等品种。③河南府指以洛阳为中心的洛州地区，生絁本是当地贡赋之物。④陕州属河南道，蒲州则隶河东道，均属絁、练中心产地。梓州在剑南道，为蜀锦产地，所产红绫、丝布为常年上贡之物。⑤这些内地的丝织品，有的是通过胡、汉商人贩运而来；⑥有的是由朝廷运来用于和籴的绢帛。敦煌文书 P.3348v《唐天宝四载（745）河西豆卢军和籴会计牒》中，载有"合当军天宝四载和籴，准旨支贰万段出武威郡，准估折请得絁、绢、练、绵等，总壹万肆阡陆伯柒拾捌屯疋叁丈伍尺肆寸壹拾铢"。这从武威运到敦煌的二万段丝织品，其品种有"大生绢""河南府絁""缦绯""绿绯""大绵""陕郡絁""大练"等，⑦虽属朝廷支付给豆卢军的，但与《唐天宝二年（743）交河郡市估案》中所列丝织品名具有惊人的一致性。政府大量拨付丝绸给予军队，而军队则利用这些丝绸在西州等地市场上购买马匹、粮食等物资。由此推测，西州交河郡市场上来自内地的练、绢、絁、绯，基本上也是朝廷给西州军政官府的用于和籴之物，这也为西州出现有"送帛练使"所证实。⑧ 事实上，在西州同样也存在着官府用绢、练和籴粮食的活动。吐鲁番阿斯塔那 214 号墓出土的《唐和籴青稞帐》中，就有"练壹疋，籴得青科一石三斗"；还有"绵壹屯，准次估直银钱伍文，两屯当练壹匹"

① 卢华语.唐代蚕桑丝绸研究［M］.北京：首都师范大学出版社，1995：28—29，121—122.
② 新疆社会科学院考古研究所.新疆考古三十年［M］.乌鲁木齐：新疆人民出版社，439.
③ 池田温.中国古代籍帐研究［M］.东京：日本东京大学东洋文化研究所，1978：448.
④ 《新唐书》卷38《地理志·河南道》［M］.北京：中华书局，1975：981.
⑤ 《新唐书》卷42《地理志·剑南道》［M］.北京：中华书局，1975：1088 页。
⑥ 唐长孺.敦煌吐鲁番文书初探［M］.武汉：武汉大学出版社，1983：344—363.
⑦ 池田温.中国古代籍帐研究［M］.北京：中华书局，1984：448.
⑧ 唐长孺.吐鲁番出土文书（第3册）［M］.北京：文物出版社，1988：310.

的记载。①同墓出的《唐氾贞感等付绵、练当青稞帐》应是西州官仓出绵、练向百姓和籴青稞的记帐，如"索阿六付绵拾屯，计当青科陆硕伍斗"；"□□□付练伍疋，计当青科陆硕伍斗"。②是练一匹值银钱十文，依据银、铜钱比值1：32来换算，③约合铜钱三百二十文。此价比《唐天宝二年（743）交河郡市估案》中"大练壹匹，上直钱肆伯柒拾文，次肆伯陆拾文，下肆伯伍拾文"④的价格要低，可能是由于前者是官府和籴的规定价，后者是市场交易价的缘故，可能还有时间不一物价不同的因素。阿斯塔那506号墓出有一批西州官仓正库出大练支付客使、官吏用料的文书，如"李钦于正库领得赵内侍感文案贷直大练叁疋，开元廿年正廿一日"，"大练陆疋玖月、拾月客使停料，十二月廿六日吕义领"，"大练贰伯叁拾伍疋贰丈肆尺充药直，十月十二日行人药主蒋玄其领"。⑤西州官仓正库支出众多的大练，也应是唐朝廷调拨来自内地的庸调物。这些充盈于西州官仓或市场的内地绢练缯绯，无疑会给高昌地区传统的蚕桑丝织业带来巨大的冲击，导致了高昌本地蚕桑丝织业的萎缩。故在吐鲁番出土的唐代官、私文书中，已很少见到桑田或蚕桑以及织造户一类的记载，而另一方面却见有大量的绢、练在频繁地流通，⑥这些绢、练应大多来自内地。此时，来往于丝绸之路上的西域商胡，不再以高昌作为他们收购丝绸的重地，而是去到以前传统的收购地——中原地区的京、洛、益、扬、齐、鲁等地，西州只是他们过往的中继站而已。⑦ 这种改变正是绢马贸易活跃以后带给西域经济的冲击之一。

在吐鲁番出土的《唐焦延隆等居宅间架簿》⑧里，记载西州民户居屋多用"桑椽"，如焦延隆宅"桑椽卅八"，麹海隆宅"桑椽六十"，司马欢仁宅"桑椽卅"，麹隆太宅"桑椽九十"等，有学者据此认为反映出桑树很多，养蚕缫丝

---

① 唐长孺. 吐鲁番出土文书（第3册）[M]. 北京：文物出版社，1988：163.
② 唐长孺. 吐鲁番出土文书（第3册）[M]. 北京：文物出版社，1988：163.
③ 唐长孺. 吐鲁番出土文书（第3册）[M]. 北京：文物出版社，1988：517.
④ 池田温. 中国古代籍帐研究 [M]. 北京：中华书局，1984：448.
⑤ 唐长孺. 吐鲁番出土文书（第4册）[M]. 北京：文物出版社，1988：415.
⑥ 池田温. 中国古代籍帐研究 [M]. 北京：中华书局，1984：352.
⑦ 唐长孺. 吐鲁番出土文书（第3册）[M]. 北京：文物出版社，1988：346.
⑧ 唐长孺. 吐鲁番出土文书（第2册）[M]. 北京：文物出版社，1988：148—150.

和丝织业的发达。①对此现象须做全面分析，古人建屋用材，多不用桑木，《齐民要术》载："凡屋材，松柏为上，白杨次之，榆为下也。"② 用于做房椽者，多为白杨、榆木或栎木，这些树木，在西州都可以生长。不论哪种木材，如作房椽，均须用树龄五年左右的树干为之。可是文书中却见到大量桑椽，也当是五年左右的桑树主干，表明大批桑树正由于不用于养蚕了，才用来做造屋的椽料。桑椽用量越多，供养蚕的桑树也就越来越少了。所以桑椽的大量出现，并不能证明养蚕缫丝的发达，反而是桑蚕业萎缩的表现，反映出了蚕桑丝织业的衰败。孟宪实先生分析说："桑树从来不是好的建筑材料，虽然桑树的功能很多，所以在高昌见到的这种情况，只能证明桑树被废，迫不得已转移功用。……只有养蚕无利，才会大规模砍伐桑树。只有产业链条的下游出了问题，才会砍伐桑树彻底放弃这个产业。"③ 此论至确。

王素先生说："麹氏王国后期，棉花种植的普及和专业叠坊的兴起，可以说是唐西州蚕桑业和丝、绵纺织业衰落的直接原因。"④ 如果说麹氏高昌的纺织业，尚处于由丝、绵生产向叠布生产的转变期，那么，到了唐西州时，可以说基本上完成了这种转变，唐西州施行的是向緤布发展的导向政策。

唐在统一高昌后，推行均田制度，根据吐鲁番人多地少的实际，规定"壹丁合得常田肆亩，部田贰亩"，⑤在此基础上征收的租庸调制也有调整，其中调一项不再收绢、绵，改而为征收"緤布"，如《唐贞观二十一年（647）帐后□苟户籍》中在某户籍下记有"计緤布□□，计租六斗"；⑥ 在《唐开元四年（716）西州高昌县安西乡安乐里籍》中也有"计緤□□□，计租陆斗"。⑦ 籍中緤布数缺，据大谷3272 号《唐开元初籍》中"计緤布贰丈，（计租）陆斗"⑧ 知，从初唐至中唐，西州对民间每户调的征收一直都在收緤布二丈。可

① 韩国磐. 敦煌吐鲁番经济文书研究 [M]. 厦门：厦门大学出版社，1986：348.
② 贾思勰著，缪启愉校释.《齐民要术校释》卷5《种榆、白杨第四十六》[M]. 北京：中国农业出版社，1998：344.
③ 孟宪实. 敦煌吐鲁番研究》第十二卷 [M]. 上海：上海古籍出版社，2011：216.
④ 王素. 高昌史稿·交通编 [M]. 北京：文物出版社，2000：120.
⑤ 唐长孺. 吐鲁番出土文书（第2册）[M]. 北京：文物出版社，1988：135.
⑥ 唐长孺. 吐鲁番出土文书（第3册）[M]. 北京：文物出版社，1988：53.
⑦ 唐长孺. 吐鲁番出土文书（第4册）[M]. 北京：文物出版社，1988：147.
⑧ 小田义久. 大谷文书集成 [M]. 日本京都：法藏馆，1990：62.

见继布完全取代了原来绢、绵的地位，成为官府征收庸调的内容，再也不见官府对民户大量科征绢、绵一类的丝和丝织物，① 大谷 5824 号文书《唐宝应元年（762）西州高昌县周义敏纳继布抄》载："周义敏纳十一月番课继布壹段，宝应元年十一月十四日队头安明国抄。见人张奉宾。"② 类似的继布科征文书还有许多，③ 这种变化也使一些农户从蚕桑丝织生产中解脱出来，尽管纺织业仍然存在，大多已转向继布与麻布的织造上了。④

多种因素的组合，使得高昌地区的丝织业，到了唐西州，完全趋于萎缩，而继、麻的纺织，则代替了以往的丝织业，成了西州纺织业继续发展的主干，这实质就是绢马贸易扩大以后对西域经济结构改变的一个重要例子。

中国自古以来就以盛产丝绸著称于世，是丝绸生产大国。吐鲁番处于丝绸之路的枢纽之地，它地下出土的文书，对于当地古代丝绸的生产、积聚、流通，都有许多新的揭示。通过对西晋十六国时期出土文献的研究，看到五凉时期的高昌郡，一直处于丝绸生产的繁荣期，这是由于晋末中原动乱，不少中原人户和技术西迁此地，而传统的中原丝绸供应又暂时缺失，高昌地区借助这一历史机遇，自然取而代之成为供给西方丝绸的基地之一。这促使了高昌郡府的整体政策都在向丝织业倾斜。在户户植桑养蚕缲丝的基础上，存在着众多的蚕桑户，他们生产出的丝绵、绢帛，除供纳官府户调赋税外，其剩余产品也由官府用新的税目征收或征购。对于织造户，官府则用差配、征购的办法收集其生产成品，蚕桑户和织造户对官府的依附性，使得民间大量丝绸产品都集中于官府，以满足于对外贸易的需求。蚕桑丝织业这种兴旺的状态，一直延续到高昌王国前期，维持了 4—5 世纪约二百年。

到唐代以后，唐加强对边疆控制，派驻大量军队，军队所需款项大多以绢帛支付，在西北的军队便以绢帛购买马匹等物资，西北绢马贸易的活跃使得西域原有的丝织业受到冲击。在唐代西州的文书中，很少见到桑蚕和绢帛生产的记载，但却见到大量绢练的流通。而这些绢练基本上都来自内地，如大练、河

---

① 黄文弼．吐鲁番考古记 [M]．北京：科学出版社，1954：36—37．
② 小田义久．大谷文书集成 [M]．日本京都：法藏馆，2003：204．
③ 孟宪实，等．敦煌吐鲁番研究 [M]．上海：上海古籍出版社，2013：227—240．
④ 陈国灿．斯坦因所获吐鲁番文书研究 [M]．武汉：武汉大学出版社，1994：123—124．

南府生絁、陕州絁、梓州小练等。这些丝绸的大量出现，有的是胡、汉商人通过丝绸之路贩运而来，有的则是由朝廷运来用于购马的绢帛，这也为唐西州文书所证实。政府和商人大量往西域贩运丝绸，其中一个很重要支出就是绢马贸易。唐西州征收的调赋中，不再收绢，而是收继布，继布取代绢帛，表明了西州绢帛生产的全面萎缩，而这也正是绢马贸易改变西域经济结构的一个重要例证。

第四节　对沿线城市的影响

唐五代商业经济发达，商贸区域非常广泛，随着商贸活动的日渐频繁和活跃，商路开始日渐成熟，对商路沿线城市的经济影响也越来越明显。马匹贸易作为中原王朝与少数民族之间商贸往来的一种重要形式，对中原地区、少数民族地区，甚至是域外国家都带来了深远的影响。唐五代时期，虽然在马匹贸易中，时有通过海路运送马匹的事例，但是数量并不多，主要还是以陆路为主，中原地区与边境少数民族开展马匹贸易都非常依赖几条重要的商路。

这些商路并不是一成不变。随着政治、军事局势的演变，一些商路逐渐趋于没落，而新的商路则逐渐兴起。特别是西北地区的丝绸之路，"沿着丝绸之路的草原路，大丝道、河西道、青海路以及西南夷道，到处都设立有绢马贸易的互市点或马市"。① 此后由于西北吐蕃等民族的侵扰，丝绸之路就曾有变化。马匹的贸易并不是一路直接运往长安，而是分段运送，在分段运送的过程中，对商路沿线的城市经济产生了很大的促进作用，特别是敦煌、张掖、西州、太原、营州等地。在一些马匹的交割地，少数民族获得钱帛以后一般就地采购各类物资并运回，对于当地商品经济的发展也起到了促进作用。

一、商路的兴盛

唐五代的马匹贸易范围广阔，形成的商路也四通八达，从长安出发向东一

---

① 李明伟. 隋唐丝绸之路 [M]. 兰州：甘肃人民出版社，1994：236.

直可达朝鲜，西可达阿拉伯、印度等地。随着商贸活动日渐繁荣，一些沿线城市逐渐兴盛起来。作为商贸活动中间非常重要的一个部分，马匹贸易也形成相对固定的贸易路线和地点。唐代的马匹贸易主要与北方少数民族开展，因此马匹贸易的路线及地点主要集中在北方。唐代在北方主要有营州入安东道、夏州塞外通大同云中道、中受降城入回鹘道、安西入西域道等。这些道路途经的区域大多为北方畜牧业较为发达的地区，周边有大量少数民族进行放牧活动，有着充足的马匹数量。同时北方地域开阔，适合马匹的活动，对于马匹有大量的需求。唐五代的马匹贸易路线和地点受政治和经济环境的影响，有过一定的变化，这些变化也对沿线城市经济产生了深远的影响。在安史之乱以前，"唐代丝绸之路全线畅通，东西方贸易频繁，丝路沿线的市场也得到很大发展，沿线的州县治所多发展成为重要的商业城镇"。① 后期当丝绸之路由于吐蕃的占领和袭扰而中断时，回鹘道和灵州道变得日益重要，特别是灵州和庭州的影响力越来越大，成为重要的商业城市。

特别是中受降城入回鹘道，这条道路也叫"参天可汗道"。贞观二十一年"回纥等请于回纥以南，突厥以北，置邮驿，总六十六所，以通北荒，号为参天可汗道，以貂皮充赋税"。② 这条通道极大地促进了唐与西北少数民族的商贸活动的开展。这一线路有东西两道，"中受降城正北如东八十里，有呼延谷，谷南口有呼延栅，谷北口有归唐栅，车道也，入回鹘使所经。又五百里至鸊鹈泉，又十里入碛，……千五百里亦至回鹘衙帐"。③ 中受降城与西受降城都修建于中宗景龙二年间，"仁愿表留年满镇兵以助其功。时咸阳兵二百余人逃归，仁愿尽擒之，一时斩于城下，军中股栗，役者尽力，六旬而三城俱就。……自是突厥不得度山放牧，朔方无复寇掠，减镇兵数万人"。④ 中受降城也叫安北都护府，在今内蒙古包头以西，鸊鹈泉在丰州城北。这一贸易线路主要与突厥、回鹘等北方较为强大的少数民族开展马匹贸易。贸易的方式以官方贸易为主，规模较为庞大。主要的贸易地点在西受降城，唐代多次在西受降城进

---

① 袁黎明. 唐代丝绸之路演变与西北市场格局的变动 [D]. 陕西师范大学 2010 年硕士学位论文.
② [宋] 王溥. 唐会要（第 73 卷）[M]. 北京：中华书局，1955：1314.
③ [宋] 宋祁，欧阳修. 新唐书（第 43 卷下）[M]. 北京：中华书局，1975：1148.
④ [后晋] 刘昫. 旧唐书（第 93 卷）[M]. 北京：中华书局，1975：2982.

行马匹贸易。"（九月）吐蕃之寇瓜州也，遗毗伽书，欲与之俱入寇，毗伽并献其书。上嘉之，听于西受降城为互市，每岁赍缣帛数十万匹就市戎马。"在此地开展的马匹贸易量每年有数千匹，贸易的对象不仅有突厥，还有九姓坚昆和室韦。天宝六年（747）十二月，九姓坚昆及室韦向朝廷进献马匹，唐直接令其在西受降城接收马匹，这是一种简便的做法。① 因此，西受降城是唐代非常重要的一个市马地点，大量马匹在这一地区交易。

此外，东北方向的幽州和营州也是非常重要的马匹贸易地点，其中营州正好处于唐代的营州入安东道的起点，由营州出发，东北行经燕郡城，渡过辽水，到安东都护府，至于安东都护府的位置则曾多次迁徙。这一商路主要针对的贸易对象为契丹、奚等民族，在唐代以前营州就是一个重要的民族贸易地点。隋开皇年间韦艺为营州总管时就曾经与北夷积极开展贸易，并积攒了大量钱财。② 可见在隋代时，营州就是一个贸易重镇。到唐代时，随着唐在东北地区的势力日益扩展，唐代在营州设立了互市监，并规定"其营州管内蕃马出货，选其少壮者，官为市之"，③ 这也表明营州作为马匹贸易地点具有非常长的历史。幽州也是一个非常重要的马匹贸易地区，这一贸易地点从唐代一直延续到五代时期，这里集聚了大量的胡商。开元时期，张说领幽州，曾"命圉人市骏于两蕃"，相当一部分好马就是在幽州等地购买。五代时期幽州地区仍然有与少数民族的贸易存在。幽州的商品经济就从马匹贸易中获益，"北方和西北地区的毡罽、珍玩、鞍辔、毛皮、牛羊牲畜等均远销于幽州市场"，④ 逐渐形成北方比较重要的一个商业中心。

西北地区还有如朔方、河东、安西、赤岭等地。都是史料中记载的贸易地点，也有如北楼关、临渝关等临时的马匹贸易地点等。不同的贸易地点针对的交易对象也各有不同，安西（今新疆库车）以西域诸国为主，而赤岭（今青海西宁市西）以吐蕃为主，有些贸易地点随着政治局势的变化逐渐被取消。特别是唐代安史之乱以后，唐代的统治疆域严重收缩，而河朔又形成藩镇割

① ［宋］王溥. 唐会要［M］. 北京：中华书局，1955：1303.
② ［唐］魏徵. 隋书（第47卷）［M］. 北京：中华书局，1973：269.
③ ［唐］李林甫. 大唐六典（第22卷）［M］. 北京：中华书局，1992：580.
④ 余念慈. 幽燕都会［M］. 北京：北京出版社，2000：131.

据，因此贸易的地点也发生了明显的变化，许多贸易地点不复存在，如安西、西受降城、营州、豫州、赤岭等地。中唐以后，唐主要的马匹贸易对象是回鹘，这一时期，回鹘主要是通过阴山道，前往太原进行互市。而唐与吐蕃的互市则由赤岭移至陇州（今陕西陇县），此后唐与吐蕃的互市改在陇州进行，王建据蜀后，"于文（今甘肃文县）、黎（治所今四川汉源北）、维（治所今四川理县东北）、茂（治所今四川茂伙）市胡马"，唐五代时期的市马地点随着局势的变化发生了演变，到五代时期时，也于边境设立机构进行马匹互市，对于互市地区的经济也产生了很大的促进作用。

二、沿线城镇的发展

这些马匹交易的地区经济固然从中获益，商路途中的市镇也逐渐兴盛，特别是丝绸之路上的诸多市镇，如敦煌、张掖等地都因处于商路线上而繁荣。大量的商人汇集于敦煌等地，成为马匹等货物的一个重要中转地，唐代诗人元稹《西凉伎》一诗中曾说："狮子摇光毛彩竖，胡腾醉舞筋骨柔，大宛来献赤汗马，赞普亦奉翠茸裘。"[①] 可见周边民族向唐政府朝贡马匹等也促进了敦煌等地的发展。一直到晚唐五代时期，敦煌仍然从马匹贸易之中获益，与西域及周边其他民族的马匹贸易仍然常有开展。归义军在光启三年接待了很多使团，这些使团并不仅仅是出于政治目的，还进行商贸活动，P.3569《光启三年（887年）官酒户马三娘龙粉堆牒》中就记载有西州、庭州使团，楼兰地区萨毗使、回鹘使、凉州使等，[②] P.3552《儿郎伟》也记载："西州上贡宝马，焉耆纳送金钱。"[③] 西北地区的马匹仍然在通过敦煌等地运往内地，通过以敦煌为中心的商业贸易市场，周边地区实现商品互通有无，将周边地区的马匹等牲畜贩运到中原，再将中原地区的丝绸经过敦煌贩运到西域中亚等地区。

西州地区作为西北马匹市场最为活跃的地区之一，其商品经济的发展在这一时期也取得了飞跃的进步，市场上销售的商品非常之多，《天宝二年交河郡

---

① 元稹.元氏长庆集（第24卷）[M].上海：上海古籍出版社，1994：129.

② 唐耕耦，陆宏基.敦煌社会经济文献真迹释录（第3辑）[M].北京：书目文献出版社，1986：622.

③ 黄征，吴伟.敦煌愿文集（下卷）[M].长沙：岳麓书社，1995：945.

市估案》① 中就记载了大量的货物，这些货物很多都不产自本地。大量的丝织品从中原贩运而来，如河南府的生絁及陕州、常州等带地的丝织品，源源不断地通过西州等地输往中亚、欧洲等西方国家和地区。此外，从波斯、印度、东罗马等地运来的货物也大量出现在西州市场上。因此有学者说："西州不仅是边陲重镇、我国西北区域性市场，作为西域门户实际上已发挥国际市场的作用。"② 正是由于商业贸易繁荣，大量胡人聚集于此，特别是昭武九姓胡人。吐鲁番阿斯塔那 31 号墓地出土文书《昭武九姓曹莫门陁等名籍》③ 就记载了大量胡人的姓名。这些胡人也积极地开展马匹贸易，"特别是突厥商人在西州、龟兹多从事与唐朝官方的马匹交易"。④ 大量胡商的聚集显著推动了城市的发展和兴盛，"随着丝路的通畅，大量商人汇聚西州，带动了商品流转，使西州成为丝路上重要的商品贸易中心"。⑤ 学者李鸿宾认为西州承担着对内地、本地及周边地区、国外（波斯、印度、西亚等）贸易文化交流的市场职能，⑥ 也正是因为"西州是唐代最大的马匹交易市场"，⑦ 马匹贸易的开展才对西州经济的发展起到了很大的促进作用。

　　"凉州都无例外地属于向河西、西域输送布帛的一大中继站。尤其在 8 世纪的开元天宝年间，这里经常聚集着大量布帛"，⑧ 大量绢帛的转运使得凉州的经济得到快速的发展。玄奘西行求经路过此地时，曾以"凉州为河西都会，襟带西蕃、葱右诸国，商旅往来，无有停绝"⑨ 之句形容凉州的繁荣。此外，《玄宗幸西凉府观灯赋》也曾形容凉州的繁华，"唯书（《仙传拾遗》）中单以凉州灯火与京师相比，足以说明唐代凉州是全国数得上的一大都市"。⑩ 也

---

① 池田温．龚泽铣译．中国古代籍帐研究 [M]．北京：中华书局，1984：453.
② 段晴．唐代西域的丝路贸易与西州商品经济的繁盛 [J]．新疆社会科学，2003（3）.
③ 唐长孺．吐鲁番出土文书（第 3 册）[M]．北京：文物出版社，1988：119.
④ 张安福．唐代丝绸之路中段西州与龟兹的商贸研究 [J]．中国农史，2016（3）.
⑤ 张安福．唐代丝绸之路中段西州与龟兹的商贸研究 [J]．中国农史，2016（3）.
⑥ 李鸿宾．唐代西州市场商品初考——兼论西州市场的三种职能 [J]．敦煌学辑刊，1988（1、2）.
⑦ 陈国灿．高昌社会的变迁 [M]．乌鲁木齐：新疆人民出版社，2013：151.
⑧ 荒川正晴，乐胜奎．关于唐向西域输送布帛与客商的关系 [J]．魏晋南北朝隋唐史资料，1998：345.
⑨ 慧立，彦悰．大慈恩寺三藏法师传（第 1 卷）[M]．北京：中华书局，2000：12—13.
⑩ 王乃昂，蔡为民．论丝路重镇凉州的历史地位及其影响 [J]．中国边疆史地研究，1997（4）.

正是因为凉州在军事上具有重要地位，每年采购大量马匹，"凉州逐渐取代甘州而成为河西走廊的商贸中心和丝绸之路上的国际贸易都会"。① 此外如西域的沙州、瓜州等地经济也得到快速的发展，这些商路沿线城市的经济都从中获益。

　　总之，唐五代时期活跃的马匹贸易促进了商品经济的发展，为商路沿线地区的经济发展提供了机遇。特别是西北马匹贸易活跃之地，兴起了许多商业重镇，"所有古代西北商镇的兴起和发展，几乎都与西北贸易路的开辟有关，也就是说中西经济文化的交流和西北区域民族融合的过程，是推动西北商镇发育的主要原因之一"。② 马匹贸易更为各民族间的经济互融互通创造了条件，农耕经济与畜牧经济相辅相成，共同促进了当时各民族的经济发展，为民族间的交流与融合提供了良好的基础，对于我国多民族统一国家的形成以及边疆地区的和平与稳定有着非常重要的意义。

---

　　① 袁黎明. 唐代丝绸之路演变与西北市场格局的变动 [J]. 陕西师范大学 2010 年硕士学位论文，47.

　　② 李明伟. 隋唐丝绸之路 [M]. 兰州：甘肃人民出版社，1994：163.

结　语

　　2015 年中国政府公布了《推动共同建设丝绸之路经济带和 21 世纪海上丝绸之路的愿景与行动》[①]，这一文件的公布标志着"一带一路"倡议进入实施阶段，这一倡议的实施为中国经济融入全球化提供了良好的理论支撑和政策指导，为区域间的协同发展创造了良好机遇，更是我国西北地区发展的重要方向。尽管时代已完全不同，经济的体量、运行方式等都有所区别，但是"一带一路"所覆盖的区域和商路与唐五代时期的马匹贸易高度相似，这也反映"一带一路"沿线的经济发展有其客观的规律，这一规律穿越千年仍然影响着今天的经济发展，这一点值得深思和研究。本部分也试图从马匹贸易的研究入手，探讨唐五代马匹贸易的发展对于当前"一带一路"建设的借鉴意义。

一、唐五代马匹贸易的特点

　　唐五代的官方马匹贸易和民间马匹贸易都非常活跃，其贸易的规模达到了汉唐以来的高峰。丝绸之路沿线的马匹贸易促进了区域间的经济、文化交流，提高了各族人民的经济合作水平，推动了民族融合，维护了国家的团结统一。毋庸置疑，从历史的角度来看，唐五代的马匹贸易有一定的进步性，但是也存在其局限性，笔者从以下三个方面总结唐五代的马匹贸易。

　　1. 绢马贸易达到一个高峰

　　唐五代的马匹贸易达到了一个前所未有的高峰，此时的马匹贸易虽然是受

[①]　国家发展改革委外交部商务部：《推动共建丝绸之路经济带和 21 世纪海上丝绸之路的愿景与行动》，人民日报，2015 年 3 月 29 日。

政治扭曲的商贸活动，并不是完全平等、自由的商品贸易，但是客观上仍然推动了马匹贸易的发展，取得了令人瞩目的成就。首先，从贸易规模来看，唐五代的官方马匹贸易规模在百万匹以上，这样的规模是前代所没有的，通过马匹贸易输往周边民族的绢帛在千万匹以上，此外，在丝路沿线还有大量的民间马匹贸易，这些贸易也推动了唐五代绢马贸易的发展。其次，从贸易区域来看，丝路沿线民族和国家都直接或间接地参与到马匹贸易之中。这一时期中原政府买马远至阿拉伯、印度等国家和地区，仅在马匹朝贡贸易上，就有 40 余个民族政权向中原王朝朝贡马匹，还有更多的马匹则是通过间接的形式进入中原，如回鹘就收购更西地区的马匹输往中原以换取绢帛。最后，贸易的主体、形式多样化，各类官方机构都积极进行马匹贸易，如军府、驿馆、进马坊等，还有各类官员，如市马使，出使少数民族的官员等曾直接采购马匹。民间马匹贸易的主体则更多样化，军人、商人、僧人等都曾参与其中，这也反映了马匹贸易牵涉面之广泛。贸易的形式也非常灵活，绢帛、便钱、空白告身等都曾用来购马，朝贡贸易、互市贸易、民间贸易等共同推动了唐五代马匹贸易的发展。

2. 马匹贸易受到政府控制

虽然唐五代的马匹贸易规模大、形式多样，各族民众广泛参与到马匹贸易之中，但是总体而言，这一时期的马匹贸易并不是一种自由贸易。政府严格控制马匹贸易的进行，不仅以约定互市的方式控制马匹的购进量，更以限制丝织品外流来控制边境贸易，从经济上制约少数民族。首先，从马匹贸易的构成来看，官方马匹贸易也占据了多数，民间的马匹贸易在规模上仍然不如官方，这与马匹的用途有一定的关系。在中国古代，马匹常常大量用于战争，这决定了官方控制马匹贸易的必要性。其次，从马匹贸易的政策来看，政府也居于主导的地位，政府制定了非常严密的政策来控制各类丝织品的外流，并且多次重申通过贸易限制，政府从源头上垄断了丝织品的供给，这反映了政府控制边境贸易的意图，也是中原政府一以贯之的做法。最后，从马匹贸易供应与需求来看，马匹的供给方众多，北方游牧民族多出产良马，而周边只有中原王朝需要大量购马，是否开展马匹贸易、与哪个民族开展马匹贸易成为中原王朝重要的政治工具。因此唐五代的马匹贸易具有浓厚的政治色彩，这也是唐五代民族商品贸易所具有的一个共性，在中央集权体制下，自由商品贸易受到政府的重重限制。

3. 养马业与马匹贸易之间此消彼长

唐五代时期的马匹贸易虽然取得了令人瞩目的成就，但此时的马匹贸易并未实现良性运转，境内市场与境外市场严重分割，马匹贸易的活跃对民间养马业的刺激有限。唐前期，官营养马场养有大量马匹，这些马匹主要供应政府，用于军队、驿馆等机构，马匹的供给与需求基本在唐政府机构内部运转，从民间购马的数量仍然较少。因此，唐前期虽然养马业发展很快，但是对于马匹贸易的促进并不大。相反，也正是官营养马业的成功，使得唐政府摆脱了对于少数民族等马匹供应方的依赖，在开展马匹贸易时更从容，每年买马的数量也较为有限。民间马匹贸易的活跃地带主要处于丝绸之路沿线，而内陆主要为自给自足的农耕地区，对于马匹的需求较为有限，且地理条件也使得在内地养马得不偿失，这些制约了民间马匹贸易的发展，因此唐五代的民间马匹贸易有一定的区域性。在唐前期，养马业取得大发展也并不是由于马匹贸易活跃所带来的，更大程度上源于政府的意志。

晚唐五代时期，养马业受到严重的冲击，政府缺马严重，只得大量向回鹘等少数民族购马，马匹贸易获得突飞猛进的发展。一般而言，养马业与马匹贸易有着非常密切的关系，很多时候养马业与马匹贸易呈现一荣俱荣、一损俱损的状态，马匹贸易的快速发展刺激养马业的发展，而养马业的发展则为马匹贸易的发展提供基础和条件。唐五代的养马业和马匹贸易，以安史之乱为分界线，呈现出此消彼长的状态，马匹贸易获得快速发展，马价也有所上涨，但此时中原的养马业仍然发展有限。

二、唐五代马匹贸易的历史价值

唐五代的马匹贸易具有非常重要的历史价值。马匹贸易的开展为唐五代的政治、军事、经济的发展做出了重要的贡献，中原王朝正是利用马匹贸易一方面维护了与周边民族政权的交往，另一方面又满足了自身的马匹需要。马匹贸易的开展更促进了我国多民族国家的团结统一，加强了经济、文化的交流与合作，通过经济的互联互通实现了文化上的融合。唐五代马匹贸易的开展为宋代以后的陆上贸易奠定了良好的基础，此后的马匹贸易逐渐规范和成熟，贸易的内容也逐渐多样化。唐五代的马匹贸易还留下了历史遗产，丝绸之路沿线出土了大量关于马匹的文物、文书等，这些都是非常宝贵的历史遗产，也是各国、各地区人民友好交往的例证。

唐五代马匹贸易的开展离不开丝路沿线各民族政权的积极参与，也正是各民族政权的积极参与才使唐五代马匹贸易取得积极的进展。中原王朝以马匹贸易为纽带，秉持开放、包容的理念，互惠互利，促进了丝路沿线国家和地区的安宁和团结。目前以开放合作为经济愿景，以互惠互利、共同安全为目标的"一带一路"建设，正是继承了中国丝路沿线贸易的精神。

三、唐五代马匹贸易对"一带一路"建设的借鉴意义

唐五代马匹贸易的发展与当前的"一带一路"建设之间在商贸路线、市场分布等方面仍然有一定的相似性，分析唐五代的马匹贸易可以为"一带一路"建设提供历史借鉴，其借鉴主要有以下几点：

一是保障贸易安全。唐前期丝绸之路的兴盛很大程度上缘于唐政府高度重视丝路沿线的安全，唐通过多年的经营建立了完善的边防体系，确保了丝路的安全。此外，唐积极推行怀柔的民族政策，同时军事力量较为强大，使其拥有和平稳定的外部环境。而晚唐五代时期丝路沿线马匹贸易受到一定的冲击，很大程度就缘于贸易安全得不到保障，商旅常常受到劫掠，这使得丝路沿线的贸易远不如前期。当前"一带一路"的推行自然也需要贸易安全得到保障，这是保证战略得以实施的首要条件。

二是充分发挥市场的作用。唐五代的马匹贸易以政府主导为主，民间参与相对较少，在开展贸易时，政治色彩浓厚，购马时马价常常远高于市场价，大量的绢帛等物资流出边境，在某种意义上并不是自由、平等贸易。这种贸易形式并不符合当下的发展需要，也不利于各方的发展，最终必将被历史所淘汰。失衡的绢马贸易不仅让唐苦不堪言，也对回鹘的长远发展不利。因此，当前所推动的"一带一路"建设，要充分发挥市场的作用，在平等贸易的基础上实现共赢。

三是深化经贸水平。唐五代的马匹贸易毕竟是一种简单、单一的商品交换贸易，与今天的经济贸易活动有着显著的区别。当前开展"一带一路"建设不应着重于商品交换，更应注重区域间的经济互补、互助，真正实现区域经济的协同发展，使得丝绸之路成为联系各国发展的经济纽带。

参考文献

（一）传世文献类

[1] ［汉］班固：汉书．北京：中华书局，1999 年。

[2] ［汉］司马迁：史记，北京：中华书局，2006 年。

[3] ［后晋］刘昫撰：旧唐书，海口：海南国际新闻出版社中心，1996 年。

[4] ［梁］沈约：宋书，上海：汉语大字典出版社，2004 年。

[5] ［明］曹学佺：蜀中广记，影印文渊阁《四库全书》本，上海：上海古籍出版社，1989 年

[6] ［明］董伦等：明太祖实录，北京：中华书局，1985 年。

[7] ［明］何良俊：续世说新语，天津：天津人民出版社，1999 年，

[8] ［南朝］范晔：后汉书，上海：汉语大词典出版社，2004 年。

[9] ［清］董诰：全唐文，北京：中华书局，1983 年。

[10] ［清］梁材：议茶马事宜疏，明经世文编，北京：中华书局，1962 年。

[11] ［清］吴任臣：十国春秋，北京：中华书局，1983 年

[12] ［清］徐松：宋会要辑稿，北京：中华书局，1957 年。

[13] ［宋］李焘：续资治通鉴长编，北京：中华书局，2004 年。

[14] ［宋］李昉等编：太平广记，北京：中华书局，1961 年。

[15] ［宋］李昉等编：文苑英华，北京：中华书局，1966 年。

[16] ［宋］李昉等撰：太平御览，北京：中华书局，1985 年。

[17] ［宋］陆游：陆游全集校注，杭州：浙江教育出版社，2011 年。

[18] [宋] 路振撰：九国志，上海：上海古籍出版社，1995 年。

[19] [宋] 吕陶：净德集，丛书集成初编，北京：中华书局，2010 年。

[20] [宋] 欧阳修：欧阳修文集，北京：中华书局，2001 年。

[21] [宋] 欧阳修，宋祁撰：新唐书，海口：海南国际新闻出版社中心，1996 年。

[22] [宋] 欧阳修：新五代史，北京：中华书局，1974 年版。

[23] [宋] 司马光编著，[元] 胡三省音注：资治通鉴，北京：中华书局，1956 年。

[24] [宋] 司马光编著：资治通鉴，北京：中华书局，2007 年。

[25] [宋] 宋敏求编：唐大诏令集，北京：中华书局，2008 年。

[26] [宋] 王溥：五代会要，北京：中华书局。1988 年。

[27] [宋] 王溥撰：唐会要，北京：中华书局，1955 年。

[28] [宋] 王钦若等编：册府元龟，南京：凤凰出版社，2006 年。

[29] [宋] 薛居正等：旧五代史，北京：中华书局。1976 年。

[30] [唐] 白居易：白居易集，北京：中华书局，1979 年。

[31] [唐] 长孙无忌等撰，刘俊文点校：唐律疏议，北京：中华书局，1983 年。

[32] [唐] 杜牧：樊川文集，上海：上海古籍出版社。1978 年。

[33] [唐] 杜佑撰，王文锦等点校：通典，北京：中华书局，1988 年。

[34] [唐] 封演：封氏闻见记校注，北京：中华书局，2005 年。

[35] [唐] 冯贽：云仙杂记，上海：商务印书馆，1934 年。

[36] [唐] 韩愈：韩昌黎集（四部丛刊本），上海：世界书局，1935 年。

[37] [唐] 韩愈撰，马其昶校：韩昌黎文集校注，上海：上海古籍出版社，1986 年。

[38] [唐] 慧立，彦悰：大慈恩寺三藏法师传，北京：中华书局，2000 年。

[39] [唐] 李德裕：李卫公会昌一品集，上海：商务印书馆，1936 年。

[40] [唐] 李林甫等撰，陈仲夫点校：唐六典，北京：中华书局，1992 年。

[41] [唐] 李筌：太白阴经全解，长沙：岳麓书社，2004 年。

［42］［唐］陆贽：陆贽集，北京：中华书局，2010 年。

［43］［唐］魏徵：隋书，北京：中华书局，1997 年。

［44］［唐］温大雅：大唐创业起居注，上海：上海古籍出版社，1983 年。

［45］［唐］姚汝能：安禄山事迹，北京：中华书局，2006 年。

［46］［唐］佚名：大唐传载，唐五代笔记小说大观，上海：上海古籍出版社，2000 年。

［47］［唐］元稹：元氏长庆集，上海：上海古籍出版社，1994 年。

［48］［唐］元稹：元稹集，北京：中华书局，1982 年。

［49］［唐］张鷟：朝野佥载，北京：中华书局，1979 年。

［50］［元］马端临撰：文献通考，北京：中华书局，1986 年。

［51］［元］脱脱：辽史，北京：中华书局，1974 年。

［52］［战国］荀子：荀子，北京：中华书局，2007 年。

（二）专著类

［1］才让．吐蕃史稿［M］．兰州：甘肃人民出版社，2010．

［2］岑仲勉．突厥集史［M］．北京：中华书局，2004．

［3］岑仲勉．突厥集史［M］．北京：中华书局，2004．

［4］陈国灿．高昌社会的变迁［M］．乌鲁木齐：新疆人民出版社，2013．

［5］陈国灿．论吐鲁番学［M］．上海：上海古籍出版社，2010．

［6］陈国灿．斯坦因所获吐鲁番文书研究［M］．武汉：武汉大学出版社，1994．

［7］陈国灿．吐鲁番出土唐代文献编年［M］．台北：新文丰出版公司，2002．

［8］陈国灿．吐鲁番敦煌出土文献史事论集［M］．上海：上海古籍出版社，2012．

［9］陈勤勇．中国经济史［M］．北京：中国人民大学出版社，2012．

［10］陈振．宋史［M］．上海：上海人民出版社，2003．

［11］程塑洛．唐宋回鹘史论集［M］．北京：人民出版社，1993．

［12］段晴．探索与求真：西域史地论集［M］．乌鲁木齐：新疆人民出版

社，2011.

[13] 俄罗斯科学院东方研究所．俄藏敦煌文献（第 9 册）［M］．上海：上海古籍出版社，1998.

[14] ［俄］丘古耶夫斯基．8—10 世纪的敦煌，法国敦煌学精粹［M］．兰州：甘肃人民出版社，2011.

[15] ［法］布尔努瓦，耿升译．丝绸之路［M］．济南：山东画报出版社，2001.

[16] ［法］谢和耐著，耿昇译．中国社会史［M］．南京：江苏人民出版社，1995.

[17] 范文澜．中国通史简编［M］．北京：人民出版社。1964.

[18] 冯家升，程溯洛，穆广文．维吾尔族史料简编［G］．北京：民族出版社，1958.

[19] 傅筑夫．中国封建社会经济史［M］．北京：人民出版社，1989。

[20] 傅筑夫．中国经济史论丛［M］．上海：三联书店，1980。

[21] 尕藏才旦．吐蕃文明面面观［M］．兰州：甘肃省民族出版社，2001.

[22] 贺卫光．中国古代游牧民族经济社会文化研究［M］．兰州：甘肃人民出版社，2001.

[23] 黄怀信．逸周书校集注［M］．上海：上海古籍出版社，1995.

[24] 黄征，吴伟．敦煌愿文集［M］．长沙：岳麓书社，1995.

[25] 姜伯勤．敦煌吐鲁番出土文书与丝绸之路［M］．北京：文物出版社，1994.

[26] 金毓黻等．渤海国志长编［M］．哈尔滨；黑龙江人民出版社，1995 年

[27] 康志祥，李毓秦．丝绸文化与丝绸之路［M］．西安：陕西旅游出版社，1996.

[28] 李金明，廖大珂．中国古代海外贸易史［M］．南宁：广西人民出版社，1995.

[29] 李锦绣．唐代财政史稿［M］．北京：社科文献出版社，2007.

［30］李明伟．丝绸之路贸易史［M］．兰州：甘肃人民出版社，1997．

［31］李明伟．隋唐丝绸之路［M］．兰州：甘肃人民出版社，1994．

［32］李清凌．西北经济史［M］．北京：人民出版社，1997．

［33］林幹．中国古代北方民族通论［M］．呼和浩特：内蒙古人民出版社，1998．

［34］林冠群．唐代吐蕃史论集［M］．北京：中国藏学出版社，2006．

［35］林梅村．汉唐西域与中国文明［M］．北京：文物出版社，1998．

［36］刘安志．敦煌吐鲁番文书与唐代西域史研究［M］．北京：商务印书馆，2011．

［37］刘俊文．敦煌吐鲁番唐代法制文书考释［M］．北京：中华书局，1989．

［38］刘俊文主编，辛德勇等译．日本学者研究中国史论著选译（第9卷）［M］．北京：中华书局，1993．

［39］刘义棠．维吾尔研究［M］．台北：正中书局，1975．

［40］卢向前．唐代政治经济史综论：甘露之变研究及其他［M］．北京：商务印书馆，2012．

［41］马长寿．突厥人和突厥汗国［M］．桂林：广西师范大学出版社，2006．

［42］马俊民，王世平等．唐代马政［M］．西安：西北大学出版社，1995．

［43］马克思，恩格斯．马克思恩格斯全集［M］．北京：人民出版社，2001．

［44］［美］彼得·弗兰科潘．丝绸之路：一部全新的世界史［M］．杭州：浙江大学出版社，2016．

［45］［美］贾雷德·戴蒙德著，谢延光译．枪炮、病菌与钢铁——人类社会的命运［M］．上海：上海译文出版社，2005．

［46］［美］诺思．经济史中的结构与变迁［M］．上海：上海三联书店、上海人民出版社，1994．

［47］［美］魏特夫．东方专制主义［M］．北京：中国社会科学出版

社，1989.

［48］［美］谢弗著，吴玉贵译．唐代的外来文明［M］．北京：中国社会科学出版社，1995.

［49］乜小红．唐五代畜牧经济研究［M］．北京：中华书局，2006.

［50］宁可．中国经济通史（隋唐五代卷）［M］．北京：经济日报出版社，2007.

［51］宁欣．唐史识见录［M］．北京：商务印书馆，2009.

［52］彭信威．中国货币史［M］．上海：上海人民出版社，1958.

［53］［日］长泽和俊，钟美珠．丝绸之路史研究［M］．天津：天津古籍出版社，1990.

［54］［日］池田温，龚泽铣译．中国古代籍帐研究［M］．北京：中华书局，1984.

［55］［日］仁井田陞著，粟劲译．唐令拾遗［M］．长春：长春出版社，1989.

［56］［日］松田寿男，陈俊谋译．古代天山历史地理学研究［M］．北京：中央民族学院出版社，1987.

［57］［日］武内绍人著，杨铭，杨公卫译．敦煌西域出土的古藏文契约文书［M］．乌鲁木齐：新疆人民出版社，2016.

［58］荣新江．丝绸之路与东西文化交流［M］．北京：北京大学出版社，2015.

［59］宋家泰．中国经济地理［M］．北京：中央广播电视大学，1985.

［60］唐长孺．吐鲁番出土文书（录文本）［M］．北京：文物出版社，1981.

［61］唐耕耦．陆宏基：敦煌社会经济文献真迹释录［M］．北京：书目文献出版中心，1986.

［62］唐庆增．中国经济思想史［M］．北京：商务印书馆，2011.

［63］陶希圣．鞠清远：唐代经济史［M］．北京：商务印书馆，1936.

［64］王炳华．丝绸之路考古研究［M］．乌鲁木齐：新疆人民出版社，1993.

［65］王尧，陈践．敦煌古藏文文献探索集［M］．上海：上海古籍出版社，2008.

［66］王沂暖．西藏王统记［M］．北京：商务印书馆，1949.

［67］王永兴．唐代经营西北研究［M］．兰州：兰州大学出版社，2010.

［68］王致中，魏丽英．中国西北社会经济史研究［M］．西安：三秦出版社，1996.

［69］王忠．松赞干布传［M］．上海：上海人民出版社，1961.

［70］魏明孔．西北民族贸易研究：以茶马互市为中心［M］．北京：中国藏学出版社，2003.

［71］吴丰培．西藏志［M］．拉萨：西藏人民出版社，1982年版。

［72］吴天墀．西夏史稿［M］．成都：四川人民出版社，1983.

［73］谢成侠．中国养马史［M］．北京：科学出版社，1959.

［74］许序雅．唐代丝绸之路与中亚历史地理研究［M］．西安：西北大学出版社，2000.

［75］严耕望．治史三书［M］．上海：上海人民出版社，2011.

［76］杨富学．敦煌汉文吐蕃史料辑校［M］．兰州：甘肃人民出版社，1999.

［77］杨际平．杨际平中国社会经济史论集［M］．厦门：厦门大学出版社，2016.

［78］杨建新．西北民族关系史［M］．北京：民族出版社，1990.

［79］杨圣敏．回纥史［M］．桂林：广西师范大学出版社，2008.

［80］佚名，王治来译．世界境域志［M］．上海：上海古籍出版社，2010.

［81］［英］崔瑞德（Twitchett Denis），费正清，鲁惟（Loewe Michael）．剑桥中国隋唐史［M］．北京：中国社会科学出版，1990.

［82］［英］培根．培根随笔集［M］．北京：燕山出版社，2000.

［83］［英］吴芳思著，赵学工译．丝绸之路2000年［M］．济南：山东画报出版社，2008.

［84］余念慈．幽燕都会［M］．北京：北京出版社，2000.

［85］张星烺. 中西交通史料汇编［M］. 北京：中华书局，1977.

［86］张云. 唐代吐蕃史与西北民族史研究［M］. 北京：中国藏学出版社，2004.

［87］张泽咸. 唐代工商业［M］. 北京：中国社会科学出版社，1995.

［88］赵丰. 唐代丝绸与丝绸之路［M］. 西安：三秦出版社，1992 年，第 212 页。

［89］郑炳林，黄维忠. 敦煌吐蕃文献选辑社会经济卷［M］. 北京：民族出版社，2013.

［90］郑学檬. 简明中国经济通史［M］. 北京：人民出版社，2005.

［91］中国公路交通史编审委员会. 中国丝绸之路交通史［Z］. 北京：人民交通出版社 2000.

［92］中国社会科学院考古所. 十世纪前的丝绸之路和东西文化交流［M］. 北京：新世界出版社，1996.

［93］中国社会科学院历史研究所. 英藏敦煌文献（第 6 册）［M］. 成都：四川人民出版社，1992.

［94］周绍良，赵超. 唐代墓志汇编［M］. 上海：上海古籍出版社，1992.

［95］周伟洲. 唐代党项［M］. 西安：三秦出版社，1988.

［96］周伟洲. 吐谷浑史［M］. 桂林：广西师范大学出版社。2006.

（三）期刊、会议、学位论文

［1］艾冲. 论唐代前期"河曲"地域各民族人口的数量与分布［J］. 民族研究，2003 年，第 2 期。

［2］艾冲. 唐代"河曲"地域农牧经济活动影响环境的力度及原因探析［J］. 陕西师范大学学报（哲学社会科学版），2006 年，第 1 期。

［3］卞亚男. 唐代龟兹商业贸易状况研究［D］. 石河子大学 2015 年硕士学位论文。

［4］蔡汝栋. 论唐代的民族政策［J］. 广东技术师范学院学报，1993 年第 3 期。

［5］陈国灿．唐代行兵中的十驼马制度——对吐鲁番所出十驮马文书的探讨［J］．魏晋南北朝隋唐史资料，第 20 辑。

［6］程妮娜．唐代渤海国朝贡制度研究［J］．吉林大学社会科学版，2013年第 3 期。

［7］程喜霖．唐代过所与胡汉商人贸易［J］．西域研究，1995 年，第1 期。

［8］杜娟．从突董事件看唐朝与回纥的关系［D］．新疆大学 2005 年硕士学位论文。

［9］杜文玉．五代时期畜牧业发展状况初探［J］．唐史论坛（第十辑），2008.

［10］段晴．古代新疆商贸的发展及绿洲城镇的兴起［J］．西北民族研究，1989 年第 2 期。

［11］段晴．唐代西域的丝路贸易与西州商品经济的繁盛［J］．新疆社会科学，2003 年第 3 期。

［12］樊保良．回鹘与丝绸之路［J］．兰州大学学报社会科学版 1985 年第4 期。

［13］方健．茶马贸易之始考［J］．农业考古，1997 年第 4 期。

［14］冯敏．丝路贸易与唐前期陇右养马业浅析［J］．乾陵文化研究，2014 年第 1 期。

［15］高启安．唐五代宋初敦煌的量制及量制［J］．敦煌学辑刊，1999 年第 1 期。

［16］谷训涛．论贡赐体系中的漠北回纥与唐朝关系［D］．云南民族大学2011 年硕士学位论文。

［17］谷中原，鲁慧．西南地区茶马古道论略［J］．贵州茶叶，2007 年第2 期。

［18］管彦波．论唐代内地与边疆的"互市"和"朝贡"贸易［J］．黑龙江民族丛刊，2007 年 04 期。

［19］何双全，谢晓燕．唐、宋时期甘肃茶马互市与茶马古道［J］．丝绸之路，2010 年第 18 期。

［20］黄畅．回鹘汗国与中原商业贸易探微［J］．丝绸之路，2010 年第 18 期。

［21］景兆玺．唐代的回纥与中外文化交流［J］．北方民族大学学报，2003 年第 1 期。

［22］康雨晴．唐代青海畜牧业发展研究［D］．西北农林科技大学 2011 年硕士学位论文。

［23］李德龙．敦煌遗书 58444 号研究——兼论唐末回鹘与唐的朝贡贸易［J］．中央民族大学学报（哲学社会科学版），1994 年第 3 期。

［24］李鸿滨．唐代西州市场商品初考——兼论西州市场的三种职能［J］．敦煌学辑刊，1988 年，第 1、2 期。

［25］李华瑞．贸易与西夏侵宋的关系［J］．宁夏社会科学，1997 年第 3 期。

［26］李锦绣．史诃耽与唐初马政——固原出土史诃耽墓志研究之二［J］．欧亚学刊，2008.

［27］李明伟．丝绸之路与历史上的西北贸易［J］．传统文化与现代化，1996 年第 6 期。

［28］李瑞哲．魏晋南北朝隋唐时期陆路丝绸之路上的胡商［D］．四川大学 2007 年博士学位论文。

［29］李睿．唐宋时期的茶马互市［J］．思想战线，2011 年第 6 期。

［30］李叶宏，惠建利．唐代互市法律制度探析［J］．海南大学学报（人文社会科学版），2010 年第 1 期。

［31］李叶宏．唐朝丝绸之路贸易管理法律制度探析——以过所为例［J］．武汉理工大学学报（社会科学版），2009 年第 5 期。

［32］刘安志，陈国灿．唐代安西都护府对龟兹的治理［J］．历史研究，2006 年第 1 期。

［33］刘晶芳．唐朝丝绸之路贸易管理法律制度析论［J］．兰台世界，2014 年 12 期。

［34］刘信业．唐朝对外贸易的法律调整［J］．郑州航空工业管理学院学报（社会科学版），2006 年第 3 期。

［35］刘玉峰．试论唐代民族贸易的管理［J］．山东大学学报（社会科学版），1999年第2期。

［36］刘正江．回鹘与唐的马绢贸易及其实质［J］．黑龙江民族丛刊，2011年02期。

［37］陆庆夫．论甘州回鹘与中原王朝的贡使关系［J］．民族研究1999年第3期。

［38］吕岩．唐朝政府物资购买研究［D］．山东大学2014年博士学位论文。

［39］马俊民．唐与回纥的绢马贸易——唐代马价绢新探［J］．中国史研究动态，1984年第1期。

［40］［美］E.埃利奥特·斯珀林著，王翔译．15世纪川藏交界地区的贸易活动［J］．民族译丛，1993年第1期。

［41］苗任南．突厥在中西交通史上的地位和作用［J］．湖南师范大学学报，1990年第6期。

［42］倪立保．"马绢贸易"与"丝绸之路"的繁荣［J］．新疆社科论坛，2013年第6期。

［43］聂静洁．略论历史上的茶马贸易［J］．黑龙江民族丛刊，1999年第1期。

［44］［日］荒山正晴．唐代于阗的"乌陀"——以tagh麻扎出土有关文书的分析为中心［J］．西域研究，1995年，第1期。

［45］商兆奎．唐代农产品价格问题研究［J］．西北农林科技大学2008年硕士学位论文。

［46］舒苑．市以微物通以友情——唐代汉回纥贸易［J］．中国民族，1981年第6期。

［47］苏小丹．从千利休看安土桃山时期的茶道文化［D］．2012年郑州大学硕士学位论文。

［48］孙彩红．唐、五代时期中原与契丹、奚的互市贸易［J］．河北师范大学学报（哲学社会科学版），1998年第4期。

［49］孙修身．敦煌遗书P.2992号卷《沙州上甘州回鹘可汗状》有关问

题考 [J]. 西北史地，1985 年第 4 期。

[50] 王东. 五代宋初党项马贸易与西北政治格局关系探析 [J]. 丝绸之路，2012 年 20 期。

[51] 王乃昂，蔡为民. 论丝路重镇凉州的历史地位及其影响 [J]. 中国边疆史地研究，1997 年第 4 期。

[52] 王晓燕. 关于唐代茶马贸易的两个问题 [J]. 中央民族大学学报，2002 年 02 期。

[53] 王有道. 论唐与回纥的关系 [J]. 新疆师范大学学报（哲学社会科学版），1991 年第 4 期。

[54] 魏明孔. 西北民族贸易述论——以茶马互市为中心 [J]. 中国经济史研究，2001 年第 4 期。

[55] 向红伟. 论唐代陇右马政衰败与西北地区吐蕃化 [J]. 甘肃农业，2006 年第 6 期。

[56] 徐伯夫. 唐朝与回纥汗国的关系 [J]. 喀什师范学院学报，1991 年第 4 期。

[57] 薛平拴. 论唐代的胡商 [J]. 唐都学刊，1994 年第 3 期。

[58] 闫智钰. 唐宋时期鄂尔多斯及边缘地区茶马贸易研究 [D]. 陕西师范大学 2014 年硕士学位论文。

[59] 殷红梅. 回鹘西迁后对丝路贸易的贡献 [J]. 新疆地方志，1999 年第 3 期。

[60] 尹伟先. 回鹘与吐蕃对北庭、西州、凉州的争夺 [J]. 西北民族研究，1992 年第 2 期。

[61] 袁黎明. 唐代丝绸之路演变与西北市场格局的变动 [D]. 陕西师范大学 2010 年硕士学位论文。

[62] 张安福. 唐代丝绸之路中段西州与龟兹的商贸研究 [J]. 中国农史，2016 年第 3 期。

[63] 张程. 浅析绢马贸易与回鹘灭亡的关系 [J]. 学理论，2014 年第 33 期。

[64] 张家琪. 唐宋时期农牧关系与茶马贸易的兴起及发展 [D]. 西北农

林科技大学 2016 年硕士学位论文。

　[65] 张艳云. 唐代过所制度略述 [J]. 史学月刊，1996 年第 4 期。

　[66] 赵丰. 唐代西域的练价与货币兑换比率 [J]. 历史研究，1993 年第 3 期。

　[67] 赵汝清，周保明. 745—840 年间唐朝与回纥交往之弊及其实质 [J]. 青海民族研究，2013 年第 1 期。

　[68] 周伟洲，杨铭. 关于敦煌藏文写本《吐谷浑（阿柴）纪年》残卷的研究 [J]. 中亚学刊，第 3 辑，1990.

　[69] 周聿丹. 唐五代时期的通贡贸易研究 [D]. 厦门大学 2008 年硕士学位论文。

　[70] Hilde De Weerdt. "Together They Might Make Trouble：Cross-Cultural Interactions in Tang Dynasty Guangzhou, 618—907" [J] . *Journal of World History*, 2015.

　[71] Kwan A. S. C. "Hierarchy, status and international society：China and the Steppe Nomads" [J]. *European Journal of International Relations*, 2016.

　[72] L De Ligt . "Taxes, Trade, and the Circulation of Coin：The Roman Empire, Mughal India and T′ang China Compared" [J] . *Medieval History Journal*, 2003.

　[73] Liao T. F. "Sitting in Oblivion as a Taoist Practice of Positive Alienation：a Response to Negative Alienation in the Tang Dynasty" [J]. *International Sociology*, 1993.

　[74] Liu X. "Migration and Settlement of the Yuezhi-Kushan：Interaction and Interdependence of Nomadic and Sedentary Societies" [J]. *Journal of World History*, 2001.

　[75] Malkov A. S. "The Silk Roads：a Mathematical Model" [J]. *Cliodynamics the Journal of Quantitative History & Cultural Evolution*, 2014.

　[76] Saito M. "A Reconsideration of the Silk and Horse Trades between the Tang Dynasty and Uighur Empire" [J]. Shigaku Zasshi, 1999.

　[77] Skaff J. K. "Survival in the Frontier Zone：Comparative Perspectives on

Identity and Political Allegiance in China's Inner Asian Borderlands during the Sui-Tang Dynastic Transition" (617—630) [J]. *Journal of World History*, 2004.

[78] Tan M. A. "Exonerating the Horse Trade for the Shortage of Silk: Yuan Zhen's 'Yin Mountain Route'" [J]. *Journal of Chinese Studies*, 2013.

[79] Trombert E. "The Demise of Silk on the Silk Road: Textiles as Money at Dunhuang from the Late Eighth Century to the Thirteenth Century" [J]. *Journal of the Royal Asiatic Society*, 2013.

[80] Valerie Hansen. "The Impact of the Silk Road Trade on a Local Community: The Turfan Oasis, 500—800" [J]. *Les Sogdiens en Chine*, 2005.

[81] Wang Z. "Act on Appropriateness and Mutual Seff-interest: Early T'ang Diplomatic Thinking, A. D. 618—649" [J]. *The Medieval History Journal*, 1998.

[82] Werblowsky R. J. Z. "Contacts o f Continents: the Silk Road" [J]. *Diogenes*, 1988.